BASTEI
LÜBBE

MICHAEL BARAK

Operation ENIGMA

Einzig berechtigte Übersetzung
aus dem Amerikanischen
von Hardo Wichmann

BASTEI LÜBBE

BASTEI-LÜBBE-TASCHENBUCH
Band 10128

1. Auflage 1981
2. Auflage 1983
3. Auflage 1988

Titel der Originalausgabe: The Enigma.

Gesamtdeutsche Rechte beim Scherz Verlag Bern und München
Lizenzausgabe: Gustav Lübbe Verlag GmbH, Bergisch Gladbach
Printed in Western Germany 1988
Einbandgestaltung: Roberto Patelli
Gesamtherstellung: Ebner Ulm
ISBN 3-404-10128-6

Der Preis dieses Bandes versteht sich einschließlich
der gesetzlichen Mehrwertsteuer

Prolog

Peenemünde, 13. März 1944

Ein dicker, weißoranger Feuerstrahl schoß donnernd aus dem Heck der riesigen zigarrenförmigen Rakete. Das kraftvolle Triebwerk brüllte zornig auf, als das Gemisch aus Treibstoff und flüssigem Sauerstoff in der Brennkammer explodierte. Nachdem der Schub des Raketenmotors 25 000 kp erreicht hatte, erbebte der Flugkörper und erhob sich langsam von seiner Abschußbasis, schwebte mit rotflammendem Heck höher und höher, stieg über die immergrünen Wipfel der schlanken pommerschen Kiefern, hielt auf die tiefhängenden grauen Wolken zu. Nach viersekündigem Senkrechtflug begann die dreizehn Tonnen schwere Rakete sich langsam in die Horizontale zu neigen. Innerhalb fünfzig Sekunden hatte sie einen Flugwinkel von neunundvierzig Grad eingenommen und den Sanddünengürtel überquert, der sich entlang der Küste erhob; bald schon glitt sie hoch am Himmel über die trüben Wellen der Ostsee.

Am verlassenen Strand standen zwei Männer und verfolgten den Flug der Rakete durch starke Ferngläser. Einer der beiden entsprach dem Idealbild des »reinrassigen Ariers«, wie es die Propagandaplakate des fanatischen Reichsministers Dr. Alfred Rosenberg darstellten. Er war jung, blond und hochgewachsen; blaue Augen und ein unbefangenes, selbstsicheres Lächeln erhellten sein anziehendes Gesicht. Er trug einen Tweedsakko, einen weißen Rollkragenpullover und sportlich geschnittene Hosen aus kostspieligem Wollstoff. Seine lässige äußere Erscheinung war jedoch irreführend: Mit seinen zweiunddreißig Jahren war er Deutschlands Wunderknabe und bedeutendster Raketentechniker – Dr. Wernher von Braun, der führende Kopf der riesigen Raketenforschungs- und Entwicklungsanlagen von Peenemünde. Die Erscheinung des anderen Mannes bot einen scharfen Gegensatz zu von Brauns: Er war kleinwüchsig, häßlich und schmalbrüstig und trug die Uniform eines Generals der Wehrmacht – Generalmajor Walter Dornberger, Kommandeur des Raketenforschungsinstituts Peenemünde.

Beide Männer verfolgten den Flug der Rakete mit Erstaunen und Erregung. Raketen hatte von Braun schon seit jenem Tag gestartet, an dem er als junger Bursche aus dem Haus des Barons Magnus von Braun geschlichen und dem Verein für Raumschiffahrt beigetreten war, einer Amateurvereinigung, die vom Raketenflugplatz am Stadtrand von Berlin primitive Flugkörper abschoß. Obwohl er seitdem zunehmend kompliziertere und leistungsstärkere Raketen entwickelt und gebaut hatte, war es ihm nie gelungen, die tiefe Gefühlswallung zu unterdrücken, die ihn immer dann übermannte, wenn ein neues Triebwerk aufröhrte, Rauch und Flammen spuckte und sich gen Himmel erhob. Und heute war es das Kronjuwel – seine neueste, stärkste Rakete, die sich bald als tödlichste Waffe des Dritten Reiches entpuppen sollte: die V-2.

Seine Begeisterung wurde von General Dornberger sichtbar geteilt, der wiederholt scharfe, aufgeregte Schreie ausstieß. Hochrufe hallten über die Lichtung, die in den dichten Kiefernwald geschlagen worden war, wo Hunderte von Wissenschaftlern, Ingenieuren und Technikern aus ihren getarnten Laboratorien und Hangars gekommen waren, um den Flug der V-2 mitanzusehen.

Es stimmte jedoch nicht jedermann in Peenemünde in den Jubel dieses Morgens ein. In dem unterirdischen

Kontrollraum drängten sich mehrere weißbekittelte Männer um eine Reihe von Funkgeräten und anderen Kontroll- und Lenkinstrumenten. Ihre besorgten Mienen verrieten deutlich, daß etwas nicht in Ordnung war. »Verdammt, sie reagiert nicht mehr!« fluchte ein weißhaariger Ingenieur und betätigte hastig die Schalter der Fernsteuerung. »Sie ist völlig außer Kontrolle geraten!«

»Welchen Typ von Stabilisierkreisel haben Sie eingebaut, Wolfgang?« fragte forschend ein SS-Standartenführer, der dicht bei den Wissenschaftlern stand und sie im Auge behielt, sich aber nicht mit ihnen gemein machte.

»An den Kreiseln hängt es nicht«, erwiderte der weißhaarige Wissenschaftler mit einem leise verächtlichen Unterton. »Die Rakete ist mit dem Lenksystem der Wasserfall-Luftabwehrrakete ausgerüstet. Es handelt sich um einen Testflug.«

»Sehen Sie zu, daß Ihnen rasch eine Lösung einfällt«, sagte der Standartenführer eisig. »Wenn etwas schiefgeht, wird man in Berlin nicht begeistert sein.«

Seine verschleierte Drohung wurde stillschweigend aufgenommen. Alle wußten, was gemeint war. Seit die Oberaufsicht über Peenemünde vor drei Monaten von Heinrich Himmler, Reichsführer SS und Chef der Gestapo, übernommen worden war, hatte sich in jedes Labor der Anlage die Furcht eingeschlichen.

Doch selbst Furcht konnte die herannahende Katastrophe nicht verhindern. Die V-2 verschwand in einer Wolke, und das war das Letzte, was die Männer von Peenemünde von ihr sahen. Die Rakete blieb auf ihrem einsamen Kurs nach Norden über die Ostsee, überflog die winzige Greifswalder Insel und kreuzte die zweihundertneunzig Kilometer entfernte zerklüftete Küste. Zehn Minuten nach dem Start ging das Projektil in steilen Sturzflug und zerschellte in den Kalmar-Sümpfen im neutralen Schweden.

Am gleichen Abend meldete ein alter Schäfer, Olof Gerhardsson, dem einzigen Polizisten des Fleckens Hovmantorp den »Fall einer Sternschnuppe« mitten in seine Herde.

Die anfänglichen Zweifel des Beamten wurden rasch zerstreut, als der alte Olof einen geschwärzten, verbogenen Metallbrocken aus seinem Lederbeutel holte. Der Polizist bestieg sein rostiges Fahrrad und strampelte eiligst in die fünfunddreißig Kilometer entfernte Kreisstadt Växjö, um die Behörden zu alamieren. Am nächsten Morgen hatten Sondereinheiten von Polizei und Armee die Sümpfe abgeriegelt; es gelang den Armeepionieren, den Großteil der Raktete, die beim Aufprall in mehrere Stücke zerbrochen war, zu bergen. Über die Herkunft des merkwürdigen Geräts konnte kein Zweifel bestehen: Die deutschsprachigen Aufschriften und Abkürzungen auf dem Leitwerk und der konischen Spitze waren beredt genug. Am späten Nachmittag wurde der deutsche Botschafter in Stockholm ins Außenministerium zitiert, wo der Minister persönlich energisch Protest erhob, die »brutale Verletzung der schwedischen Neutralität« aufs schärfste verurteilt und die Reichsregierung um »umgehende Aufklärung« ersuchte. Zwei Stunden später traf das ausführliche Telegramm des Botschafters in Berlin ein. Joachim von Ribbentrop, Reichsaußenminister und Hitlers alter Spezi aus der Kampfzeit, las den Text sorgfältig durch; nach kurzem Zögern griff er nach dem roten Telefon, das ihn direkt mit der »Wolfsschanze« verband, Hitlers vorgeschobenem »Führerhauptquartier« bei Rastenburg in Ostpreußen.

Das durchdringende Läuten des Telefons, das in einer Ecke des riesigen, holzgetäfelten Kartenzimmers auf einem Ständer thronte, unterbrach den Führer mitten in einer angespannten Diskussion mit einigen der berüchtigsten Kriegsherren des Reiches. Thema der Konferenz war die bevorstehende alliierte Invasion Frankreichs, mit der Hitler im Frühsommer rechnete. Hitler sah an diesem Abend älter aus als gewöhnlich, und seine Miene war ernst, als er den Meldungen seiner Generale lauschte. Er stand über den langen Kartentisch gebeugt, und sein düsterer Blick war auf eine Karte in großem Maßstab geheftet, die Frankreichs Atlantikküste darstellte, während Feldmarschall Gerd von Rundstedt, Oberbefehlshaber der Westfront, den befestigten Atlantikwall beschrieb. Auf der anderen Seite des Tisches stand eine kleine Gruppe von Männern: Generalfeldmarschall Wilhelm Keitel, Chef des Oberkommandos der Wehrmacht, Großadmiral Karl Dönitz, Oberbefehlshaber der Kriegsmarine, und Generalfeldmarschall Erwin Rommel, der gerade aus Frankreich eingetroffen war, wo er die Heeresgruppe B befehligte. Zwei Offiziere hielten einigen Abstand, jeder so unnahbar und unerreichbar wie ein Eisberg: Admiral Wilhelm Canaris, Chef der Abwehr, und Reichsführer SS Heinrich Himmler, ungerührt in seiner schwarzen, mit dem Totenkopfabzeichen geschmückten SS-Uniform. Am anderen Ende des Raums waren Generaloberst Alfred Jodl, Chef des Wehrmachtsführungsstabes, und Oberst Rudolf von Beck aus Canaris' persönlichem Stab damit beschäftigt, Dokumente und Luftaufnahmen für die späteren Phasen der Lagebesprechung vorzubereiten.

Es war Jodl, der an den Apparat ging und schweigend Ribbentrops leicht nervöser Stimme lauschte. Dann ging er auf Zehenspitzen zum Kartentisch, beugte sich über Hitlers Schulter und gab die Nachricht mit leiser Stimme wieder.

Alles Blut wich aus Hitlers Gesicht, und eine tödliche Blässe legte sich über seine wächserne Haut. Ein seltsames Feuer flammte in seinen Augen auf; einen Moment lang verharrte er unbeweglich, schlug aber dann, einer plötzlichen Regung folgend, die geballten Fäuste krachend auf den Tisch.

»Das ist Verrat!« schrie er mit schriller, hoher Stimme. Erst verzerrte sich nur sein Gesicht, dann aber sein ganzer Körper vor Zorn. »Verrat!« wiederholte er, »Sabotage!« und hämmerte bei jedem Wort immer wieder auf den Tisch ein. »Meine V-2. Meine Vergeltungswaffe!«

Er ging um den Tisch herum, nahm die verblüfften Gesichter seiner Generale eingehend in Augenschein. »Mit dieser Rakete hätte ich die Invasion zum Stehen gebracht. Ich wollte Frankreichs Strände in eine gigantische Todesfalle für Churchill und seine Judenbande verwandeln. Hunderte von Vergeltungswaffen hätte ich auf sie losgelassen! Ich hätte London dem Erdboden gleichgemacht!«

Er hielt inne. Sein Gesicht war schweißbedeckt. »Aber jetzt?« Seine Stimme bebte. »Jetzt ist meine Wunderwaffe, mein kostbarstes Geheimnis den Schweden in die Hände gefallen. Morgen wird sie in Churchills Händen sein. Wer war das?« Er fuhr zu Jodl herum, der wie versteinert dastand. »Welcher Verräter hat die Rakete nach Schweden geschossen? Jodl, er muß sofort hierhergebracht werden. Ich lasse ihn vors Kriegsgericht stellen. Ich lasse ihn hängen.«

»Verantwortlich ist General Walter Dornberger, mein Führer«, bemerkte Himmler kalt und gelassen. »Wir werden ihn umgehend hierherbringen. Wenn ich nur früher in Peenemünde die Oberaufsicht übernommen hätte, wäre das gewiß nicht vorgekommen.«

»Dornberger«, sagte Hitler. »Dornberger. Holen Sie ihn, Jodl, und zwar sofort!« Er machte abrupt auf dem Absatz kehrt und verließ den Raum. Jodl setzte zu einer Erklärung an, zuckte dann ratlos die Achseln und ging zurück ans Telefon.

»Das ist Walters Ende«, flüsterte Rommel von Rundstedt zu.

Die Ereignisse nahmen indes eine gänzlich andere Wendung. Spät in der Nacht wurden die Offiziere in Hitlers Privatquartier, das sich im Westflügel des Gebäudes befand, eingelassen. Hitler saß in seinem tiefen Lieblingssessel, seine Augen getrübt von dem verlorenen, geistesabwesenden Ausdruck, den seine engen Vertrauten so gut kannten. Er nahm das Eintreten der Militärs mit einem fast unmerklichen Nicken zur Kenntnis und versank wieder in sein tiefes Brüten. Lange Zeit, nachdem die Offiziere um ihn herum Platz genommen hatten, begann er mit leiser Stimme zu sprechen, als führte er ein Selbstgespräch. Das war ihm zur Gewohnheit geworden – er saß in seinem Armsessel und hielt endlose Monologe, bis er vor Erschöpfung einschlief. »Ribbentrop hat noch einmal angerufen«, sagte er. »Die Schweden verlangen, daß wir uns für die Verletzung ihrer Neutralität entschuldigen. Ich soll mich entschuldigen!« Seine Stimme begann kraftvoller und eindringlicher zu klingen. »Der Führer des Deutschen Reiches soll sich bei diesen heimtückischen Feiglingen entschuldigen, die es noch nicht einmal wagten, in den Krieg einzutreten. In Stockholm wimmelt es nur so von englischen Spionen, und ich soll mich entschuldigen. Jeden Morgen höre ich, daß wieder ein dänischer Terrorist über Schweden nach London entkommen ist – und ich soll mich entschuldigen. Wir sollten ihnen beibringen, was es bedeutet, das Reich auf diese Weise zu beschimpfen. Und ich sage Ihnen: Eine Entschuldigung kommt nicht in Frage!«

»Aber, mein Führer«, unterbrach Keitel respektvoll, »wenn wir uns entschuldigen, bekommen wir vielleicht die Rakete zurück.«

»Unsinn!« erwiderte Hitler. »Das ist unwichtig.

Deutschland ist auch ohne diese Rakete stark genug. Wenn ich es mir recht überlege«, fügte er mit einem unvermittelten Lächeln hinzu, »ist das vielleicht gar nicht so übel. Die Rakete stürzte in Schweden ab. Ihnen wird schon klarwerden, welche Herausforderung das Reich an sie ergehen lassen kann. Sollen sie ruhig sehen, daß ihre Neutralität sie nicht vor meinem Zorn bewahren kann. Sollen sie ruhig zittern. Beim nächstenmal könnten unsere Raketen nämlich nicht auf Kalmar, sondern auf Stockholm oder sogar den Königlichen Palast selbst fallen. Ja. Das soll unser Botschafter ihnen ausrichten. Auf den Königspalast.« In seiner Stimme schwang Triumph mit.

»Was soll mit Dornberger geschehen?« fragte Jodl beklommen. »Er trifft morgen früh mit einer Dornier-Sondermaschine ein.«

Der Führer musterte ihn gleichgültig. »Schicken Sie ihn zurück. Ich brauche ihn nicht mehr.« Seine Stimme verebbte, er schloß die Augen und setzte dem Gespräch ein Ende.

In einer Ecke des Raums, außer Hörweite des Führers, beugte sich von Beck wie betäubt zu Admiral Canaris und flüsterte: »Dieser Mann ist wahnsinnig.«

Canaris wandte langsam den Kopf und sah ihn an. Kein Muskel bewegte sich in seinem fuchsschlauen, gerissenen Gesicht. Er verharrte für einen langen Augenblick in dieser Position, bis von Beck seine spontane Bemerkung, die ihn das Leben kosten konnte, zu bereuen begann.

Dann sprach Canaris. »Ja«, sagte er nüchtern zu von Beck, »der Mann ist wahnsinnig.«

Der britische Botschafter in Stockholm, unterwegs zu einer dringenden Audienz, stieß auf dem majestätischen Treppenaufgang des Außenministeriums mit dem Botschafter des Reichs zusammen. Beide Männer zuckten zutiefst verlegen zurück, schauten in die andere Richtung und bemühten sich, einander zu ignorieren. Beim Weitergehen fiel dem britischen Diplomaten plötzlich auf, daß der deutsche Botschafter gerade das Büro des Mannes verlassen hatte, den er selbst ebenfalls aufsuchen wollte: den Außenminister persönlich.

Sowie die Tür zum Dienstzimmer des Ministers sich hinter ihm geschlossen hatte, spürte der Botschafter, daß etwas nicht stimmte, Der Außenminister sah sehr mitgenommen aus. Zornrote Flecken färbten seine Wangen, in seinen Augen sprühte ohnmächtige Wut, und seine Stimme klang etwas zittrig, als er seinen Besucher aufforderte, Platz zu nehmen. Der Botschafter fragte sich, was sein deutscher Kollege wohl gesagt oder getan hatte, um diesen verbindlichen, beherrschten Schweden in solche Rage zu versetzen. Möglicherweise war es dieselbe Affäre, die ihn dazu gezwungen hatte, um die heutige dringende Audienz zu ersuchen: Der V-2-Zwischenfall.

Der Botschafter kam sofort zum Kern der Sache. »Die Regierung Seiner Majestät hat aus einer Reihe zuverlässiger Quellen erfahren, daß eine deutsche Rakete auf schwedischem Boden niedergegangen ist.« Er machte eine Pause. »Wir stehen mit Deutschland im Krieg, und man kann mit einiger Sicherheit annehmen, daß die Rakete für uns bestimmt war«, erklärte er fest. »Da sie demzufolge uns gehört, sollte sie in dem Zustand, in dem sie aufgefunden wurde, ausgehändigt werden.« Der Botschafter brachte sein Anliegen eindringlich vor, war sich aber insgeheim darüber klar, daß keine Aussicht auf Erfüllung bestand. Schweden war ein neutrales Land, das nicht wagen würde, sich das Reich durch Aushändigung der Rakete an einen Kriegsgegner zum Widersacher zu machen.

Zu seiner großen Überraschung versuchte der schwedische Minister nicht, Einwände gegen das Argument zu erheben. »Darf ich Sie bitten, mich für einen Augenblick zu entschuldigen?« bemerkte er ruhig. »Ich muß ein dringendes Telefongespräch führen. Bitte behalten Sie Platz, ich erledige das vom Büro meines Sekretärs aus.«

Fünf Minuten darauf kam er zurück. Er hatte seine Fassung einigermaßen zurückgewonnen, und in seiner Stimme schwang ein eindeutiger Unterton der Genugtuung mit, als er sich an den erstaunten Briten wandte. »Ich habe gerade mit dem Premierminister gesprochen, der König Gustav konsultierte. Wir werden keine Einwände gegen die Übernahme der Rakete durch die britische Regierung erheben, solange das diskret geschieht. Wir werden Ihnen die Rakete auf schwedischem Boden übergeben. Den Transport in Ihr Land übernehmen Sie. Mein Assistent wird Sie heute nachmittag in Ihrem Büro anrufen, um Zeitpunkt und Ort der Übergabe zu besprechen.«

Sechsunddreißig Stunden später ging kurz vor Mitternacht eine nicht gekennzeichnete DC-3 Dakota auf einem scheinbar aufgegebenen Flugfeld in der Nähe von Stockholm nieder. Am Steuer der Maschine saß Jimmy Bradford, ein amerikanisches Fliegeras, das sich auf solch ungewöhnliche Einsätze spezialisiert hatte. Aus der Nacht tauchte ein ziviler Laster auf; mehrere Leute luden hastig einige schwere Kisten und eine Anzahl kleinerer, in Zeltplanen gewickelter Gegenstände in das Flugzeug, während Bodenpersonal fieberhaft Benzin in die Tanks pumpte. Kaum eine halbe Stunde später hob die Dakota ab. In dem Versuch, die geballten deutschen Flakbatterien zu umgehen, steuerte Bradford die Maschine auf einen Ausweichkurs über Norwegen. In einem Gewitter von shakespearischen Ausmaßen, unter grollendem Donner und sintflutartigem Regen, landete die DC-3 sicher auf Keystone, einem kleinen Militärflugplatz am Stadtrand von London.

In der darauffolgenden Nacht betrat eine Gruppe hoher Offiziere und Zivilisten einen riesigen, einige hundert Meter von Keystones Hauptlandebahn entfernt liegenden Hangar. Die Flugzeughalle wurde von einem eigens abgestellten Fallschirmjäger-Sonderkommando scharf bewacht. Unter den Besuchern erkannten die Soldaten sofort die massige Gestalt des Premierministers Winston Churchill, das berühmte, mit zwei Spangen verzierte schwarze Barett des Field Marshal Montgomery und das unvermeidliche Grinsen von General Dwight D. Eisenhower, Supreme Commander der Alliierten Streitkräfte in Europa.

Die nächtlichen Besucher erklommen eine rostige Wendeltreppe und traten auf eine kleine Plattform, die einen guten Überblick über den mittleren Abschnitt des Hangars bot. Der Boden war von allen überflüssigen Ausrüstungsgegenständen freigemacht worden; starke Scheinwerfer tauchten das längliche, bösartig aussehende Objekt, das von Technikern sorgfältig zusammengesetzt wurde, in blendend grelles Licht. Im Augenblick wurde gerade die massive konische Nase an den zylindrischen Rumpf der Rakete montiert.

»Das ist also die V-2«, sagte Churchill. Er war direkt von einem offiziellen Dinner gekommen und trug einen dunklen Anzug mit Fliege. Er schob sich die Brille auf die Nasenspitze und beugte sich übers Geländer, um Hitlers tödlichste Waffe näher in Augenschein zu nehmen.

»V steht doch für *Victory*, nicht wahr?« fragte Eisenhower beiläufig.

»Das meinen auch einige unserer dänischen Quellen«, erklärte V. J. Jones, wissenschaftlicher Berater des Premiers, »einer deutschen Quelle zufolge aber bedeutet das V ›Vergeltung‹.«

»Und die Vergeltung wird schrecklich sein, wenn wir zulassen, daß sie den Kanal überfliegen«, sagte Churchill eindringlich. »Wir müssen um jeden Preis herausfinden, wo diese teuflischen Dinger stationiert werden sollen, und sie dann zerschmettern – mit allem, was uns zur Verfügung steht. Und unter allen Umständen muß die Invasion durchgeführt werden, ehe der Herr Hitler weitere Raketen bereit hat.«

Hinter dem Premierminister räusperte sich ein junger, rotwangiger Major taktvoll. Churchill drehte sich um. Der Offizier dämpfte seine Stimme zu einem diskreten Flüstern. »Der Chef der Military Intelligence möchte Sie sprechen, Sir. Er sagt, es sei ziemlich dringend.«

Churchill nickte und zog eine neue Zigarre aus seiner Brusttasche. »Entschuldigen Sie mich, Gentlemen.« Er ging die Treppe hinunter und folgte dem Offizier zur Mitte des Hangars. Dort, dicht bei der monströsen V-2, wartete General Bodley. Wortlos reichte er Churchill ein rosa Telegrammformular, auf dem nur wenige Worte standen.

Churchill studierte das Dokument nachdenklich. »Das ist äußerst beunruhigend«, meinte er, und es klang, als machte er sich ernsthafte Sorgen. »Es könnte die Invasion zum demütigendsten Debakel des ganzen Krieges machen.«

Der Direktor von MI 6 nickte ernst. »Ich glaube aber, daß uns ein Ausweg bleibt, Sir. Mag sein, daß Sie sich noch an den Plan erinnern, den ich im Dezember erwähnte.«

Churchill sah ihn mit ausdruckslosem Gesicht an. »Haben Sie den richtigen Mann?«

»Jawohl, Sir, ich glaube schon.«

Churchill betrachtete die deutsche Rakete einen langen Augenblick versonnen. »Ein teuflisches Ding«, wiederholte er, wandte sich dann wieder mit der gleichen ausdruckslosen, verschlossenen Miene an Bodley. Unvermittelt, ohne auch nur ein weiteres Wort zu sagen, drehte er sich abrupt um und verließ den Hangar.

Der schwache Schatten eines Lächelns fuhr über General Bodleys Lippen. Er ging rasch zu dem Nottelefon in der entgegengesetzten Ecke des Hangars und ließ sich mit General MacAlister, Chef der Special Operations Executive, verbinden. »Ich habe gerade mit ihm gesprochen«, sagte er leise. »Es sieht so aus, als hätten wir grünes Licht. Also dann morgen, einverstanden?«

I Der Abenteurer

18. März 1944

Im ersten Licht der Morgendämmerung verließ ein schwarzer Bentley London und machte sich auf eine lange Fahrt durch die regengepeitschte Landschaft Südwestenglands. Gesteuert wurde der Wagen von einem riesigen, breitschultrigen Waliser, der sich unter seiner schwarzen Chauffeurmütze nicht so ganz wohlzufühlen schien. Im Fond des Bentley saßen General Bodley und General MacAlister, beide in Zivil. Ihre Aufmachung konnte jedoch kaum jemanden täuschen. Kerzengerade Rücken, gelassene Selbstsicherheit und der harte, entschlossene Glanz in ihren Augen ließen keinen Raum für irgendwelche Mißverständnisse: Diese Männer waren ans Befehlen gewohnt. In jeder anderen Hinsicht aber waren die beiden grundverschieden. Alles an MacAlister war massig und schwer. Er hatte eine klobige Brust, dicke Arme und Beine, ein breites Gesicht und eine knollige Nase. Sein vorgewölbter Bauch, den der gutgeschnittene blaue Maßanzug nur teilweise verdecken konnte, verriet eine Vorliebe für gutes Essen; die zahlreichen winzigen roten Flecken auf seinen aufgedunsenen Wangen wiesen auf einen Hang zu den Reizen des Bacchus hin. Diese äußerlichen Kennzeichen eines *bon vivant* konnten indes die Ausstrahlung von Macht und Wagemut, die von Harold MacAlister ausging, nicht beeinträchtigen. Nicht umsonst war er zum Leiter der Special Operations Executive berufen worden, der Phantom-Organisation, die Churchill im Jahre 1940, nachdem Frankreich und Belgien an Hitler gefallen waren, eingerichtet hatte. Der erst kürzlich ins Amt gekommene Premier hatte den Commander-in-Chief der britischen Armee gebeten, ihm den »unbeugsamsten und tollkühnsten Offizier des ganzen Königreichs« zu schicken. Am darauffolgenden Morgen hatte sich der fünfzigjährige MacAlister in 10 Downing Street gemeldet. Er war aus Palästina eingeflogen worden, wo er insgeheim ein Regiment deutschstämmiger Juden ausgebildet hatte, die in deutschen Uniformen und mit Waffen der Wehrmacht ausgerüstet Himmelfahrtskommandos hinter den deutschen Linien ausführen sollten. Churchill hatte sich den klotzigen General genau angesehen, der seinen Papieren zufolge im Lauf einer dreißigjährigen Karriere in Indien, China und Abessinien viele unorthodoxe Bravourstücke vollbracht hatte.

»Hitler herrscht über ganz Europa, MacAlister«, hatte der Premierminister düster erklärt. Dann bellte er ungestüm: »Stecken Sie Europa in Brand!«

Das hatte MacAlister auch getan, indem er die Special Operations Executive ins Leben rief, das besetzte Europa mit Widerstandsnetzen überzog, Hunderte unerschrockener Kämpfer mit Vernichtungs- und Sabotageaufträgen hinter den feindlichen Linien abspringen ließ. Der Großteil von MacAlisters Männern kehrte nicht zurück, sondern erlitt einen grausigen Tod in den Kellern der Gestapo. Dennoch fand eine zunehmende Anzahl von Briten, Franzosen, Polen, Holländern, Norwegern, Griechen und sogar freiheitsliebenden Deutschen den Weg zu den Ausbildungszentren der SOE und meldete sich freiwillig für Selbstmord-Missionen im nazibeherrschten Europa. MacAlister selbst war unter Mißachtung eindeutiger Befehle seiner Vorgesetzten zweimal über dem besetzten Frankreich abgesprungen; einmal, um die Ablenkungsmanöver der Résistance am Vorabend des unglückseligen Stoßtruppunternehmens vom August

1942 gegen Dieppe zu koordinieren; ein andermal, um sich bei Bordeaux mit einem französischen General zu besprechen, dem führenden Kopf einer Gruppe hoher französischer Offiziere, die beabsichtigten, sich der Résistance anzuschließen. Das entscheidende Treffen entpuppte sich jedoch als von Heinrich Himmler gestellte Falle. MacAlisters Stab wurde größtenteils gefaßt und verschwand spurlos, ihm aber gelang es, durch Spanien und Portugal zu entfliehen und mit einer häßlichen Oberschenkelwunde, die ihn für den Rest seines Lebens hinken ließ, in sein Büro in der Baker Street zurückzukehren. Das feuchte Wetter dieses Spätwintermorgens verursachte ihm starke Schmerzen, aber seinem breiten, kräftigen Gesicht war nichts davon anzumerken, als er auf dem Rücksitz des Bentley gelassen seine Bruyère-Pfeife rauchte – zum größten Mißvergnügen seines Begleiters, General Brian Bodley.

Verglichen mit MacAlister machte Brian Bodley einen fast asketischen Eindruck. Er war ein sehr magerer Mann mit schmächtigen Schultern, langen, knochigen Gliedern und kleinen Händen und Füßen. Die extreme Blässe seiner Haut wies darauf hin, daß er den größten Teil seines Lebens im Haus zugebracht hatte. Die Kargheit seines Gesichts betonte sein energisches Kinn und die harte Linie seiner schmalen, zusammengekniffenen Lippen. Über seiner faltenlosen Stirn lag schneeweißes, sorgfältig gekämmtes Haar. Ebenso weiß und sorgfältig gestutzt war sein kleiner Schnauzbart. Das auffallendste Merkmal dieses hageren Gesichts stellten jedoch die Augen dar: Groß, klar, porzellanblau, aber in ihnen brannten Scharfsinn und Verschlagenheit mit einem fast furchteinflösenden Glitzern. Dieses kalte, frostige Feuer war der einzige Widerschein des Verstandes, der dahinter lauerte. Brian Bodley entsprach in der Tat ganz dem Urbild des Geheimdienstmannes: verschlossen und verschwiegen, der nie seine Beweggründe offenbarte, nie seine Ziele enthüllte, immer geschäftig Schicht für Schicht seine undurchlässigen Deckgeschichten aufbaute, um sich abzuschirmen, die langen, verletzlichen Fangarme seiner Geheimorganisation zu schützen. Diese Besessenheit für Verschwiegenheit und List war für Brian Bodley äußerst lohnend gewesen: Wenn überhaupt, kannten nur sehr wenige der höchsten britischen Militärs die wahre Geschichte seiner Karriere in den Geheimdiensten, seit er sich an jenem Tag im Jahre 1904 als junger Bursche von zwanzig in die Schattenwelt der Spionage gestürzt hatte. Selbstverständlich gingen Fabeln und Klatschgeschichten um, in denen Wahrheit und Dichtung eng miteinander verwoben waren. Einem Gerücht zufolge hatte er eine deutsche Mutter gehabt und beherrschte die Sprache perfekt; den Großteil des Ersten Weltkrieges hatte er in Berlin als der dortige britische Spitzenagent verbracht und als angeblicher Nachrichtensubalternoffizier beim deutschen Generalstab operiert. Ein anderes Gerücht beharrte auf der Version, er sei in Istambul stationiert gewesen, habe sich dort als Eisenbahnexperte ausgegeben und es Lawrence von Arabien durch seine höchst präzisen Meldungen zur Einsatzplanung der türkischen Armee ermöglicht, den legendären Aufstand der Araber anzuzetteln. Weitere Fabeln versetzten ihn ins revolutionäre Rußland der frühen zwanziger Jahre oder die deutsche Legion Condor im Spanischen Bürgerkrieg. Er bemühte sich nie, auch nur eines dieser Gerüchte zu dementieren, was bei manchen seiner Kollegen den Verdacht weckte, daß er sie im Zug seiner unablässigen Anstrengungen, sich in einen Geheimnisschleier zu hüllen, selbst in Umlauf gebracht hatte. Seit er im Jahre 1941 zum Chef der Military Intelligence, MI 6, bestellt worden war, pflegte er unter hartnäckiger Umgehung vorschriftsmäßiger Befehlskanäle grundsätzlich nur unter vier Augen mit Churchill zu konferieren. Einer weithin verfochtenen Version zufolge hatte sein persönliches Verhältnis zum Premierminister vor rund zwanzig Jahren begonnen, als er sich auf der Suche nach soliden politischen Kontakten an Winston Churchill wandte und zu seinem Hauptinformanten im Geheimdienst wurde.

Die beiden Männer standen seit Jahren in enger Verbindung, ohne jedoch Freunde geworden zu sein. Bodley war schwerlich der Typ Mensch, der leicht Freundschaft schließt. Andererseits aber war er brillant, hochintelligent, und seine durchdringenden blauen Augen strahlten eine überwältigende natürliche Autorität aus. Er genoß den tiefen Respekt seiner Mitoffiziere. Kaum jemand wagte, sein Urteilsvermögen in Zweifel zu stellen.

MacAlister tat das jedenfalls nicht. Bei diesem Gespann stellte Bodley das Gehirn, MacAlister die Muskeln dar. Bodley verfügte über eine ränkevolle, listenreiche Phantasie; MacAlister war ein furchtloser Kommandokämpfer, der vor keiner Gefahr zurückschreckte. Die beiden bildeten ein gutes Team und hatten in perfektem Einklang zahlreiche riskante Unternehmungen durchgeführt. Nichts jedoch reichte an den bizarren Plan heran, der an diesem Morgen des 18. März 1944, als sie zu der gegenwärtigen Fahrt aufbrachen, in Gang gesetzt worden war.

»Ich glaube, daß es die deutsche V-2 war, die Winston endgültig überzeugte«, sagte Bodley nachdenklich und brach zum erstenmal das Schweigen, das seit ihrer Abfahrt aus London geherrscht hatte. »Sie brachte ihn zu der Einsicht, daß die Invasion Frankreichs in einem blutigen Fiasko enden könnte, sofern wir nicht aus erster Hand über die Aufmarschpläne der Wehrmacht informiert werden.«

MacAlister nickte. »Hat er Sie schriftlich bevollmächtigt?«

Bodley sah ihn herablassend an und ließ einen leicht ironischen Unterton in seiner Stimme hören. »Aber Harold, Sie kennen doch unseren alten Winnie. Wie üblich ein gerissener Fuchs. Er hat noch nicht einmal ja gesagt, sondern sah mich einfach nur an, ohne nein zu sagen. Offiziell hat er dem Unternehmen niemals zugestimmt; inoffiziell kann ich es durchführen.«

»Das heißt, wenn wir versagen . . .« MacAlisters Stimme verlor sich.

Bodley seufzte. »Jawohl«, meinte er trocken, »wenn wir versagen, fällt die Schuld nur auf uns. Aus diesem Grund müssen wir einfach Erfolg haben.«

Er schaute durchs Wagenfenster auf die trostlose Landschaft, die sie umgab. Aus dem dunkelgrauen Himmel ergoß sich ein Nieselregen; nichts konnte dem öden, mit Heidekrautflecken und schwarzen Granitblöcken übersäten Hochmoor von Devon angemessener sein. Bodley kam nicht umhin, den verstorbenen Arthur Conan Doyle zu bewundern, der diesen düsteren Winkel Englands zum Schauplatz eines der berühmtesten Sherlock-Holmes-Abenteuer gewählt hatte. Fast erwartete man, den grausigen Hund von Baskerville mit seinen Augen und Kiefern, aus denen das Höllenfeuer sprühte, zwischen üblen Klippen auftauchen zu sehen. Das Hochmoor konnte auch jedem Sträfling idealen Unterschlupf bieten, dem es gelang, aus dem berüchtigten Gefängnis von Dartmoor zu entfliehen, dessen massive Mauern nicht weit vor ihnen zum dunklen Himmel ragten. Das Gefängnis von Dartmoor war auch das Ziel der langen Fahrt, die Bodley und MacAlister unternommen hatten.

Nach einem kurzen Aufenthalt am Tor, wo die Wärter ihre Ausweise kontrollierten, öffneten sich die schweren Flügel, und der Wagen rollte in den finsteren Innenhof des Gefängnisses. Ein kleiner, drahtiger Mann in einer marineblauen Uniform kam ihnen entgegen. Sein Gesicht blieb ausdruckslos, aber Bodley entging die unterdrückte Feindseligkeit in seiner Stimme nicht, als der Mann steif erklärte: »Ich bin Austin Murdoch, Leiter der Strafanstalt. Wir haben Sie bereits erwartet. Würden Sie mir bitte folgen?«

Er führte sie schweigend durch ein Labyrinth von Korridoren. Ein älterer Wärter, der einen Bund großer Schlüssel trug, begleitete sie, schloß die dicken Stahltüren auf, die ihnen in regelmäßigen Abständen den Weg versperrten, und blieb dann zurück, um sie wieder zu verschließen. Ein scharfer Geruch – ein Gemisch aus Feuchtigkeit, abgestandener Luft und billigem Desinfektionsmittel – erfüllte das ganze Gebäude. MacAlister rümpfte angewidert die Nase.

Sie betraten einen kleinen, mit einem rechteckigen Tisch und altersschwachen Stühlen nur kärglich möblierten Raum. Er war fensterlos und wurde nur von einer einzigen nackten Glühbirne, die ein trübes, gelbliches Licht ausstrahlte, erhellt.

»Der Häftling wird gleich hier sein«, sagte der Direktor.

»Wir werden allein mit ihm sprechen«, erklärte Bodley. Er bat nicht, sondern stellte nur eine Tatsache fest. Der Direktor runzelte unwillig die Stirn, verzog sich aber wortlos. Wenige Minuten später betrat eine dritte Person den Raum. Hinter ihr schloß sich augenblicklich die Tür, ein Schlüssel wurde im Schloß herumgedreht.

Der Mann trug eine zerknitterte Häftlingsuniform aus grobem, hellblauem Baumwollköper, sah aber trotzdem überraschend gut aus: Er war gebräunt, frisch rasiert, und sein welliges dunkelbraunes Haar war kürzlich geschnitten worden. Er war Anfang Dreißig, hochgewachsen und kräftig gebaut, hatte ein gutgeschnittenes

Gesicht und intelligente graue Augen. Obwohl seine frostige Miene Verdrossenheit und Feindseligkeit verriet, lächelte er rasch und meinte mit einem ironischen Unterton in seiner tiefen Stimme: »Welch angenehme Überraschung! Vornehmer Besuch aus der Welt der Gerechten. Es ist mir eine Ehre, Gentlemen.«

»Schenken Sie sich den Bockmist, Belvoir«, rügte Bodley. »Unsere Zeit ist knapp bemessen.«

»De Belvoir, wenn ich bitten darf«, bemerkte der Häftling mit dem gleichen amüsierten Lächeln. Sein Englisch hatte einen leichten französischen Akzent.

»Ich sagte Belvoir, und ich weiß, was ich sage«, gab Bodley fest zurück. »Sie wissen ganz genau, daß Sie nie das Recht hatten, Ihrem Namen ein Adelsprädikat vorzusetzen. Sie sind genausowenig von Adel wie ich, und wenn es Ihren Verbrecherkollegen Vergnügen bereitet, Sie mit ›Baron‹ anzureden, ist das ihre Sache.«

Der Häftling zog gleichgültig die Schultern hoch, ohne zu antworten.

Bodley blätterte in einer dünnen Akte, die er mitgebracht hatte. »Ihre Verhandlung ist für nächsten Monat angesetzt«, sagte er beiläufig. »Die Anklage wirft Ihnen Goldschmuggel von Frankreich nach England, Desertion aus der britischen Armee und illegale Einreise vor. Nun, ich würde sagen, daß all dies ausreicht, um Sie dem Strafvollzugssystem Seiner Majestät bis zum Ende der Dekade als Gast zu erhalten.«

Der Gefangene behielt seinen gelassenen Ton bei, als er fragte: »Wer sind Sie, und was wollen Sie?«

»Ich kann Ihnen einen Ausweg aus diesem Schlamassel bieten«, erwiderte Bodley ruhig. »Ich kann dafür sorgen, daß die Anklage gegen Sie fallengelassen wird, und zahle Ihnen zweihunderttausend Pfund, wenn Sie mein Angebot annehmen. Sie sollen nach Frankreich gehen, um dort für mich eine Operation auszuführen.

Fünfzigtausend erhalten Sie bei Auftragsannahme, den Rest bei Ihrer Rückkehr.«

Der Häftling sah ihn abschätzend an. »Wer sind Sie eigentlich?«

»Ich heiße Bodley. Mehr brauchen Sie nicht zu wissen.«

»Das ist mehr als genug«, erklärte Belvoir. »Ich weiß, wer Sie sind. Die Uniform hätte Ihnen besser gestanden, General.«

Bodley ignorierte diese Bemerkung. »Ich habe Ihnen ein Angebot gemacht.«

»Und was soll ich tun?« erkundigte Belvoir sich argwöhnisch.

»Das erfahren Sie, nachdem Sie sich einverstanden erklärt haben.«

Der Gefangene ging zur Tür, drehte sich dann um und sah die beiden Offiziere an. »Kommt nicht in Frage«, meinte er. »Erst will ich wissen, worum es geht, dann sage ich Ihnen, ob ich annehme oder nicht.«

»Teufel noch mal, was ist eigentlich mit Ihnen los?« fuhr MacAlister dazwischen. »Wollen Sie denn im Gefängnis verrotten?«

Im Gesicht des Häftlings tauchte erneut das ironische Lächeln auf. »Wie Sie selbst sehen, bin ich hier nicht unbedingt am Verrotten«, sagte er. »Ich werde gut versorgt, und meine guten Freunde sorgen dafür, daß ich selbst hier in Dartmoor einen angenehmen Aufenthalt habe. So, und nun zu Ihrem Angebot. Mag sein, daß ich es annehme, aber nur unter meinen Bedingungen. Wie ich bereits sagte, möchte ich zunächst mehr darüber erfahren.«

MacAlister setzte zu einer Entgegnung an, wurde aber von Belvoir unterbrochen. »Und hören Sie gefälligst auf, mich herumzukommandieren«, stieß er in plötzlichem Zorn hervor. »Sie brauchen mich doch, nicht wahr?

Wenn Sie für diesen Auftrag Ihre eigenen Leute hätten, wären Sie doch nicht eigens von London hierhergekommen. Spielen Sie mit, oder lassen Sie's bleiben.«

»Wir spielen mit«, meinte Bodley gelassen. »Morgen früh um acht wird Sie ein Wagen nach London bringen, wo Sie genaue Anweisungen erhalten werden.«

»Sagen wir lieber um halb neun«, entgegnete Belvoir und klopfte sanft an die Tür, um den Wärter aufmerksam zu machen. »Ich habe nämlich erst dann fertig gefrühstückt.«

»Ein Goldschmuggler?« fragte MacAlister ungläubig. »Was für eine Verbrecherkategorie ist denn das?«

Die beiden Generale saßen in den *Three Feathers*, einem stillen Pub am Stadtrand von Salisbury, wo sie auf dem Rückweg nach London Rast gemacht hatten.

»Die übelste«, erwiderte Bodley und trank einen Schluck Brandy. »In Paris arbeitete er mit einer Ganovenbande für die Deutschen. Sie beraubten reiche Juden und Widerstandsführer, die ins Konzentrationslager geschickt wurden, ihrer Habseligkeiten und verfrachteten sie nach Deutschland. Dann beschloß er eines Tages, selbst ins Geschäft einzusteigen. Es gelang ihm, aus dem Pariser Hauptlager der Gestapo eine halbe Tonne Gold zu entwenden und nach England zu schmuggeln. Wenn er nicht verraten worden wäre, hätten wir ihn niemals erwischt. Er ist aalglatt.«

»Eine halbe Tonne Gold von der Gestapo!« MacAlister war überwältigt. »Das erfordert in der Tat einiges Talent.«

»Davon hat er allerdings genug«, gab Bodley liebenswürdig zurück. Er war anscheinend darauf erpicht, über Belvoir zu reden, so wie ein Kind, dem man Gelegenheit gibt, einem Gast seine Murmeln vorzuführen. »Stehlen und Schmuggeln liegen ihm im Blut, wenn ich mich so ausdrücken darf. Er ist der echte internationale Abenteurer, der charmante Gauner, von dem man sonst nur in den Zeitungen liest – der Typ, der Frauen verrückt macht.«

»Ist er Franzose?« erkundigte sich MacAlister. »Sein Englisch ist erstaunlich gut.«

»Sein Vater war ein zwielichtiger Charakter französischer Abstammung, der sich Baron de Belvoir nannte. Er war ein Spieler und Dieb, der sich auf Raubzüge in Luxushotels und Millionärsvillen spezialisiert hatte. Um die Jahrhundertwende war er mit seiner Bande an der französischen Riviera tätig. Sehr raffinierter Bursche, der seine Komplizen als Diener oder Zimmermädchen in den Haushalt einschleuste und sich auf diese Weise alle notwendigen Informationen verschaffte, ehe er zuschlug. Dann aber ließ ihn eines Nachts sein Glück im Stich: Eine junge amerikanische Millionenerbin ertappte ihn auf frischer Tat beim Ausräumen der elterlichen Villa. Die Dame hieß Cecilia Van Damm.«

»Van Damm? Hatte sie etwas mit dem Eisenbahnkönig zu tun?«

Bodley nickte. »Sie war seine Tochter. Ich weiß nun nicht, was er ihr in dieser Nacht alles erzählte. Vielleicht die Robin-Hood-Geschichten, an denen sich romantisch veranlagte Mädchen aus reichem Haus so begeistern. Die Reichen berauben, die Armen beschenken . . . Wie dem auch sei, am nächsten Morgen war sie verschwunden. Eine Zeitlang nahm ihre Familie an, sie sei entführt worden. Da dergleichen zu dieser Zeit recht ungewöhnlich war, setzte ihr Vater demjenigen, der sie zurückbrachte, eine enorme Belohnung aus. Die Geschichte machte auf der ganzen Welt Schlagzeilen. Sechs Monate lang gab es keine Nachricht von ihr. Dann aber tauchte sie ganz plötzlich in Honkong auf, sehr glücklich, sehr schwanger und sehr legal mit dem Baron de Belvoir verheiratet.«

MacAlister steckte seine Pfeife an. »Das hat ihrem Vater vermutlich nicht gefallen.«

»Selbstverständlich enterbte er sie, aber das schien sie nicht zu stören. Das Kind kam in Macao zur Welt. Belvoir behauptete, der Knabe sei dort ›auf dem Roulettetisch‹ geboren worden, aber ich vermute, daß es sich hierbei nur um eine Ausschmückung der Baron-Legende handelte. Sie nannten ihn Francis oder Frankie. Einige Jahre lang durchstreiften die drei die Welt und ließen einen ganzen Rattenschwanz von Schwindeleien und Diebstählen hinter sich zurück. Erwischt wurden sie nie. Nach dem Ersten Weltkrieg starb Cecilia in Bangkok an Gelbfieber. Als Frankie sechzehn war, fiel sein Vater, der Baron, in Paris einem Mordanschlag zum Opfer. Einer seiner Komplizen stieß ihm ein Messer in den Rücken. Es war nicht mehr als selbstverständlich, daß sein Sohn in seine Fußstapfen trat und nicht nur seinen falschen Titel, sondern auch seinen wahren Beruf erbte. Er wuchs in der Unterwelt von Paris auf und stellte bald seinen Vater in den Schatten. Er spricht fließend Englisch und Französisch.«

»Sie erwähnten, daß er von der Armee desertierte«, bemerkte MacAlister.

»Ja, das ist ein äußerst kurioser Aspekt. Bei Kriegsbruch wurde er zur französischen Armee eingezogen, anschließend gelang es ihm, sich nach Dünkirschen durchzuschlagen und sich nach England evakuieren zu lassen. Dort meldete er sich zu den British Commandos – nicht bei der französischen Befreiungsarmee – und nahm an dem Stoßtruppunternehmen auf Dieppe teil. Dort aber verschwand er. Einige Monate darauf war er wieder in Paris, inszenierte erst seine raffinierten Betrügereien und arbeitete später für die Deutschen. All das fand in der Affäre um das Gestapo-Gold seinen Höhepunkt. Jemand gab Scotland Yard einen Tip, und er wurde festgenommen, sowie er hier mit seinem Gold gelandet war. Bei der Polizei machte man sich ernsthaft Sorgen, daß er wieder entfliehen könnte. Er genießt nämlich einen ziemlichen Ruf, müssen Sie wissen – daher ergriff man außergewöhnliche Maßnahmen und schickte ihn zur Untersuchungshaft nach Dartmoor. Die Sicherheitsvorkehrungen dort sind famos, wie Ihnen sicherlich aufgefallen ist.«

»Faszinierend«, meinte MacAlister und sog an seiner Pfeife. »Absolut faszinierend.« Er sah Bodley abschätzend an. »Sie scheinen bis zur kleinsten Einzelheit über ihn Bescheid zu wissen.«

»Sechs Monate lang, seit seiner Verhaftung, habe ich seine Akte studiert«, sagte Bodley frostig. »Er ist nämlich der beste Dieb in Europa. Genau der Mann, den ich brauche.«

19.–20. März 1944

Über Nacht war ein dicker, gelblichgrauer Nebel nach London hineingekrochen und lag jetzt über der Stadt, klebte an den nassen Gehsteigen und kalten Hauswänden. Die Sichtverhältnisse waren schlecht, und die wenigen Menschen, die sich ins Freie wagten, tauchten aus dem dicken, trüben Dunst auf und verschwanden wieder wie dunkle Gespenster. Selbst die jähen eiskalten Windstöße, die durch die verlassenen Straßen heulten, zerrissen den Nebel nur für kurze Zeit in wabernde, formlose Fetzen, die bald wieder zu einer gleichförmigen dunklen Wand verschmolzen. Die wenigen Fahrzeuge, die unterwegs waren, kamen nur langsam voran und bemühten sich vergeblich, mit blaßgelben Scheinwerferaugen den dichten Vorhang, der sie umwogte, zu durchdringen.

Eine graue Limousine, deren Farbe mit dem Nebel verschmolz, kroch langsam in Richtung Regent's Park durch die Baker Street. Ihr Chauffeur beugte sich übers Lenkrad und suchte angespannt die undeutlichen Umrisse der Gebäude ab, die sich zu seiner Linken erhoben. »Ah, hier ist es«, sagte er schließlich und seufzte erleichtert. »Saint Michael's House.« Er parkte den Wagen behutsam vor dem großen Eckhaus.

Der Polizeibeamte in Zivil, der links neben Francis de Belvoir saß, tippte ihm leicht auf die Schulter. Der Beamte öffnete die Wagentür, schaute sich um und gab dann Belvoir und dem zweiten Mann in Zivil, der rechts von dem Gefangenen saß, einen Wink. Belvoir, der einen braunen Cordanzug und einen beigen Rollkragenpullover trug, wurde hastig über den glitschigen Gehsteig und in einen Seitengang des Gebäudes geführt. Der diensthabende Sergeant an der Tür prüfte die Papiere des Beamten in Zivil sorgfältig. »Er wird bereits erwartet«, erklärte er endlich. »Zweiter Stock, dritte Tür links. Sie bringen ihn bis zur Tür, hinein geht er allein.«

In dem länglichen, spärlich möblierten Raum brannten grelle Leuchtstofflampen. Die schweren Vorhänge vor den drei Fenstern waren dicht zugezogen. Bodley und MacAlister, die volle Generalsuniform trugen, saßen an den Enden eines langen, mit Planzeichnungen und Papieren bedeckten Eichentisches. Die Wände waren kahl, abgesehen von einer großen Tafel, die den Fenstern gegenüber hing. Ein junger Major war damit beschäftigt, eine merkwürdige Skizze auf die Tafel zu zeichnen, wobei er häufig eine Blaupause zu Rate zog, die er in der linken Hand hielt.

Belvoir schloß die Tür hinter sich und sah sich langsam um. »Na so was«, meinte er spöttisch, »ich wußte wirklich noch nicht, daß die tapfere britische Armee ›Marks and Spencer‹ übernommen hat.«

Bodley und MacAlister tauschten Blicke.

»Sie kennen also Saint Michael's House«, sagte Bodley. »Nun, es gehört nach wie vor der Bekleidungsfirma, wurde aber für die Dauer des Krieges an die Regierung verpachtet. MacAlister und die SOE haben hier ihr geheimes Hauptquartier aufgeschlagen. Deshalb nennen wir sie die Baker-Street-Freischärler.«

Belvoir lächelte. »Als ich zuletzt hier war, türmten sich im Haus Damennachthemden und Büstenhalter.« Er sah MacAlister herausfordernd an.

Das Gesicht des Generals rötete sich. »Das hat sich inzwischen geändert«, erwiderte er aggressiv und fügte mit unverhohlener Verachtung hinzu: »Haben Sie hier schon einmal was geklaut, Baron?«

Die kühlen grauen Augen des Gefangenen, denen nichts entging, sahen den raschen, ärgerlichen Seitenblick, mit dem Bodley seinen Kollegen bedachte. Das bestätigte den Eindruck, den er bei der gestrigen Besprechung gewonnen hatte: Hier war Bodley der Chef.

»Kommen wir zur Sache«, meinte der Chef der Military Intelligence leise und stand auf. »Nehmen Sie doch Platz, Belvoir.«

Er sprach knapp und prägnant, wählte seine Worte sorgfältig. »In wenigen Monaten werden die Alliierten in Frankreich landen und die zweite Front eröffnen. Das ist kein Geheimnis. Wir bereiten uns vor, die Deutschen ebenfalls. Sie sind recht eifrig dabei, ihre Abwehrstellungen aufzubauen. Der Erfolg der Invasion wird weitgehend von unserer Aufklärungsarbeit abhängen. Wir müssen erfahren, was der Feind plant, wo seine Elitedivisionen stationiert sind, wie es um die Alarmbereitschaft seiner Truppen bestellt ist. Neuerdings wirft Hitler neue Waffen in die Schlacht – die V-1- und V-2-Raketen. Wir müssen die Abschußbasen für diese Raketen finden und so viele wie möglich zerstören.

Wir verfügen über eine Vielzahl von Nachrichtenquellen und Spionagenetzen auf feindlichem Boden, die allein jedoch unzureichend sind. Es muß uns um jeden Preis gelingen, die deutschen Nachrichtenkodes zu brechen und ihre Funksprüche zu entschlüsseln. Nur das wird uns den Endsieg sichern. Außerdem wird es Tausende von Menschenleben retten.«

Er machte eine Pause, schaute Belvoir an und wartete auf eine Reaktion, aber vergebens. Der Häftling saß mit ausdrucksloser Miene da, hatte die Arme verschränkt und hörte schweigend zu.

Bodley fuhr fort. »Der Nachrichtenverkehr auf höchster Ebene zwischen Hitlers Oberkommando der Wehrmacht und den Befehlshabern der verschiedenen Frontabschnitte wird mittels verschlüsselter Funksprüche durchgeführt. Die Signale sind streng geheim, ebenso das Ver- und Entschlüsselungssystem. Dechiffriert werden die Signale von einem speziellen elektrischen Gerät – der Enigma.«

»Enigma?« wiederholte Belvoir. »Ist das nicht das griechische Wort für Rätsel?«

»Und es ist uns allen ein Rätsel, das kann ich Ihnen versichern«, erklärte Bodley entschieden. »Seit fast fünf Jahren haben die besten Kryptographen-Teams, die die Alliierten auftreiben konnten, versucht, die Enigma-Chiffre zu brechen. Wir haben auf der ganzen Linie versagt. Es ist einfach unmöglich, das Enigma-Geheimnis zu knakken. Ich übertreibe nicht, wenn ich sage, daß die Enigma derzeit Deutschlands bestgehütetes Geheimnis ist.«

Bodley wandte sich an den Major, der seine Skizze fertiggestellt hatte. »Würden Sie jetzt bitte fortfahren, Major?«

Der junge Offizier wies mit einem langen, dünnen Zeigestock auf die Tafel. »Hier sehen Sie eine grobe Skizze der Enigma«, begann er. »Sie basiert auf Informationen aus verschiedenen Quellen und ist unserer Ansicht nach recht akkurat.«

Belvoir sah aufmerksam zur Tafel. »Sie sieht wie eine altmodische Schreibmaschine aus«, bemerkt er.

»Jawohl«, stimmt der Major zu, »und sie hat auch ungefähr die gleiche Größe.«

Die Zeichnung auf der Tafel ähnelte in der Tat einer großen Reiseschreibmaschine, komplett mit Koffer und Deckel. Die Maschine hatte ein gewöhnliches Tastenfeld, so wie eine normale Schreibmaschine; unter dem Tastenfeld jedoch befand sich eine Vielzahl runder Steckdosen, in denen ovale, mit Kabeln verbundene Kontaktstifte steckten. Aus dem Oberteil des Geräts ragten drei dünne, gezahnte Scheiben hervor.

»Wie funktioniert das?« fragte Belvoir interessiert.

»Das Grundprinzip ist verhältnismäßig einfach«, sagte der Major. »Die Tasten der Schreibmaschine sind mit drehbaren Walzen oder Rotoren verbunden, die sich im Innern des Geräts befinden. Die Position der Walzen zueinander wird durch Umstecken der Kontaktstifte verändert. Je nach Ausrichtung der Walzen wird jeder Buchstabe, den man auf dem Tastenfeld anschlägt, zu einem anderen. B mag zu F oder Z oder was sonst werden – all das hängt nur von der Kombination der Kontaktstifte ab. Die Verschlüsselung ist einfach: Die Bedienungsperson tippt die Nachricht auf einer gewöhnlichen Schreibmaschine in Klarschrift; aber sie kommt völlig entstellt heraus und wird in dieser Form gesendet. Falls jemand den Funkspruch abhören sollte, wird er ihm überhaupt keinen Sinn entnehmen können. Die Bedienungsperson an der Empfangsstelle jedoch braucht die Nachricht lediglich in eine Schwestermaschine einzuspeisen, deren Walzen nach dem gleichen Muster ausgerichtet sind – und die Nachricht kommt in Klarschrift heraus.«

»Kindisch einfach«, murmelte Belvoir.

»Kindisch einfach!« grunzte MacAlister. »Es mag Sie interessieren, daß ein Team von Spitzenmathematikern einen runden Monat bräuchte, um alle für die Entschlüsselung einer einzigen Nachricht erforderlichen Tastenkombinationen herauszufinden. Wenn Sie sich außerdem vergegenwärtigen, daß die Walzeneinstellung in gewissen Zeitabständen verändert wird und daß jedes Oberkommando – Heer, Marine, Luftwaffe – seine eigene Kombination hat, müßte Ihnen langsam klarwerden, daß die kindisch einfach Enigma-Chiffre nicht zu brechen ist.«

»Es sei denn . . .«, murmelte Bodley und warf Belvoir einen Seitenblick zu.

»Es sei denn was, General?« fragte Belvoir scharf.

»Es sei denn, jemand erklärt sich bereit, nach Frankreich zu gehen und uns eine Enigma zu stehlen«, sagte Brian Bodley.

Für einen langen Augenblick saß Belvoir unbeweglich da. Verschwunden war das ironische Lächeln, das gewöhnlich seinen linken Mundwinkel verzog; verschwunden das heitere Funkeln in seinem Blick. Tiefe Furchen hatten sich in seine Stirn gegraben. Er griff in die Innentasche seines Jacketts und zog eine lange, dünne Zigarre hervor. Er steckte sie mit MacAlisters silbernem Feuerzeug an, das auf dem Tisch lag, und inhalierte den beißenden Rauch, wobei sein Gesicht nach und nach von einem Ausdruck tiefer Konzentration überzogen wurde. Schließlich schaute er zurück zu Bodley.

»Das ist ein gefährliches Unternehmen«, sagte er.

»Nicht nur gefährlich«, korrigierte Bodley. »Selbstmörderisch.«

Belvoirs durchdringender Blick wich nicht von Bodleys Gesicht. »Warum sollte ich das tun?« Er schlug einen Plauderton an, klang fast salopp. »Nennen Sie mir einen guten Grund, aus dem ich mein Leben aufs Spiel setzen sollte.«

»Ich kann Ihnen viele nennen«, erwiderte Bodley fest. »Der erste wäre Ihre Freiheit. Sie wissen genau, daß Ihnen nichts daran liegt, die nächsten zehn Jahre im Gefängnis zu verbringen. Wenn Sie einverstanden sind, verlassen Sie diesen Raum als freier Mann, und die Anklagepunkte betreffs Goldschmuggel und Desertion werden nicht weiter verfolgt. Wer weiß . . .«, er lachte in sich hinein, »vielleicht verdienen Sie sich sogar das Viktoriakreuz. Der zweite Grund wäre das Geld. Sie sind ins Geld verliebt, Belvoir. Von allen Werten ist Geld der einzige, dem Sie treu sind und für den Sie bereitwillig Risiken eingehen. Zweihunderttausend Pfund sind eine Menge Geld, und ausnahmsweise brauchen Sie nicht in die Bank von England einzubrechen, um sie sich zu verschaffen.

Und dann wäre da noch ein dritter Grund, der wichtigste. Der Nervenkitzel, Belvoir.«

»Was meinen Sie damit?« fragte Belvoir überrascht.

»Sie haben mich genau verstanden«, meinte Bodley leise. »Die Spannung.« Er beugte sich zu Belvoir und sah dem Häftling unverwandt in die Augen. »Gestapo und französische Polizei haben bei ihrer Fahndung nach Ihnen keinen Stein in Frankreich auf dem anderen gelassen. Man hat es auf Ihren Kopf abgesehen. Und Sie – Sie würden ihnen doch zu gerne noch einmal ein Schnippchen schlagen, nicht wahr?« Die Stimme des Generals senkte sich zu einem rauhen Flüstern. »Sie sind ein Spieler, Sie lassen sich auf gefährliche Risiken ein, Sie suchen unablässig nach neuen Herausforderungen. Erinnern Sie sich an die Fratelli-Affäre von neunzehnneununddreißig? Als Sie in drei aufeinanderfolgenden Nächten die Wohnung des Polizeipräsidenten von Rom ausraubten? Sie wissen genausogut wie ich, daß es Ihnen nicht ums Geld oder die Juwelen ging. Das hatten Sie sich alles schon in der ersten Nacht unter den Nagel gerissen. Ihnen ging es nur ums Vergnügen, ums Risiko, die Herausforderung, und darum, die Legende vom Baron zu nähren. Nun, ich habe Ihnen jetzt eine echte Herausforderung zu bieten, keine Operettennummer. Zur Abwechslung geht es einmal ums Wahre, bei dem Sie Ihr Leben aufs Spiel setzen können. Sie werden das genießen, Baron.«

Ein kurzes Grinsen fuhr über Belvoirs Gesicht. Als er aber sprach, klang seine Stimme kalt und ein wenig sarkastisch. »Und nur weil ich Ihrer Analyse zufolge ein Spieler bin, gehen Sie davon aus, daß ich bereitwillig mein eigenes Leben aufs Spiel setze.«

Bodley zuckte die Schultern. »Ich kann mich natürlich irren«, gestand er gelassen zu. »Mag sein, daß Sie den gegenwärtigen Stand der Dinge vorziehen. Gehen Sie zurück nach Dartmoor, wenn Sie wollen. Dort wird man gut für Sie sorgen, und ich bin sicher, daß Sie dort mit Ihren Beziehungen das Leben nicht allzu hart ankommen wird.« Ein ironischer Unterton schlich sich in seine Stimme. »Und nur ganz selten wird Ihnen in Ihrer gemütlichen Zukunft in einer hübschen Zelle aufgehen, daß selbst das reizendste Gefängnis nach wie vor ein Gefängnis ist.«

Belvoir starrte unverwandt vor sich auf den Boden. Dann erkundigte er sich ungerührt: »Wie viele Enigma-Geräte gibt es in Frankreich?«

Bodley war wieder sein altes präzises Selbst. »Siebenundzwanzig, die bereits auf die Nachrichten aus Hitlers Führerhauptquartier eingestellt sind. Wir haben uns eine Kopie eines streng geheimen Lageberichts der deutschen Fernmeldetruppe verschafft, datiert am fünfzehnten Februar, in dem alle in Frankreich eingesetzten Enigma-Geräte, die Namen der Einheiten, denen sie zugewiesen wurden, sowie der Standort jeder Einheit aufgeführt werden.«

Belvoir streckte die Hand aus. »Lassen Sie mich mal sehen«, meinte er ruhig.

MacAlister schoß dem Chef der Military Intelligence einen besorgten Blick zu. Bodley zögerte eine Sekunde lang, griff dann in seine lederne Aktentasche und zog einen einzelnen Bogen Papier heraus. Er reichte ihn dem Häftling. Belvoir studierte ihn aufmerksam.

»Und Sie wollen, daß ich Ihnen eines dieser Geräte stehle?« fragte er.

»Mit Stehlen allein ist es nicht getan«, gab Bodley zurück. »Selbst wenn es Ihnen gelingen sollte, die Maschine in die Hand zu bekommen und mit ihr zu fliehen, werden die Deutschen die Enigma nicht mehr benutzen, sowie sie herausfinden, daß eine Maschine fehlt. Nein, wir wollen, daß Sie eine Enigma entwenden und gleichzeitig das Gebäude oder die Anlage, in der sie aufgestellt war, in die Luft sprengen, damit die Deutschen annehmen, daß das Gerät zusammen mit den anderen Einrichtungen zerstört wurde.«

Die Lippen des Gefangenen verzogen sich erneut zu einem amüsierten Lächeln.

»Und Sie erwarten, daß ich das allein fertigbringe?«

»Nein«, warf MacAlister ein. »Das Unternehmen sollte als Sabotageüberfall der französischen Widerstandsbewegung getarnt werden. Eine Gruppe von Résistance-Kämpfern wird Sie bei diesem Projekt unterstützen.«

Belvoir sah die beiden Generale, die vor ihm saßen, mißtrauisch an. »Und weshalb ausgerechnet ich?« fragte er. »Warum sind Sie auf mich verfallen? Sie haben vorzüglich ausgebildete Leute, hier und in Frankreich. Warum nehmen Sie nicht die? Weshalb machen Sie sich die Mühe, mich aus dem Gefängnis zu holen und mir Geld anzubieten?«

»Weil wir für diesen Job einen Dieb und Schmuggler brauchen«, erklärte Bodley unverblümt. »Wir brauchen jemand, der die Maschine stiehlt, ehe er das Gebäude sprengt, und sie dann aus Frankreich herausschmuggelt. Meinen Akten zufolge ist der Baron auf diesem Gebiet Spitzenklasse. Der Mann, der es fertigbrachte, der Gestapo das Gold zu stehlen, kann auch alles andere stehlen.«

Belvoir verfiel in ein langes Schweigen. Dann warf er mit einer ruckartigen Bewegung den Kopf zurück. »Einverstanden«, sagte er, »ich will es tun. Aber nur unter drei Bedingungen. Das Vergnügen wird Sie nicht zwei-, sondern vierhunderttausend Pfund kosten.«

»Dreihunderttausend und keinen Penny mehr«, erwiderte Bodley mit Entschiedenheit.

Belvoir bestand nicht auf seiner Forderung. »Die Hälfte des Geldes will ich jetzt haben, in bar, und den Rest bei meiner Rückkehr.«

Bodley war ein zäher Verhandlungspartner. »Einhunderttausend sofort. Den Rest bekommen Sie, wenn Sie mit der Enigma zurück sind.«

Belvoir nickte. »Außerdem verlange ich eine Woche Urlaub mit völliger Bewegungsfreiheit, und zwar ab heute. Keine Polizisten, keine Schatten, keine Anstandswauwaus.« Er hob hastig die Hand, als Bodley den Mund aufmachte, um zu widersprechen. »Einwände zu diesem Punkt sind sinnlos, General. Von diesem Standpunkt gehe ich nicht ab. Am besten schicken Sie gleich jemanden los, um das Geld zu holen.«

»Wir können Sie doch nicht so einfach frei herumlaufen lassen, Mann!« fuhr Bodley auf. »Sie stehen unter streng geheimem Auftrag.«

»Dann können Sie das Ganze vergessen.«

»Wozu brauchen Sie eigentlich diesen Urlaub?« Zum erstenmal sah Bodley ernsthaft besorgt aus.

»Um mir die Sehenswürdigkeiten von London anzusehen«, gab der Baron mit einem glucksenden Lachen zurück. »Alles klar, General?«

Der weißhaarige Mann starrte Belvoir an. Schließlich seufzte er. »Es hat den Anschein«, sagte er. »Der Major wird Sie in ein anderes Zimmer bringen, während wir hier das Geld für Sie zurechtmachen. Wie wollen Sie es haben?«

»Fünfzigtausend in Pfunden, den Rest in französischen Francs«, erwiderte Belvoir und fügte scharf hinzu: »Und bitte keine Tricks, General. Gutes, echtes Geld. Für Ersatz habe ich nichts übrig.«

Bodley sah ihn wortlos an.

Eine halbe Stunde darauf war Belvoir unterwegs zur Straße, wo der Wagen, der ihn gebracht hatte, wartete. Seine rechte Hand umklammerte einen kleinen Lederbeutel. Der Nebel hatte sich inzwischen weitgehend aufgelöst, die Straßen waren voller Menschen. Ehe er das Gebäude verließ, packte Bodley ihn bei der Hand. »Wie setzen wir uns mit Ihnen in Verbindung?« Er war angespannt, seine Miene besorgt.

»Überhaupt nicht«, sagte Belvoir entschieden. »Geben Sie mir einfach eine Telefonnummer, unter der ich Sie erreichen kann.«

Er prägte sich die Nummer von Bodleys Direktanschluß ein. Er trat hinaus auf die Straße, stieg in den Wagen und wandte sich an den Fahrer: »Zum Piccadilly Circus, bitte.« Vor der Verkehrsampel der nächsten Kreuzung sprang er aus dem Wagen und verschwand in der Menge.

Zehn Minuten nach Mitternacht unterbrach Unteroffizier Hans Lischke mit Bedauern die Runde Kanasta, die er mit drei seiner Kameraden in der Kantine des Nachrichtenkomplexes der Abwehr in Berlin gespielt hatte.

»Ich bin in einer Viertelstunde zurück«, sagte er.

»Glaubst du, daß sie heute nacht senden?« fragte sein Freund, Feldwebel Ernst Griefel.

Lischke zog die Schultern hoch. London hatte jetzt schon seit drei Wochen nicht mehr gerufen, nahm andererseits aber auch nicht regelmäßig Verbindung auf. Der Abwehr war in der britischen Hauptstadt nur noch ein Spionagering verblieben, der nur im Notfall kurze Nachrichten funkte. Fünf andere Ringe waren zerschlagen worden, und dieser, der letzte, war gezwungen, sich an äußerst strenge Sicherheitsvorkehrungen zu halten.

Lischke betrat den Funkraum, sezte sich an seinen Tisch, stöpselte den Anschluß des schweren Kopfhörers in seinen Empfänger und setzte den Hörer auf. Während der ersten fünf Minuten empfing er nur atmosphärische Störungen. Er steckte sich eine Soldatenzigarette an. In wenigen Minuten würde seine Nachtwache vorbei sein, und er konnte sich wieder zur Kanastarunde seiner Freunde gesellen.

Und dann hörte er das Rufzeichen. Sehr schwach, aber recht deutlich. Das Piepen und Tuten der Morsesignale erfüllte seine Ohren. Augenblicklich erkannte er London Lilys Anschlag auf der Morsetaste und betätigte mit geschickten Fingern rasch die Feineinstellung seines Funkgeräts. »Nur zu, Lily«, flüsterte er zu sich selbst, »mal sehen, was du heute nacht für uns hast.« Er begann die Nachricht auf einen gelben Block zu kritzeln.

Am nächsten Morgen um Punkt acht erklomm Rudolf von Beck das Haupttreppenhaus im Haus Tirpitzufer 74, dem Hauptquartier der Abwehr in Berlin. Geistesabwesend erwiderte er die Ehrbezeigungen der rangniedereren Offiziere und Unteroffiziere, denen er auf dem Weg nach oben begegnete. Seine Ordonnanz, ein robuster Bayer namens Schneider, erwartete ihn am oberen Treppenabsatz.

»Der Herr Admiral will Sie sprechen, Herr Oberst«, sagte er.

Von Beck ging durch den langen Korridor und ins Vorzimmer des Abwehrchefs. Die Sekretärin des Admirals ließ ihn ins Allerheiligste seines Vorgesetzten ein. Die Fenster standen offen, und ein kühler, belebender Wind strich durch den weiten Raum, raschelte in den Aktenbündeln, die sich auf dem Schreibtisch des Admirals stapelten.

Anstelle einer Begrüßung reichte Canaris von Beck ein schmales blaues, mit zwei roten Schrägbalken bedrucktes Formular. »Das ging gestern aus England ein«, erklärte der Abwehrchef.

Von Beck las die kurze Nachricht laut vor:

»Bei Geheimbesprechung im SOE-Hauptquartier Baker Street wurden Pläne und Skizzen des Enigma-Geräts diskutiert Stop Im Verlauf der Besprechung wurden Standorte von siebenundzwanzig Enigma-Geräten in ganz Frankreich erwähnt Stop Vier Personen nahmen an Besprechung teil darunter Direktor SOE Stop Ende«

Von Beck sah den schmächtigen, weißhaarigen Mann forschend an, der zurückgelehnt auf seinem steilen Holzstuhl saß und sanft die schwarze dänische Dogge streichelte, die neben ihm lag. »SOE führt den Befehl über alle Untergrund-Operationen in Frankreich«, bemerkte von Beck. »Diese Nachricht bedeutet, daß sie es auf die Enigma abgesehen haben.«

»Und Sie sollen ihren Schutz übernehmen, Rudolf«, entgegnete Canaris leise.

20.–27. März 1944

Das Mädchen murmelte im Schlaf etwas vor sich hin und rollte sich auf die andere Seite des breiten Betts. Die Wolldecke glitt zu Boden und ließ ihren zierlichen, geschmeidigen Körper sichtbar werden. Sie war völlig nackt, abgesehen von einer dünnen goldenen Kette, die sich um ihre Taille schmiegte. Langes, rabenschwarzes Haar floß ihr über Gesicht und Schultern und bildete auf dem Kissen einen dunklen Klecks.

Francis de Belvoir schlug die Augen auf und blieb einige Minuten lang unbeweglich auf dem Rücken liegen. Der Tag war angebrochen, schwaches Licht drang durch die zugezogenen Vorhänge. Er stützte sich auf die Ellbogen und betrachtete das schlafende Mädchen. Dann glitt er leise aus dem Bett, ging hinüber zu ihrer Seite und zog sanft die Decke über ihren unbekleideten Körper. Seine Fingerspitzen berührten ihre zarte Haut. Das Mädchen regte sich erneut und kuschelte sich unter die Decke. Belvoir beugte sich über sie und sah sich ihr ovales Gesicht aus der Nähe genau an. Sie schlief tief; ihr Atem ging regelmäßig, ihre miniaturhaften eurasischen Gesichtszüge sahen friedlich aus. Er konnte sich noch nicht einmal an ihren Namen erinnern: Hieß sie nun Wendy oder Velda? Aber das war im Grunde unwichtig. Er hatte sie unter den Protistuierten ausgewählt, die sich bei den dunklen Hauseingängen der belebten Straßen von Soho herumdrückten. Ganz aufs Geratewohl hatte er seine Wahl allerdings nicht getroffen. Er brauchte ein Zimmer, in dem er die Nacht verbringen konnte, und am besten verbrachte man sie mit einer Hure. Er hatte sich jedoch ein Mädchen ausgesucht, das besser gekleidet war als die anderen, was ihn zu Recht vermuten ließ, daß sie ihr eigenes Zimmer hatte und ihn nicht in ein Hotel abschleppen würde, wo man sich an sein Gesicht und seine Kleider erinnern mochte. Ebenfalls recht gegangen war er in seiner Annahme, daß sie nur schlecht Englisch sprach; sie würde nicht in der Lage sein, ihn präzise zu beschreiben, falls man das von ihr verlangte. Und schließlich, wie er sich selbst eingestand, hatte er schon seit seiner Jugend eine Vorliebe für die zierlichen, samthäutigen Eurasierinnen, von denen er damals in den Luxusbordellen von Saigon und Macao in die Liebeskünste eingeführt worden war. Auch diese Kleine war recht gut im Bett gewesen, er aber war zu angespannt, zu sehr mit anderen Dingen beschäftigt. Es war ihm wichtig gewesen, die Nacht an einem Ort zu verbringen, wo ihn niemand aufspüren konnte, damit er im Lauf des entscheidenden Tages, der vor ihm lag, uneingeschränkte Bewegungsfreiheit genießen konnte. Heute abend oder am folgenden Tag würde er einen seiner zahlreichen Londoner Freunde anrufen und sich ein gemütliches Versteck für die nächsten Tage suchen. Er konnte sogar unter seinem wirklichen Namen in einem Hotel absteigen. Wirklich entscheidend war einzig, daß von seinen gewöhnlichen Kontakten nur so wenige wie möglich wußten, was er an dem ersten Tag nach seiner Entlassung aus dem Gefängnis getan und mit wem er sich getroffen hatte. Früher oder später mochten Bodleys Leute herauszufinden versuchen, weshalb er auf diese Woche Freiheit bestanden hatte, ehe er zu seiner Mission aufbrach.

Er ging auf Zehenspitzen in das winzige Badezimmer, rasierte sich und legte rasch die neuen Kleider von der Stange an, die er am Tag zuvor erworben hatte: Dreiteiliger dunkelgrauer Anzug, weißes Hemd und eine konservative blaue Krawatte. Er packte ein Paar neuer schwarzer Schuhe und blaue Socken aus und stopfte seine alten Kleider in eine mittelgroße Reisetasche aus Schweinsleder, die er in einem Kaufhaus erstanden hatte. Darin lag der Lederbeutel, der über neunundneunzigtausend Pfund in englischer und französischer Währung enthielt. Belvoir stand vor dem Spiegel und nahm sich kritisch in Augenschein. Er sah recht distinguiert aus, aber der Anblick distinguierter, wohlgekleideter Gentlemen, die sich früh am Morgen verstohlen aus den Hauseingängen von Soho schlichen, war gewiß nicht außergewöhnlich. Er ließ fünf Pfundnoten auf dem Tisch zurück. Er war versucht, für die ziemlich außerordentlichen Dienste, die sie ihm erwiesen hatte, etwas mehr dazuzulegen, entschied sich aber nach reiflicher Überlegung dagegen; er wollte vermeiden, daß man sich eines zu großzügigen Trinkgelds wegen an ihn erinnerte. Leise zog er die Tür hinter sich zu, eilte die Treppe hinunter und trat hinaus auf die geschäftigte Dean Street. Es war ein frischer, sonniger Morgen, auf den Gehsteigen herrschte reger Betrieb, was vorzüglich zu seinen Plänen paßte. Das Wetter, sagte er sich, war ein gutes Omen.

De Belvoir bog in die Carlisle Street ein, überquerte Soho Square und gelangte durch die kurze Sutton Row zur Charing Cross Road. Am Saint Giles Circus stieg er hinab zur U-Bahn-Station Tottenham Court Road und nahm einen Zug der Central Line bis Liverpool Street. Dann stieg er um und fuhr auf der Circle Line weiter bis Notting Hill Gate. Dort stieg er erneut auf die Central Line um und verließ die U-Bahn am Marble Arch. In einer engen Seitenstraße der Oxford Street warf er seine alten Kleider in einen Mülleimer und ging dann zurück auf die belebte Geschäftsstraße, die er ungefähr zweihundert Meter weit entlangschlenderte und dabei unablässig vor und hinter sich nach etwaigen Schatten Ausschau hielt; einige Male blieb er vor den Schaufenstern verschiedener Geschäfte stehen, um sich genau das Spiegelbild der Straße hinter sich zu betrachten. Alles schien in Ordnung zu sein. Er sprang auf einen roten Londoner Doppeldecker auf, der ihn zurück zur Ecke Wardour Street brachte, kaum zweihundert Meter von dem Zimmer entfernt, in dem er die Nacht verbracht hatte. Er hatte eine gute Stunde gebraucht, um sich davon zu überzeugen, daß er nicht verfolgt wurde. Nun konnte er sich seinen Geschäften zuwenden. Da Soho im Herzen des Londoner Theaterviertels liegt, fiel es ihm nicht schwer, einen Laden für Theaterbedarf und Requisiten zu finden. Dort verbrachte er über eine Stunde und besuchte dann zwei andere Geschäfte, bis er alle Artikel gefunden hatte, die er brauchte. Dann betrat er eine kleine Druckerei in der Old Compton Street. Das Geschäft sah ebenso schäbig und vernachlässigt aus wie sein Inhaber, ein dicker Mann mit nur noch spärlichem Haarwuchs, der schwarze Beutelhosen und einen schmutzigen blauen Kittel trug. Sein Name, Dimitri Kakoyannis, stand auf einem alten, abblätternden Schild, das über der Ladentür hing. Ein antikes Grammophon gab ein klagendes griechisches Lied von sich.

Kakoyannis hob den Blick von seinem Tisch, wo er Bleilettern in einen hölzernen Rahmen gesetzt hatte, und bedachte den Neuankömmling mit einem mißtrauischen Blick.

»Was wollen Sie?« schnarrte er. Ein solches Willkommen konnte fast jedermann abschrecken, aber Belvoir war nicht einfach irgendwer. Er wußte sehr gut, daß Kakoyannis hinter seiner schäbigen Fassade der beste Fälscher Englands war.

»Ein guter Freund schickt mich«, sagte er.

»Wer?« fragte Kakoyannis argwöhnisch.

Belvoir hatte sich das Kennwort gut gemerkt. »Alexander«, erwiderte er. »Er bat mich, Ihnen auszurichten, daß Maria zurück ist.«

Der Grieche nickte, aber der mißtrauische Blick wich nicht vollends aus seinen kleinen schwarzen Augen. »Gehen wir hinein«, sagte er.

Erst schloß und verriegelte er die Ladentür; dann ging er vor Belvoir her durch eine schmale Tür in ein Hinterzimmer. Er schaltete zwei starke Lampen an, die den

Raum mit Licht überfluteten. Dieses Zimmer war sehr viel größter als der Laden. Auf einem langen Tisch stand sauber aufgereiht eine eindrucksvolle Anzahl kleiner Flaschen, die verschiedenfarbige Flüssigkeiten enthielten. Auf mehreren Holztabletts lagen Federhalter, Bleistifte, Schreibfedern und Pinsel. Auf einem kleineren Tisch saßen Stöße unbedruckten weißen Papiers verschiedener Sorten. Eine halboffene Schublade war bis zum Rand mit Stempelkissen gefüllt. Dicht vor der gegenüberliegenden Wand stand ein verstellbarer Hocker; die Wand selbst verdeckte ein blütenweißer Vorhang. Davor ruhten auf hölzernen Stativen zwei mächtige Kameras. Belvoir fiel eine große Ikone der Heiligen Familie auf, die an der rechten Wand hing und sich in dieser Fälscherwerkstatt recht fehl am Platz ausnahm. Zweifellos erfüllte sie lediglich den Zweck, den Wandsafe zu verdecken.

»So, und was brauchen Sie?« fragte Kakoyannis.

Belvoir zählte seine Wünsche sehr präzise auf. »Ich brauche eine Reihe kompletter Ausweise und Dokumentensätze. Französische Dokumente. Für die meisten werden Sie mich maskiert und in der entsprechenden Kleidung fotografieren müssen. Ich habe alles mitgebracht, damit ich mich hier umziehen und aufnehmen lassen kann. Sie werden entsprechend meiner Anweisungen alle näheren Einzelheiten in die Dokumente einsetzen, abgesehen von den Namen. Die Namen schreibe ich selbst, mit Ihrem Gerät. Auf einigen Papieren lassen wir die Namensspalten frei, und Sie werden mich für jedes mit Federn der entsprechenden Breite und kleinen Flaschen mit den jeweils passenden Tinten versorgen. Die leeren Spalten fülle ich zu einem späteren Zeitpunkt aus, so wie es die Umstände erfordern. Alle diese Dokumente brauche ich noch heute, selbst wenn Sie bis spät in die Nacht hinein arbeiten müssen. Ich bleibe die ganze Zeit über bei Ihnen, und solange Sie an diesem Auftrag arbeiten, ist es Ihnen nicht gestattet, den Laden zu verlassen.«

Kakoyannis sah ihn entsetzt an. »Das ist unmöglich«, sagte er. »Ich habe noch andere Arbeit zu erledigen. Kunden könnten in den Laden kommen. Außerdem muß ich zum Mittagessen gehen – im Laden habe ich nichts zu essen. Und . . .«

Er hielt mitten im Satz inne und starrte begierig auf den Stoß Zehn-Pfund-Noten, der plötzlich auf dem Tisch erschienen war. »Für diese Entschädigung halten Sie den Laden den ganzen Tag über geschlossen und streichen alle anderen Aufträge«, erklärte Belvoir gelassen. »Wir gehen jetzt zusammen aus und besorgen Lebensmittel und Getränke, damit wir bis heute nacht durchhalten. So, und nun zum Geld. Ich zahle Ihnen für jeden Dokumentensatz tausend Pfund. Weitere tausend Pfund pro Satz erhalten Sie in entzweigerissenen Noten. Das ist der Preis für Ihr Stillschweigen. Ich komme in einigen Wochen wieder zurück, und wenn Sie bis dahin den Mund gehalten haben, gebe ich Ihnen die passenden Hälften zu all diesen frischen neuen britischen Banknoten.«

Kakoyannis war völlig außer Fassung geraten. »Das ist gutes Geld«, gestand er heiser zu.

»Ich zahle gutes Geld für gute Arbeit«, bemerkte Belvoir und schloß so die Verhandlung ab.

Die Arbeit zog sich bis zum späten Abend hin. Zuerst fotografierte Kakoyannis Belvoir in verschiedenen Aufmachungen. Für jede Bilderserie legte Belvoir andere Kleider an und eine kunstvolle Maske auf. Er folgte Kakoyannis in seine Dunkelkammer und sah ihm beim Entwickeln und Abziehen der Negative zu. Als die Bilder fertig waren, verbrannte er die Negative und alle überflüssigen Abzüge. Nachdem Kakoyannis die Ikone abgenommen und den Wandsafe geöffnet hatte, in dem er seine Dokumentenschätze aufbewahrte, blieb Belvoir ihm auf den Fersen wie ein Schatten, inspizierte die verschiedenen Papiere, Stempel und Tinten, wählte die Dokumente selbst aus. Er kam nicht umhin, die Vorräte des Griechen zu bewundern. In seinem Safe verbarg sich eine Auswahl fast aller Dokumente aus England und dem besetzten Europa. Kakoyannis hatte überall seine Freunde und Agenten: Seine Leute zahlten für gestohlene Papiere aller Arten Spitzenpreise.

Bald erkannte auch der Fälscher selbst, daß er mit einem Fachmann zusammenarbeitete, als er aus dem Augenwinkel Belvoirs peinlich genaue Arbeit verfolgte. Sobald ein Dokumentensatz ferig war, setzte Belvoir den Namen ein, ahmte Kakoyannis' Handschrift täuschend genau nach und stellte dabei mit äußerster Sorgfalt sicher, daß der Grieche noch nicht einmal einen flüchtigen Blick auf den Namen werfen konnte. Dann wickelte er Dokumente, Schreibgerät, Kleider, Schminkzeug und anderes Material für die jeweilige Verkleidung in getrennte Päckchen. All diese Päckchen schnürte er zu einem großen Bündel zusammen, in das er einen versiegelten Blankoumschlag schob, der eine auf unbedrucktes Papier geschriebene Nachricht enthielt.

Am Abend, als mehrere Bündel in seine zum Bersten gefüllte Reisetasche gestopft worden waren, gab Belvoir Kakoyannis, was er ihm schuldig war, einschließlich des Bündels entzweigerissener Scheine. Er beglückwünschte Kakoyannis zu seiner Arbeit, verließ den Laden und hielt ein vorbeifahrendes Taxi an. In der Imbißstube der Victoria Station, wo ein Mann mit einer Reisetasche nicht weiter auffiel, suchte er sich einen Tisch, bestellte ein leichtes Abendessen und wählte dann am Telefon der Imbißstube eine Nummer.

»Erkennst du meine Stimme?« fragte er vorsichtig, als

die Verbindung hergestellt worden war. »Sag noch ein paar Worte«, entgegnete die Stimme am anderen Ende.

»Es ist schon recht lange her, seit die Herzogin ihre Perlenkette loswurde«, sagte Belvoir.

Seine Bemerkung löste einen Überraschungslaut aus. »Du!«

»Ja, ich« meinte Belvoir lachend. »Ich brauche dich, und zwar gleich, in der Victoria Station. Es wird sich für dich lohnen.«

»Bei dir lohnt es sich immer«, rief die Stimme am anderen Ende eifrig. Dann klickte es in der Leitung.

Eine halbe Stunde später tauchte an Belvoirs Tisch ein gutaussehender Mann von ungefähr fünfzig Jahren auf, der in seinem marineblauen Blazer, cremefarbenem Seidenhemd und Foulardhalstuch sehr distinguiert aussah. An seinem Aufschlag glänzte eine goldene Anstecknadel der British Airlines.

»*Mon cher* Baron«, rief er strahlend, »es ist schon so lange her.«

Belvoir nickte liebenswürdig. »Die fortschreitenden Jahre haben dich veredelt, Mortimer«, bemerkte er. »Die Silberstreifen an den Schläfen geben dir einen ausgesprochen respektablen Anstrich. Man könnte dich wahrhaftig versehentlich für einen ehrlichen Mann halten.«

Der Mann, der Mortimer hieß, lächelte. »Du siehst auch nicht übel aus, Baron.«

»Schenken wir uns das weitere Geplänkel«, sagte der Baron energisch. »Diese Tasche muß morgen früh in Lissabon sein. Hast du morgen Dienst?«

»Nein, eigentlich nicht«, erwiderte Mortimer und sah auf seine Armbanduhr. »Ich habe aber einen Freund, der sie mitnehmen kann. Oder, besser noch, ich kann für ihn einspringen, wenn es wirklich wichtig ist.«

»Es ist wichtig«, sagte Belvoir.

»Na gut. Ich werde ihn anrufen und seine Schicht

übernehmen.« Er zögerte jedoch einen Augenblick lang, warf einen leicht nervösen Blick auf die Schweinsledertasche. »Ist darin irgend etwas, ich meine . . .«

»Nichts, worum du dich sorgen müßtest«, unterbrach Belvoir. »Keine Waffen, keine Geheimdokumente, keine Diamanten, kein Falschgeld.«

Mortimer lächelte erleichtert. »Ich wollte nur ganz sichergehen.«

Belvoir nickte und zog einen Briefumschlag aus der Tasche. Auf die Klappe war eine Telefonnummer gekritzelt worden. »Sobald du gelandet bist, rufst du diese Nummer an. Sie ist in Cascais. Der Mann, der sich meldet, spricht ein vorzügliches Englisch. Du sagst ihm, daß du eine dringende Nachricht von mir hast. Daraufhin wird er sofort zu dir kommen. Gib ihm die Tasche und sage ihm, daß er sie mit dem nächsten Zug, der über Spanien fährt, nach Frankreich bringen muß. Er soll jedes Päckchen bei der Adresse abliefern, die in einem unters Packpapier geschobenen Umschlag steckt. Alle Päckchen müssen ihren Bestimmungsort innerhalb fünf Tagen erreicht haben, nicht mehr.«

Mortimer lauschte ernst. »Was wird, wenn dein Freund nicht so kurzfristig nach Frankreich reisen kann?«

»Keine Sorge«, meinte Belvoir gelassen. »Er wird jemand anders schicken. Allein wird er es ohnehin nicht tun. Du gibst ihm einfach diesen Umschlag. Er enthält eingehende Anweisungen und genug Geld, um seine Unkosten und ein paar Nächte im Spielkasino von Cascais zu decken.« Er reichte Mortimer einen zweiten Umschlag. »Und das ist mein Beitrag zu deiner Champagner- und Kaviardiät.«

Mortimer prüfte mit geschickten Fingern die Dicke des Umschlags. Er sah sehr zufrieden aus. »Mir scheint, daß auch ich für ein paar Minuten im Kasino hereinschauen könnte.«

»Erst wenn du die Tasche abgeliefert hast!« schnauzte der Baron ihn an.

Nachdem Mortimer mit der Schweinsledertasche gegangen war, wählte Belvoir die Nummer des *Savoy-Hotels* und verlangte den Geschäftsführer.

»Hier Baron de Belvoir«, meldete er sich, nachdem er die vertraute Stimme erkannt hatte. »Ich bräuchte eine Suite für sechs Nächte.«

»Mit Vergnügen, Monsieur le Baron«, erwiderte der Geschäftsführer des *Savoy* verbindlich. »Wir würden uns freuen, Sie wieder bei uns begrüßen zu dürfen. Wie üblich eisgekühlter Veuve Cliquot an Ihrem Bett?«

»Selbstverständlich«, meinte Belvoir. »Vorausgesetzt, er stammt aus Ihrer Privatreserve.«

Im Lauf der kommenden sechs Tage würde er die Rolle des großspurig auftretenden jungen Lebemannes spielen, genau so, wie Bodley, MacAlister und ihre Freunde es von ihm erwarteten. Und das konnte, wie er sich eingestehen mußte, zuzeiten recht angenehm sein.

Der schwarze Wehrmachts-Horch wurde sanft abgebremst und parkte hinter einem grauen Mercedes in der Hofjägerallee, einer der Hauptzufahrten zu Berlins Tiergarten. Es war knapp sechs Uhr am Morgen des 26. März, und außer dem Fahrer des Mercedes, einem dicken Feldwebel, der geschäftig die Windschutzscheibe polierte, war niemand zu sehen. »Sie warten hier auf mich, Schneider«, sagte Beck zu seiner Ordonnanz, die ihm den Wagenschlag öffnete. Der fröhliche Bayer schlug die Hacken zusammen. »Jawohl, Herr Oberst.«

Von Beck marschierte in den verlassen daliegenden Tiergarten und sah augenblicklich weiter vor sich auf dem Weg den Mann, der ihn zu dieser frühen Stunde hierherbestellt hatte: Eine kleine graue Gestalt, die friedlich mit zwei kleinen Dackeln spazierenging. In einiger

Entfernung folgten ihm zwei Männer in feldgrauen Uniformen, ein Leibwächter und ein Flügeladjutant, die für die Sicherheit und das leibliche Wohlergehen ihres Admirals verantwortlich waren.

Canaris trug Zivil. Er hatte die sonderbare Angewohnheit, hin und wieder als Zivilist auszugehen; seine Mitarbeiter versuchten schon seit langem nicht mehr zu erraten, welches Vergnügen er dabei fand, altmodische Zweireiher zu tragen, die lose um den kleinen, gedrungenen Körper hingen. Er schritt gemächlich vor sich hin, die Arme verschränkt, den Kopf gesenkt und schien in konzentriertes Grübeln versunken zu sein. Von Becks Gruß beantwortete er mit einem oberflächlichen Kopfnicken. Der junge Oberst faßte Tritt und schwieg. Der feine Kies des Parkweges knirschte leise unter seinen Stiefeln.

Nach einigen Minuten zog Canaris ein dünnes, blaues, rotgekreuztes Blatt Papier aus der Tasche.

»Eine neue Nachricht von London Lily?« fragte der junge Oberst mit plötzlichem Interesse.

Canaris nickte und reichte von Beck das Papier. »Das ging letzte Nacht ein.«

SOE SONDERAGENT WIRD IN DER NACHT 27 MAERZ UEBER FRANKREICH ABSPRINGEN VERMUTLICH IM ZUSAMMENHANG ENIGMA PROJEKT STOP ENDE

»Das bedeutet heute nacht«, sagte von Beck und gab das Telegramm an seinen Vorgesetzten zurück.

»Rudolf, Sie sollten sich nach Paris begeben«, meinte Canaris. »Wir müssen die Pläne dieses Herren durchkreuzen, wer er auch sein mag. Die Enigma muß um jeden Preis beschützt werden.«

»Ich reise morgen früh ab, Herr Admiral«, erwiderte von Beck.

Sie schlenderten schweigend weiter, zwei Männer, die im Tiergarten ihre Hunde ausführten, weit vom Krieg und seinen Schrecken entfernt. Von Beck fiel auf, daß die Zivilkleidung den harten Ausdruck in Canaris' Gesicht zu mildern und seine Ausstrahlung überwältigender Autorität zu dämpfen schien. Er fühlte sich gelöster und riskierte eine höchst impertinente Bemerkung.

»Sie haben mich doch gewiß nicht hierherbestellt, um mir nur das Telegramm zu zeigen«, meinte er und warf Canaris einen raschen Seitenblick zu.

Da Canaris nicht sofort reagierte, nahm von Beck an, daß er ihn vielleicht nicht verstanden hatte. Dann aber sprach der Abwehrchef.

»Sie haben recht«, sagte er leise. »Ich habe Sie aus einem anderen Grund hierhergebeten. Ich wollte mit Ihnen sprechen, ohne befürchten zu müssen, daß jemand uns belauscht oder daß Himmler ein Mikrophon in mein eigenes Dienstzimmer geschmuggelt hat. Es hat sich so ergeben«, fuhr er sehr langsam und sehr vorsichtig fort, »daß Ihr bevorstehender Auftrag möglicherweise ein Projekt berühren könnte, das einige meiner Freunde und ich schon seit recht langer Zeit planen.«

Von Beck wagte es nicht, auch nur ein Wort zu sagen. Er begriff, daß Canaris ihm etwas zu verstehen geben wollte und sich bemühte, die rechten Worte zu finden.

»Erinnern Sie sich noch an unseren letzten Besuch im Führerhauptquartier?« fragte Canaris ernst. »An den Zwischenfall wegen der V-2 und die Aufregung, die er auslöste?«

»Selbstverständlich erinnere ich mich daran.«

»Damals sagten Sie mir etwas über jemanden. Sie sagten, ›Der Mann ist wahnsinnig‹.«

Von Beck nickte. »Und dieser Mann hält Deutschlands Schicksal in den Händen.«

Canaris blieb abrupt stehen und wandte sich zu von

Beck. Seine Stimme bebte vor Zorn. »Nicht mehr lange, Rudolf, das kann ich Ihnen verraten, nicht mehr lange. Es gibt eine Gruppe von Offizieren, die ebenso denken wie Sie und ich, die dieses Land lieben und dem Krieg und dem Wahnsinn ein Ende setzen wollen. Haben Sie mich recht verstanden? Die Dinge sind weiter fortgeschritten, als Sie ahnen können.«

Alles Blut wich aus von Becks Gesicht. Ein Zittern durchlief seinen Körper, sein Mund wurde trocken. Hier stand er, Angesicht zu Angesicht mit einem der Führer der deutschen Wehrmacht, der ihm verriet, daß eine Offiziersgruppe Hitlers Sturz vorbereitete!

»Stehen Sie auf unserer Seite, Rudolf?« fragte Canaris.

Von Beck zögerte nicht. »Jawohl, Herr Admiral, von ganzem Herzen.«

»Vorzüglich«, meinte Canaris, war wieder in seine normale Stimmlage verfallen und schlenderte weiter. »Wenn die Zeit gekommen ist, werde ich Sie in die näheren Einzelheiten unserer Pläne einweihen. Im Augenblick kann ich Ihnen nur sagen, daß wir noch nicht bereit sind. Es kann gut noch drei oder vier Monate dauern, genau weiß ich das nicht. Und das bringt mich zurück zu Ihrem Auftrag.«

Von Beck sah ihn verwirrt an. Canaris zog eine Reihe von Papieren aus der Tasche, wählte eines aus, entfaltete es und gab es von Beck. »Dies ist die Liste der siebenundzwanzig Enigma-Geräte, die augenblicklich von der Wehrmacht in Frankreich benutzt werden. Ich vermute, daß der britische Geheimdienst sich eine Kopie dieser Liste verschafft hat. Unsere Leute in London erwähnten das letzte Woche in ihrem Funkspruch.« Er legte eine kurze Pause ein und fügte dann in verändertem Tonfall hinzu: »Auf dieser Liste sind siebenundzwanzig Geräte aufgeführt. In Wirklichkeit gibt es aber achtundzwanzig.«

Der Oberst runzelte überrascht die Stirn. »Im Zusammenhang mit den privaten Plänen, die ich erwähnte«, sprach Canaris weiter, »hielt ich es für erforderlich, eine direkte, offiziell nicht erfaßte Nachrichtenverbindung zwischen mir und meinen Leuten in Paris einzurichten. Das versetzt uns in die Lage, den gesamten geheimen Funkverkehr zwischen dem Führerhauptquartier und den hohen Standortskommandeuren von Wehrmacht und SS in Frankreich abzuhören.«

»Sehr geschickt, Herr Admiral, wenn ich mir die Bemerkung erlauben darf.«

Canaris überhörte das. »Unsere Enigma ist in unserem inoffiziellen Pariser Hauptquartier aufgestellt. Nicht im Hotel *Lutetia*, wo sich der Großteil unserer Offiziere befindet, sondern im zweiten Stock des Gebäudes der Organisation Otto am square du Bois de Boulogne. Sie werden Ihren Kommandoposten im Otto-Gebäude einrichten und von dort aus die Schutzmaßnahmen für die Enigmas überwachen. Für alle achtundzwanzig.«

Von Beck verbeugte sich steif. »Jawohl, Herr Admiral.«

Er hatte sich schon abgewandt und begann sich zu entfernen, als er Canaris' Stimme hörte, die ihn leise rief: »Rudi!« Er nahm zur Kenntnis, daß sein Chef zum erstenmal die vertrauliche Kurzform benutzte.

Canaris winkte ihn zurück. »Ich muß gestehen, daß ich Sie um die Reise nach Paris beneide.« Auf einmal klang seine Stimme viel menschlicher. »Paris ist eine großartige Stadt, der Stolz der westlichen Zivilisation. Ich war viele Male dort, als Student, als junger Offizier . . . Einen bestimmten Besuch werde ich jedoch nie vergessen. Vor einem Jahr wurde ich mit verbundenen Augen und unter äußerster Verschwiegenheit zu einem Nonnenkloster im Herzen von Paris gebracht. Die Augenbinde wurde mir erst abgenommen, als ich mich im Gebäude befand. Den Namen des Klosters habe ich bis heute nicht erfahren.

Erinnern kann ich mich nur an seine alten Steinmauern und das mittelalterliche Porträt eines Priesters, das an einer Wand hing. Einige Nonnen ließen mich ein und stellten mich einem Fremden vor, der kohlschwarze Augen hatte. Er war der Chef des britischen Geheimdienstes in Frankreich. Ich bat ihn, eine Frage an Churchill weiterzuleiten: Wie lauten die alliierten Bedingungen für die Abschließung eines Friedensvertrags mit Deutschland, nachdem wir uns Hitlers entledigt haben? Die Antwort erhielt ich zwei Wochen später. Sie lautete: ›Bedingungslose Kapitulation‹.«

Er schloß die Augen. »Es mag sein, daß wir diesen Preis zahlen müssen«, murmelte er.

Auf dem Rückweg zu seinem Wagen kam es Rudolf von Beck in den Sinn, daß Canaris ihm gerade ein Geheimnis anvertraut hatte, das sie beide geradewegs aufs Schafott bringen konnte.

Am gleichen Morgen griff Belvoir in seiner feudalen Suite im Londoner *Savoy* zum Telefonhörer und rief General Bodley an.

Bei Einbruch der Nacht überflog ein schwarzer Halifax-Nachtbomber in geringer Höhe den Ärmelkanal, unterwegs ins besetzte Frankreich. Belvoir war der einzige Passagier.

27.–28. März 1944

Belvoir saß allein im dunklen Flugzeugrumpf, hatte sich in eine rauhe Armeedecke gewickelt und rauchte eine lange, dünne Zigarre. Durch eine Vielzahl von Spalten und Rissen in der Aluminiumhaut der betagten Kriegsmaschine heulte und pfiff der Wind und brachte den Salzgeruch der Nordsee mit. Belvoir fröstelte ein wenig.

Hier war er nun, auf seinem gefährlichsten Unternehmen, und ganz auf sich allein gestellt. Gewiß, von Bodley und MacAlister, die ihn zum RAF-Stützpunkt begleitet hatten, war ihm hochheiligst die uneingeschränkte Unterstützung der französischen Résistance versprochen worden. Sie hatten ihm außerdem versichert, daß die Ausweispapiere, die sie für ihn hatten ausstellen lassen, narrensicher waren. Er aber hatte ihnen nicht getraut. Aus diesem Grund hatte er sich heimlich falsche Dokumente und kunstvolle Verkleidungen hergerichtet und sie nach Frankreich geschickt. Den Auftrag würde er ausführen, aber auf seine Weise. Er konnte es sich nicht leisten, irgend jemanden zu trauen. Hin und wieder, wenn er die Augen schloß, tauchte dieselbe erschreckend grelle Szene aus seiner Erinnerung auf: Sein Vater, der in einer Blutlache auf dem Boden jener dreckigen Pariser Bar lag, erstochen von seinem besten Freund wegen eines Streits um die Beute eines Raubzugs. »Frankie, du darfst den Kerlen niemals trauen«, waren die letzten Worte seines sterbenden Vaters an den damals sechzehnjährigen Jungen. »Vergiß nie: *Chacun pur soi* – jeder für sich selbst.«

Diese Worte blieben ihm deutlich im Gedächtnis haften, als er seine eigene Karriere in der hinterhältigen Welt der Diebe und Schwindler begann. Und so war er auch aufgewachsen – ein Einzelgänger, kalt, peinlich genau, der seine Coups bis in die kleinste Einzelheit abwägte, doppelte Vorsichtsmaßnahmen traf, seine Leute sorgfältig auswählte. Das war das Geheimnis seines Erfolgs. Seiner Umgebung bot er das Bild eines leichtsinnigen Genüßlings, eines sorglosen Abenteurers, der verrückte Pläne ausheckte und sich unüberlegt auf unnötige Risiken einließ. In Wirklichkeit war er längst nicht so verwegen, wie es den Anschein hatte; zweifellos aber wurde seine gesamte Einstellung zum Leben von dem vorherrschenden abenteuerlustigen Charakterzug bestimmt, der ihn stets dazu verleitete, das Unmögliche zu versuchen. Nicht nur in der Unterwelt, sondern auch bei der Polizei wurde er bewundert und geachtet. Der einzige Mensch, der ihn jemals wirklich durchschaut hatte, war eine junge Amerikanerin gewesen, eine Journalistin, die sich zu Kriegsbeginn hartnäckig an ihn gehängt hatte. Er hatte angenommen, daß sie einfach nur in ihn verliebt war, bis sie ihn eines Nachts in einer kleinen Zuhälterbar in der rue Blanche durchdringend aus ruhigen, weit auseinanderstehenden grünen Augen angeschaut und leise gesagt hatte: »Frankie, sei doch nur ein einziges Mal im Leben aufrichtig. Höre endlich mal auf, zu schauspielern! Was willst du eigentlich damit beweisen?«

Diese Worte hatten plötzlich tief in ihm eine Saite angeschlagen, eine lange unterdrückte Jugenderinnerung zurück an die Oberfläche gebracht. Zugetragen hatte es sich am Morgen nach dem Tod seines Vaters. Damals war er Schüler des Saint-Eustache-Gymnasiums gewesen, einer versnobten Anstalt, in der die Blüte der blaublütigen Aristokratie der Dritten Republik herangezüchtet wurde. Seine Schulkameraden waren heranwachsende Herzöge, Grafen und Barone, und er selbst war als der junge Baron de Belvoir bekannt. An jenem Morgen jedoch war ihm eine Woge spöttischen Gelächters entgegengeschlagen. Auf seinem Pult hatte jemand die neuesten Ausgaben der Tageszeitungen ausgebreitet, die in großen fetten Schlagzeilen berichteten, wer sein ermordeter Vater in Wirklichkeit gewesen war, ihn als Gauner, Verbrecher und Hochstapler schilderten. Dann hatte *Père* Dominique, der Priester, der das Gymnasium leitete, das Klassenzimmer betreten und ihm vor allen anderen befohlen, die Schule auf der Stelle zu verlassen. »Monsieur, Ihre Gegenwart ist eine Schande für diese

Anstalt«, hatte er schonungslos erklärt. »Sie haben weder Anspruch auf den Titel, mit dem Sie sich schmükken, noch auf die Gesellschaft dieser jungen Herren.«

Tränen waren ihm in die Augen geschossen, er war aufgestanden und zur Tür gegangen. Dort aber hatte er sich zu der schweigenden Versammlung umgedreht und sie mit einer Stimme, die ihm fremd klang, angeschrien: »Dafür müßt ihr eines Tages büßen! Ich werde euch zeigen, wer Anspruch auf was hat!« Dann war er schluchzend weggerannt, hatte diese Schule nie wieder betreten und sich in eine andere Welt geflüchtet, jene, in der sein Vater gelebt hatte.

Jahre später, in dieser verräucherten Bar am Pigalle, als der stetige Blick des amerikanischen Mädchens tief und forschend in seine Seele eindrang, empfand er plötzlich panische Angst, als wäre er in aller Öffentlichkeit nackt ausgezogen worden. Er hatte sich bemüht, den Schlag mit einem herablassenden Lächeln und einem gleichgültigen Achselzucken abzuwehren. »Ach, komm schon, Beverly«, hatte er gesagt. »Laß den Quatsch.« Er hatte sie nie wiedergesehen.

Kurz nach dieser Episode hatte er jedoch versucht, sich wirklich zu ändern, zum ersten und letzten Mal in seinem Leben. Er war zur französischen Armee gegangen und hatte sich nach Dünkirchen durchgekämpft. Nachdem er England erreicht hatte, meldete er sich bei den British Commandos. Hier wurde er zum ersten Mal Teil einer Gemeinschaft, kämpfte neben anderen, half anderen, vertraute anderen. Das war das einzige Mal, daß er die letzten Worte seines Vaters ignorierte: *Chacun pour soi.* Diese Worte fielen ihm jedoch wieder ein, als er bei dem Überfall auf Dieppe schwer verwundet und von seinen Kameraden in einer stinkenden Gasse zum Sterben zurückgelassen wurde – sie waren viel zu sehr damit beschäftigt, ihre eigene Haut zu retten, um sich die Mühe zu machen, ihn in Sicherheit zu bringen. Er hatte sich auf den Gehsteig geschleppt, aus seiner durchlöcherten Bauchdecke sickerte das Blut, und nie war er dem Tod so nahe gewesen. Dann aber retteten ihn wie durch ein Wunder zwei alte Franzosen, die ihm Zuflucht gewährten und seine Wunden versorgten. Nach seiner Genesung schwor er sich, daß für ihn der Krieg vorbei sei. Dieser grausige Tag in Dieppe hatte in seinem Körper und seiner Erinnerung tiefe Narben hinterlassen. Von nun an, so beschloß er, würde er nur noch für sich selbst kämpfen, was er in der Folge auch getan hatte, mit Zynismus und Habgier. Er war nach Paris zurückgekehrt, in sein vertrautes Milieu und zu seinem Vorkriegs-Lebensstil. Bald fand er eine sehr einträgliche Anstellung. Die Deutschen brauchten Leute seines Schlags – Diebe, Kriminelle, Gangster –, die ihnen bei der Plünderung der Schätze Frankreichs halfen. Er begann für die Organisation Otto zu arbeiten, eine inoffizielle Abteilung der Abwehr, die den wertvollen Besitz von Privatpersonen und nationalen Museen und Institutionen nach Deutschland schaffte: Antike Möbel, unbezahlbare Gemälde und Skulpturen, Gold, Edelsteine, Devisen. Ein Teil der Beute wurde in der Schweiz verkauft, um Geheimoperationen der Abwehr zu finanzieren. Der größte Teil des Goldes kam zur Gestapo und wurde in ihren Kellern aufgestapelt. Die gesamte Pariser Unterwelt war von diesem Goldschatz wie gebannt; niemand wagte es, die Gestapo herauszufordern. Das waren zwei gute Gründe, die die Versuchung für Belvoir unwiderstehlich machten. Er bereitete seinen Coup gründlich vor und verschwand eines Nachts mit der gesamten Goldreserve der Gestapo aus Paris. Anschließend gelang es ihm, den Schatz nach England zu bringen. Der wütende Gestapochef setzte prompt einen ansehnlichen Preis auf seinen Kopf aus.

Und nun war er auf dem Weg zurück, geradewegs in die Höhle des Löwen. Bodley hatte recht gehabt: Die enorme Herausforderung, der Nervenkitzel des gefährlichsten aller Spiele, trieben ihn wieder nach Paris. Und er wußte, daß er die Stadt ohne die Enigma niemals verlassen würde.

Plötzlich flammte im dunklen Flugzeugrumpf ein rotes Licht auf. Ein hochgewachsener junger Mann in einer Fliegerkombination kam aus der Pilotenkabine und öffnete rasch die Seitentür des Flugzeugs. Er berührte Belvoirs Schulter. »Machen Sie sich fertig«, schrie er in dem Versuch, sich im heulenden Wind verständlich zu machen. »Es ist jeden Augenblick soweit. Und viel Glück. Wie sagt man auf französisch? *Merde!*«

Das Licht sprang von Rot auf Grün um. Belvoir packte den eiskalten Türrahmen und sprang in den schwarzen Abgrund.

Gaston Aymard stand auf dem nassen Weideland, das sich sanft zum schlammigen Ufer der Dordogne senkte, sog nervös an seiner kalten Pfeife und warf immer wieder Blicke zum dunklen Himmel. Aymard war ein großer, stämmiger Gascogner, noch immer so gekleidet, wie er auf seinem Bauernhof bei Bergerac arbeitete: bäuerliche Schildmütze, schmutziger Lammfellmantel und kniehohe Gummistiefel.

Er rollte einen Ärmel hoch und schaute erneut auf die Leuchtziffern seiner Armbanduhr. Es war fast Mitternacht, die britische Maschine konnte nicht mehr weit sein. Vor fünf Tagen hatte London ihn über Funk davon verständigt, daß in dieser Nacht ein Agent der SOE über seinem Gebiet abspringen würde. Die Papiere des Mannes sollten auf den Namen Jean-Marie Langeais lauten. Aymards Aufgabe war, ihn mit Zivilkleidern und einer Eisenbahnfahrkarte zu versehen und ihn nach Paris zu schicken. Außerdem sollte er ihm genaue Anweisungen zur Kontaktaufnahme mit der Résistance im Gare de Lyon, einem der Hauptbahnhöfe von Paris, geben. Dieses Ersuchen hatte Gaston besorgt und verärgert. Er leitete die Widerstandszelle *Espérance,* die im Südwesten Frankreichs zwischen Bergerac und Libourne operierte. Bis vor recht kurzer Zeit hatten seine Stadt-Trupps und Guerillas im *maquis* viele erfolgreiche Bravourstücke vollbracht, die in der Attacke auf das Gefängnis von Saint-Emilion, wo fünfzig Geiseln die Hinrichtung durch die SS erwarteten, ihren Höhepunkt gefunden hatten. Dann aber hatte sie das Glück im Stich gelassen. Acht seiner Leute waren gefallen, drei im Verlauf des erfolglosen Versuchs, aus dem Hinterhalt den Wagen eines Luftwaffengenerals zu überfallen, der zu einer Weihnachtsfeier in Bordeaux unterwegs war; und fünf andere während eines Angriffs auf das Arsenal der Garnison von Bergerac. Die gefürchteten *miliciens* – Franzosen, die mit der Gestapo kollaborierten – und die Gestapo-Mörder selbst hatten die Freiheitskämpfer erwartet und sie in Stücke gehauen. Sechs weitere Mitglieder der *Espérance* waren von der Gestapo verhaftet worden: Die Brüder Bobet, die den Großteil des Nachschubs für die Guerillas in den Bergen besorgten; der Besitzer des *Hôtel de Centre* in Libourne und seine Frau, die die Gespräche hoher, in ihrem Haus wohnender Offiziere berichteten; der Schatzmeister der Zelle, Henri Monod, beim Transport eines Geheimfonds festgenommen; und schließlich der Funker selbst, der junge Joseph Jacquinot, der zudem Gastons Schwager war. Alle, abgesehen von Jacquinot, waren im Hauptquartier der Gestapo zu Tode gefoltert worden. Jacquinot hatte man in ein deutsches Konzentrationslager geschickt. Und Gaston Aymard war zu dem unvermeidlichen Schluß gekommen, daß seine Organisation von einem Verräter infiltriert worden war.

Er hatte getan, was er konnte, um den Naziagenten zu entlarven, aber umsonst. Nach Jacquinots Verhaftung hatte er den Sender in seine eigene Scheune gebracht und London gewarnt, daß ein feindlicher Agent die Zelle langsam von innen heraus zerstörte. Dennoch hatte er Anweisung erhalten, sich um den Agenten zu kümmern, der heute nacht abspringen sollte. Dem hatte er gewissenhaft Folge geleistet. Keinen seiner Männer hatte er im voraus über diesen Nachtauftrag informiert, sondern sich erst am späten Abend mit den Vertrauenswürdigsten in Verbindung gesetzt und sie ins Feld geführt. So konnte er zumindest sicher sein, daß der Verräter – wenn er sich in der Gruppe befand – keine Gelegenheit hatte, die Deutschen zu alarmieren. In seinem eigenen Rucksack trug er die Kleider und Dokumente für den Agenten. Zurechtgemacht hatte er sie selbst und sie sonst niemanden gezeigt.

Um 23.55 Uhr marschierten drei seiner Männer zur Mitte der Wiese und nahmen im Dreieck Aufstellung. Jeder war mit einer starken, in einer länglichen, zylindrischen Blechhülse angebrachten Taschenlampe ausgerüstet. Genau um Mitternacht hörten sie das tiefe Brummen der Motoren des Bombers, das gedämpft worden war, als die Maschine über dem Dordognetal tiefer ging. Aymard stieß einen leisen Pfiff aus. Seine Männer knipsten ihre Taschenlampen an. Durch Blechhülsen waren sie nur von oben zu sehen, als sie dem Piloten die Abwurfzone markierten. Die Halifax verlor an Fahrt, überflog die Weide und war bald weit entfernt. Eine Gestalt, die unter einem schwarzen Fallschirm pendelte, sank geräuschlos aus dem bewölkten Himmel. Der Mann aus London berührte den Boden, rollte sanft übers nasse Gras.

Der Baron war zurück in Frankreich.

Die Männer sammelten sich rasch um den Londoner Agenten. Er sprach vorzüglich Französisch und wurde mit Fragen überschüttet; Aymard aber ließ nicht zu, daß er mehr als ein paar Worte sagte.

»Laßt den Kameraden in Ruhe«, befahl er seinen Männern. »Vergrabt den Fallschirm am Fluß und wartet dann auf mich. Niemand entfernt sich.« Er wandte sich zu dem Agenten, der ihn ruhig beobachtete. »Kommen Sie mit«, sagte er und führte ihn zu einer kleinen Baumgruppe. Belvoir folgte ihm und fand sein brüskes Benehmen etwas verwunderlich. Aymard kniete sich ins weiche Gras und zerrte an den Lederriemen seines Rucksacks. »Hier sind Ihre Papiere«, flüsterte er. »Und hier ist die Fahrkarte nach Paris. Es ist eine Rückfahrkarte. Wenn man Sie fragt, was Sie in dieser Gegend zu tun hatten, sagen Sie, daß Sie hierherkamen, um in Libourne Ihre kranke Patentante, Madame Louise Charpentier, zu besuchen. Sie wird Ihre Aussage bestätigen. Hier ist ein Brief, datiert vor einer Woche, den sie an Ihre Pariser Adresse schickte und Sie bat, vorbeizukommen. Und hier« – Aymard knöpfte seinen schweren Lammfellmantel auf und holte eine abgewetzte schwarze Brieftasche hervor – »sind zweitausend Francs. Das ist zum Überleben mehr als genug, bis Sie mit unseren Leuten in Paris Kontakt aufgenommen haben.« Er gab dem Agenten das Geld in die Hand. »Unsere Leute in Paris werden Sie an Ihrem roten Halstuch erkennen«, fügte er hinzu; er sagte ihm das Kennwort, unter dem man in Paris an ihn herantreten würde, und nannte ihm auch einen Ausweichtreff, für den Fall, daß im Gare de Lyon etwas schiefging. Belvoir wiederholte die einzelnen Punkte und prägte sie sich ein. Schließlich erhob sich Aymard. »Im Rucksack, hier, haben Sie Kleider zum Wechseln. Ziehen Sie sich um. Lassen Sie die Sachen, die Sie jetzt anhaben, liegen; ich werde sie später vernichten. Dann gehen Sie immer geradeaus« – Aymard wies nach Westen, in eine Richtung ungefähr parallel zum Fluß – »bis Sie die ersten

Häuser von Saint-Emilion sehen. Sie stoßen auf einen Feldweg, der nach Norden führt und am Fluß beginnt. Sie können ihn nicht verfehlen. Er umgeht Saint-Emilion und wird Sie zum Stadtrand von Libourne bringen. Ihnen bleibt genug Zeit, um zum Bahnhof zu gelangen. Er liegt mitten in der Stadt. Der Zug nach Paris fährt um ein Uhr fünfundfünfzig ab. Viel Glück.«

Belvoir sah ihn überrascht an. »Muß ich gehen?«

Aymard, der offensichtlich verlegen aussah, nickte. »Ja. Ich kann Ihnen jetzt keine Erklärungen geben. *Adieu*!«

Belvoir war von dem entschiedenen, bitteren Ton des Mannes verblüfft. »Adieu«, erwiderte er und begann sich auszuziehen. Wenige Minuten darauf war er unterwegs. Aymard sah ihm schwermütig nach, bis er in der Finsternis verschwunden war, und ging dann zu seinen Leuten. »Wir bleiben noch eine Stunde hier«, verkündete er. »Dann gehen wir wieder nach Hause.«

Die Morgendämmerung war noch Stunden entfernt, als drei schwarze Citroëns mit durchdringendem Bremsengequietsch vor Gaston Aymards Hof anhielten. Aymard fuhr in seinem Bett hoch. »*Les boches!*« stöhnte er, griff nach seinen Kleidern, die in einem Haufen auf einem nahen Stuhl lagen, und hastete durch die Küche zur Hintertür. Hélène, seine hübsche junge Frau, folgte seinen flinken Bewegungen mit schreckgeweiteten Augen. Sie war zu erschüttert, um ihrem Mann zu folgen oder ihm auch nur Glück zu wünschen.

Aber in dieser Nacht wurde Gaston Aymard von seinem Glück im Stich gelassen. Als er die Hintertür öffnete, nagelten ihn mehrere blendend grelle Lichtbündel fest. Der Bauernhof war schon vor dem Eintreffen der Gestapo-Wagen umzingelt worden. Die Männer, die die Handscheinwerfer hielten, kamen vorsichtig auf ihn zu.

Er erkannte die schwarzen Uniformen der SS und die Barette der verhaßten Miliz. Er saß in der Falle. Langsam, zögernd hob er die Hände über den Kopf. Als er von zwei Männern in langen Regenmänteln und breitkrempigen braunen Hüten brutal in einen der wartenden Wagen gestoßen wurde, konnte er die verzweifelten Schreie seiner Frau hören.

Die Citroëns rasten über die verlassene Straße. Im Wagen, wo Aymard zwischen zwei Gestapomännern saß, fiel kein Wort. Auch ohne aus dem Fenster zu sehen, wußte Aymard, wohin die Fahrt ging. Seit Jahren hatte er die Nacht gefürchtet, in der man ihn zum Château de la Tournelle bringen würde, ins Bezirkshauptquartier der Gestapo, in dem so viele freiheitsliebende Franzosen einen grausigen Tod fanden.

Das Château, in dem alle Lichter brannten, war das Zentrum fieberhafter Aktivität. Zivil- und Militärfahrzeuge trafen ein und fuhren ab, Männer betraten und verließen hastig das Gebäude. Wehrmachtskuriere sausten auf ihren schweren Motorrädern vorbei. Aymard wurde mit Stößen und Tritten die Freitreppe hinauf und in die Halle getrieben. Er schaute sich um und sah die verstörten, verängstigten Gesichter seiner Kameraden, der Mitglieder seiner Organisation. Der Résistance im Südwesten war ein entsetzlicher Schlag versetzt worden. Die Zelle *Espérance* gab es nicht mehr.

Plötzlich tauchte vor ihm ein vertrautes Gesicht auf. »Hervé«, wollte Aymard sagen, aber das Wort blieb ihm im Halse stecken, denn Hervé Royan, sein Stellvertreter, war frei, lächelte und trug die Uniform der Miliz. Nachdem er sich von dem ersten Schrecken erholt hatte, mußte Aymard sich bitter eingestehen, daß er nun nicht mehr herumzuraten brauchte, wer der Verräter war, der sie ans Messer geliefert hatte.

Die Gestapo-Schergen stießen ihn durch die Menschenmenge und die schmale Treppe zum Keller hinunter. Augenblicklich erkannte er den feuchten, unterirdischen Raum, der ihm von einigen an Leib und Seele gebrochenen Überlebenden geschildert worden war. Er wußte, welchem Zweck die Badewanne in der Ecke diente und das elektrische Kabel, das in eine Wandsteckdose gestöpselt war und in zwei blanken, glitzernden Kontakten endete; er konnte sich vorstellen, wofür die häßlichen Stahlinstrumente gebraucht wurden, die auf dem großen Holztisch mitten im Raum lagen. Und er erkannte die blutige Leiche, die von zwei *miliciens* gleichgültig aus der Folterkammer geschleift wurde: Das war alles, was von Justin Colombier übrig geblieben war, einem der Männer, die ihm vorher in dieser Nacht geholfen hatten, den Agenten aus London zu empfangen.

Hervé Royan betrat den Raum, begleitet von einem Fremden. Dieser war groß, völlig kahl und trug einen schwarzen Zivilanzug über einem schwarzen Rollkragenpullover. Seine schmalen, blutlosen Lippen zuckten nervös in einem rhythmischen Spasmus. Als er näherkam, stellte Aymard fest, daß der Mann völlig unbehaart war; seine wäßrig blauen Augen schauten ihn unter nackten Lidern heraus mit dem starren, grausamen Ausdruck eines Kranken kalt an. Der Mann hatte große Hände und lange, dünne Finger, die unablässig in Bewegung waren, sich streckten oder sich in seine weißen Handflächen bohrten, so wie die eines Pianisten vor dem Konzert. Aymard konnte den Blick nicht von ihm wenden. Er spürte, wie ihm der kalte Schweiß auf die Stirn trat und er innerlich zu zittern begann.

Hervé Royan sprach ihn sehr leise und mit einem gespielt vorwurfsvollen Ton an: »Das ist alles deine Schuld, Gaston. Wir wollten die Zelle nicht auflösen. Was uns anging, hätte sie noch eine ganze Weile weiterexistieren können. Du hast uns unwissentlich mit sehr wertvollen Informationen über Terroristen in anderen Gebieten Frankreichs und über deine Kontakte mit London versorgt. Aber du hast uns keine andere Wahl gelassen. Siehst du, hättest du deinen Kameraden heute nacht nur gesagt, wer der Agent aus London war, wohin er ging und welches Kennwort er verwenden sollte – dann hätten wir die Zelle unangetastet gelassen. Vorerst jedenfalls. Du aber hast deine Geheimnisse für dich behalten. Und an diesen Geheimnissen liegt uns mehr als an deiner Terroristenbande. Wir wollen sie jetzt erfahren. Und so, ehe du alle deine Freunde einen nach dem anderen nur wegen deiner eigenen Dummheit umbringen läßt – warum sagst du uns nicht lieber gleich alles und sorgst dafür, daß ihr alle mit heiler Haut davonkommt?«

Aymard sagte kein Wort.

»Ich wiederhole meine Frage«, sagte Royan, dessen Stimme plötzlich drohend klang. »Wer war der Mann aus London? Wohin ging er? Welchen Namen benutzt er? Wer sind seine Verbindungsmänner?«

Er näherte sich Aymard, bis sein wutverzerrtes Gesicht nur noch Zentimeter von dem des Gefangenen entfernt war. »Oder willst du, daß ich anfange, unsere Kameraden umzubringen?«

Aymard sammelte allen Speichel in seinem Mund und spuckte Royan ins Gesicht.

Und dann gingen sie auf ihn los. Royan, die beiden Gestapomänner, die zwei *miliciens*, die an der Tür Wache standen – alle fünf fielen in einem Ausbruch blinden Hasses über ihn her. Erst schlugen sie mit nackten Fäusten auf ihn ein, bis er zusammenbrach; dann traten sie ihn brutal ins Gesicht, in den Magen, in die Leisten. Er schrie auf, konnte die Schmerzen nicht mehr aushalten. Und sie schlugen immer wieder zu, wie von Dämonen besessen, brachen seine Nase, verwandelten sein Gesicht in blutende rohe Fleischfetzen, sprangen auf seine Brust und seinen Bauch, traten ihm in die Hoden, bis sie ihn an den Rand des Wahnsinns trieben. Und dennoch starrten Aymards Augen während dieser schrecklichen Momente wie hypnotisiert zu der einzigen Person, die sich nicht an dem Prügeln beteiligte: Dem Riesen in Schwarz. Der Fremde stand bewegungslos da, sein Mund und seine Finger zuckten, ein Raubvogel, der geduldig wartete, bis er an die Reihe kam.

Endlich hörten die Schläge auf. Der Mann in Schwarz ging dicht neben Aymard in die Knie. »Ihre Freunde sagen, Sie seien ein sehr tapferer Mann, Monsieur Aymard«, sagte er in so perfektem Französisch, daß Aymard nicht beurteilen konnte, ob er Franzose oder Deutscher war. »Sie meinen, es würde sehr schwierig sein, Sie zum Reden zu bringen. Ich habe ihnen gesagt, sie bräuchten sich keine Sorgen zu machen. Ich bringe Sie schon zum Reden. Ich habe verschiedene Methoden. Sehen Sie, wir fangen mit der Badewanne an. Wir tauchen Sie unter, bis Sie fast ertrinken. Solange Sie noch naß sind, werde ich Sie mit meinen Stromdrähten streicheln. Wasser macht sie nämlich wirkungsvoller. Dann nehme ich diese Zange und reiße Ihnen die Nägel aus, einen nach dem anderen. Vielleicht breche ich Ihnen auch mit einer Eisenstange die Knochen. Anschließend setze ich meine Lieblingsinstrument ein: den Schneidbrenner. Und hintergehen Sie mich bitte nicht, Monsieur Aymard. Sterben Sie nicht, ehe ich fertig bin. Wie Sie sehen werden, habe ich noch eine weitere Überraschung für Sie auf Lager.«

Er stand auf und lächelte höflich. »Womit wollten wir doch gleich wieder anfangen? Ach ja, mit der Badewanne.«

Eine Stunde später war Aymard eine lebende Leiche. Gewiß, sein Herz schlug noch immer unregelmäßig in seiner Brust; noch immer rann warmes, salziges Blut aus den offenen Wunden in seinem Gesicht, und er konnte noch immer durch schmale Schlitze in dem verschwollenen Gewebe um seine Augen herum sehen. Aber er war ein Mann, der unsägliche Qualen litt, ein Mann, der die Hölle hinter sich und kaum mehr als einen schwachen Lebensfunken in sich hatte. Seine Kiefer und Glieder waren gebrochen; häßliche rote Flecken an seinen Finger- und Zehenspitzen markierten die Stellen, an denen einmal seine Nägel gewachsen waren; verkohlte Klumpen und schwarze Fetzen, versengte Haut- und Fleischstücke, die ihm von Brust und Gliedern hingen, waren die grausigen Spuren, die der Schneidbrenner hinterlassen hatte. In der Luft hing ein Übelkeit erregender Geruch nach verbranntem Fleisch. Selbst Royan und die *miliciens* hatten sich hastig empfohlen. Die Gestapomänner hatten sich in den schmalen Korridor vor der Schrekkenskammer zurückgezogen. Drinnen war Aymard allein, allein mit seinem Peiniger.

Aber er wollte noch immer nicht reden. Der letzte Überrest von Willenskraft, mit dem er sich ans Leben klammerte, gab ihm die Kraft, sein Geheimnis zu wahren, über seinen Feind zu triumphieren. Er hatte die sieben Kreise der Hölle hinter sich – und hielt noch immer aus.

Der Folterknecht blieb gleichmütig. »So, jetzt wird es langsam Zeit für unsere kleine Überraschung, Monsieur Aymard«, sagte er in seiner aalglatten, einschmeichelnden Stimme. Er ging zur Tür und flüsterte den Gestapomännern, die draußen warteten, etwas zu. Wenige Minuten darauf hörte Aymard ein schweres Geräusch auf der Steintreppe, so als würde jemand gewaltsam hinuntergezerrt. Und dann hallte ein unmenschlicher Schrei durch den Raum wider und erfüllte seine gequälte Seele mit Schrecken. Er erkannte die Stimme – es war die Stimme seiner Frau Hélène.

Sie zerrten sie in sein Blickfeld – eine halbwahnsinnige, schreiende, hysterische Frau, die sich beim Anblick ihres verstümmelten Mannes vor Entsetzen herumwarf und wand. Ihre Augen rollten wild, und ein unverständlicher Wortfluß kam aus ihrem verzerrten Mund, als einer der Gestapomänner ihr den Kopf nach vorne stieß, sie an ihrem blonden Haarknoten gepackt hielt, um sie dazu zu zwingen, ihn anzuschauen. Der kahle Folterknecht kam auf sie zu. Mit raschen, gewalttätigen Bewegungen riß er ihr Kleider und Unterwäsche weg und warf sie auf den Boden. Er nahm ihren nackten Körper eiskalt in Augenschein und kniete sich dann neben den entsetzten Aymard. »Meine Überraschung ist Ihre Frau«, meinte er liebenswürdig. »Und ich werde Ihnen auch verraten, was ich mit ihr vorhabe. Als erstes, wie Sie selbst gesehen haben, riß ich ihr die Kleider herunter. Nun werden sich die Jungs vor Ihren Augen an ihr vergnügen. Und danach« – er stand auf und nahm ein großes, scharfes Bajonett vom Tisch – »werde ich ihr diese hübsche kleine Waffe zwischen die Beine stoßen, tief in die Scheide hinein, und sie dann drehen und wenden, hin und her, bis sie verblutet. Soll ich das tun?«

»Nein!« keuchte Aymard in Panik, »nein, nein, nicht, ich bitte Sie, lassen Sie sie bitte in Ruhe . . .«

»Aber Sie trauen mir das doch zu, nicht wahr?« sagte der Mann in Schwarz freundlich.

»Ja, das traue ich Ihnen zu«, flüsterte Aymard.

»Dann werden Sie also reden, so wie ich es befohlen habe?«

Und Aymard wußte, daß er reden würde.

Um 6.45 Uhr in der Frühe telefonierte ein Gestapomann nach Paris.

Als der Nachtzug aus Bordeaux und Libourne im Gare de Lyon einfuhr, wimmelte der Bahnhof von SS-Soldaten, Leuten der Miliz und Gestapo-Agenten. Der Zug war umstellt, niemand durfte aussteigen, der Bahnhof war total abgeriegelt worden. *Miliciens* und Gestapo machten sich an die gründliche Durchsuchung des langen Zugs und überprüften jeden Fahrgast. Sie suchten nach einem dunkelhaarigen, grauäugigen jungen Mann, der einen alten blauen Sergeanzug, einen schweren schwarzen Mantel und ein lila Halstuch trug und Papiere bei sich trug, die ihn als Jean-Marie Langeais auswiesen.

Im Zug befand sich jedoch niemand, auf den diese Beschreibung paßte.

II Der Soldat

28. März 1944

Francis de Belvoir verließ um 5.50 Uhr früh in Tours den Zug aus Bordeaux. Er bestieg den Nahverkehrszug nach Orléans, der durch das herrliche Loiretal fuhr, strahlend schön mit seinen sattgrünen Wiesen und pittoresken *châteaus*, vergoldet vom Licht der aufgehenden Sonne. Vom Bahnhof in Orléans ging er zu Fuß zum *Café du Rapide*, das die ganze Nacht über geöffnet war. Dort wartete er bis um acht, trank langsam einen riesigen *café-crème* und knabberte frischgebackene *croissants*. Als er die altmodische Wanduhr achtmal schlagen hörte, legte er fünfzehn Francs auf die Zinktheke und schlenderte lässig in die Stadt hinein. Bald schon hatte er Philippe Lonjacs Giebelhaus erreicht, das verschwiegen in der friedlichen rue des Acacias lag. Eine üppige, rotgesichtige Fünfzigerin öffnete die Tür. Ihre Augen leuchteten vor Freude auf. »Ah, Monsieur le Baron«, rief sie mit einem fröhlichen Lächeln aus. »Wie nett, Sie wiederzusehen! Kommen Sie bitte herein. Philippe ist nicht daheim; er ist früh aufs Land gefahren.«

»Aber natürlich.« Der Baron erwiderte ihr Lächeln. »Und wie gehen zur Zeit die Geschäfte?« Lonjac, ein Exsträfling, betrieb ein blühendes Schwarzmarktgeschäft, belieferte seine Kunden in Paris tonnenweise mit Butter, Fleisch, Mehl und Käse von den Bauernhöfen des Orléanais.

»Wir können nicht klagen«, erwiderte Madame Lonjac heiter. »Wollen Sie nicht Platz nehmen? Ihr Paket traf gestern aus Lissabon ein, und wir haben uns so gefreut, weil Sie uns besuchen kommen. Es wird Philippe leid tun, wenn er Sie verpaßt. Aber erst mache ich Ihnen einen ordentlichen Bohnenkaffee und bringe Ihnen natürlich Ihr Paket.«

Belvoir lächelte hinter der fröhlichen, vollschlanken Frau her, die in ihre Küche eilte. Wer würde schon glauben, daß diese Frau in mittleren Jahren, mit dem schlichten, bäuerlichen Gesicht, ganz allein einen der einträglichsten Coups des Jahres 1940 ausgeführt hatte? Als die französischen und britischen Armeen noch bei Lille gegen die vorrückende Wehrmacht kämpften, hatte die Banque de France der eingeschlossenen Stadt für laufende Ausgaben über zehn Millionen Francs geschickt. Das Geld war in zwei Glenn-Martin-Maschinen verladen worden, aber britische Flakschützen, mit dem neuen amerikanischen Flugzeugmodell nicht vertraut, hatten sie beide mitten über dem von deutschen und alliierten Truppen heftig umkämpften Schlachtfeld abgeschossen. Madeleine Lonjac wohnte zu dieser Zeit in Roubaix, nicht weit von dem Gefängnis, in dem ihr Mann eine zehnjährige Haftstraße absaß. Ohne Zögern hatte sie Bauernkleider angelegt, zwei schwere belgische Kaltblüter vor einen Wagen voller Heu gespannt und sich geradewegs zum Schlachtfeld aufgemacht. Es gelang ihr, die französischen und deutschen Linien zu kreuzen und als erste die Wracks zu erreichen. Als sie erneut die Frontlinien der kämpfenden Armeen überquerte, unter schwerem Feuer, lag der Großteil des Geldes sicher unterm Heu. Der verblüffte Bürgermeister von Lille konnte lediglich 240 000 Francs bergen. Zwei Wochen später wurde Philippe Lonjac aus dem Gefängnis entlassen. In der von dem französichen Debakel ausgelösten chaotischen Atmosphäre stellt niemand Fragen; es konnte aber kein Zweifel darüber bestehen, daß Madeleines Gatte mit einem Teil des Sonderfonds der Banque de France freigekauft worden war. Madeleine selbst sprach nie über die Angelegenheit; nur selten, in der Gegenwart enger Freunde, gestand sie fröhlich zu, daß das beträchtliche Vermögen der Lonjacs »vom Himmel gefallen war«, was genau zutraf.

Das Aroma starken, frischgemahlenen Kaffees erfüllte den Raum. Madeleine war zurückgekommen. »Hier ist Ihr Kaffee, Monsieur le Baron«, verkündete sie freundlich und stellte eine dampfende Tasse auf den Louis XVI-Tisch neben ihm, »und hier ist Ihr Paket.« Belvoir trank seinen Kaffee aus, schloß sich im Bad ein und ging an die Arbeit.

Eine Stunde später, nachdem er seine alten Kleider zu Asche verbrannt hatte, verließ der Baron das Haus. Er war jetzt blond, trug einen kurzen Voll- und einen buschigen Schnurrbart und ging in abgetragenen Bauernkleidern. Seinen Papieren zufolge hieß er Pierre Altmüller und war ein Bauer aus Zabern im Elsaß. Außerdem hatte er einen von den Reichsbehörden ausgestellten Sonderausweis dabei, der ihm gestattete, zum Institut Pasteur in Paris zu reisen, um ein seltenes Serum für die Impfung seiner Rinder zu besorgen.

Er nahm einen Zug, der nach Osten fuhr, stieg in Troyes, Bar-le-Duc und Châlons um und traf endlich um 20.30 Uhr im Gare de l'Est, dem Ostbahnhof von Paris, ein. Abgesehen von Routinekontrollen der deutschen und französischen Behörden behelligte ihn niemand.

Als er durch die betriebsame Bahnhofshalle ging, wurde Belvoir von einem deutschen Offizier beiseite gestoßen, der auf einen Militär-Panhard zueilte, der draußen am Gehsteig auf ihn wartete. Der Deutsche bemerkte ihn noch nicht einmal, und Belvoir erhaschte nur einen flüchtigen Blick auf seinen kerzengeraden Rücken.

Er wußte nicht, daß dieser Mann nur mit einer Absicht nach Paris gekommen war: Ihn zur Strecke zu bringen. Oberst von Beck war gerade aus dem Berlin-Expreß gestiegen.

Rudolf von Beck lehnte sich in den Rücksitz des Panhard, schaute begeistert aus dem Fenster und genoß in vollen Zügen seine erste Begegnung mit der schönsten Stadt der Welt. Paris lag vor ihm, unverdorben und unberührt von dem Krieg, der fast ganz Europa zerstört und nicht einmal Berlin verschont hatte. Die französische Hauptstadt schien auf einem anderen Planeten zu liegen. Die breiten Boulevards waren voller Menschen, die aus Cafés und Kinos kamen. Der Frühling war erst eine Woche alt, aber die reizenden Pariserinnen hatten bereits ihre Wintermäntel weggehängt und tänzelten geziert in ihren eleganten dünnen Kleidchen die Gehsteige entlang, ließen sich die kurzen Röcke graziös um die Beine schwingen. Viele, die wohl dem Gebot der diesjährigen Mode folgten, trugen breite Gürtel und fantasievolle Hüte aller Spielarten – Turbane, Barette, breitkrempige *chapeaux de mousquetaire* – die ihre zierlichen Gesichtszüge vorteilhaft zur Geltung brachten. Dem hingerissenen von Beck kamen selbst die mit klotzigen Holzsohlen versehenen Schuhe der Mädchen äußerst reizvoll vor; erst später sollte er erfahren, daß sie wegen Lederknappheit massenproduziert wurden.

Der Wagen fuhr rasch den boulevard de Strasbourg hinunter, folgte dem boulevard de Sébastopol und erreichte die gepflasterten Kais des rechten Seineufers. Von Beck sah sich mit amüsiertem Interesse die improvisierten Pariser »Taxis« dieser benzinknappen Zeit an: Es waren vorwiegend Holzkisten, mit einer Bank versehen, mit einer Zeltplane überdacht und gezogen von Fahrrädern. Ihm fiel auf, daß die Pariser Taxifahrer selbst in diesen Unglücksjahren ihren gallischen Sinn für Humor nicht verloren hatten; hinten an ihren Gefährten standen Namen wie »Durch Gottes Gnade«, »Schnell & Sicher«, oder sogar *Les temps modernes* . . .

Er erhaschte einen kurzen Blick auf die Zwillingstürme von Notre Dame und die Nadelspitze der gotischen Sainte-Chapelle, ehe der Wagen am Louvre und den grünen Gärten der Tuilerien vorbeisauste, die prächtige Place de la Concorde überquerte und die Champs-Elysées hochrollte. Den Anblick der großen schwarz-weiß-roten Reichsflaggen indes, die von den Balkonen der erlauchtesten Pariser Baudenkmäler flatterten, fand er abstoßend. Das riesige Hakenkreuzbanner, das sich zwischen den majestätischen Säulen des Arc de Triomphe in der Abendbrise blähte, kam ihm plötzlich obszön vor.

Obwohl er noch nie hier gewesen war, liebte er Paris und seine Kultur. In fränzösischer Geschichte und Literatur war er sehr bewandert, sprach ein recht korrektes Französisch und empfand tiefe Bewunderung für die großen Denker und Philosophen Frankreichs. Oftmals fragte er sich, wie es wohl kam, daß er, der Sproß einer traditionell konservativen preußischen Junkerfamilie, zu einem insgeheim liberalen Romantiker geworden war. Er war auf dem großen schlesischen Gut seiner Familie erzogen worden, nach den Grundsätzen preußischer Adelstradition: Streng nüchterne Lebensführung, Bindung an die Scholle, Disziplin, bedingungsloser Patriotismus, Einschlag einer Militärkarriere. Sein Großvater, ein entfernter Verwandter des Königs von Sachsen, hatte sich im Krieg von 1870/71 tapfer geschlagen und war stolz an Bismarcks Seite zugegen gewesen, als im Spiegelsaal von Versailles das deutsche Kaiserreich ausgerufen und Wilhelm I. zum Kaiser proklamiert worden war. Sein Vater, der betagte Graf Helmut von Beck, hatte im Ersten Weltkrieg an der Somme ein Auge und den linken

Unterschenkel verloren. Rudolf war dazu erzogen worden, dieser Tradition zu folgen: Befehlen und gehorchen, führen und folgen, sich der Autorität des Vorgesetzten zu unterwerfen und die eigene durchzusetzen. Hinter der verschlossenen Tür seines Jungenzimmers hatte er jedoch die Bücher von Karl May, Emilio Salgari, Edgar Rice Burroughs und Edgar Allan Poe verschlungen. Fasziniert hatten ihn die romantischen Gestalten von Lord Byron, Lafayette, Bolivar – tapfere Männer, die sich aufgemacht hatten, um an den entferntesten Enden der Erde für die Freiheit unterdrückter Völker zu kämpfen. Gierig hatte er Jules Vernes Bücher gelesen und zu seinem Erstaunen festgestellt, daß seine Sympathien den freiheitsliebenden Franzosen gehörten, die der Autor darstellte, und nicht den herzlosen Deutschen, über die er sich ärgerte. Mehr als alles andere aber hatte er sich nach dem aufregenden Leben gesehnt, das einige seiner Helden geführt hatten; er hatte davon geträumt, ein Abenteurer zu werden, die Welt zu durchstreifen, in ferne, exotische Länder zu reisen, gefährliche Abenteuer zu bestehen und erregende Liebesaffären mit sinnlichen, rätselhaften Frauen zu haben.

Konnte dieser Traum Wahrheit werden? Einmal, nur ein einziges Mal unternahm er wirklich den Versuch, seinen lange gehegten Traum zu verwirklichen. Wenige Tage nach seinem siebzehnten Geburtstag benutzte er ein Pfadfindertreffen in Kiel als Vorwand, packte seine geliebten Bücher, sein Jagdmesser und die antike Pistole, die er zum Geburtstag bekommen hatte, ein und bestieg den Zug nach Hamburg. Mit ihm war sein Freund – der flinkäugige, schwarzhaarige Max, der einzige Mensch auf Erden, der seine romantischen Bestrebungen teilte. Sie planten, auf einem Dampfer, der in den Fernen Osten fuhr, anzuheuern. Exotische Namen wie Hongkong, Bali, Borneo, Kuala Lumpur und dazu das, was sie über

Buddha-Tempel, Geheimsekten, Goldschätze, unerforschte Urwälder und fremdartige Sitten und Gebräuche gelesen hatten, beflügelten ihre Fantasie und übten eine faszinierende, unwiderstehliche Anziehungskraft auf sie aus. Sie hatten Glück: Sie fanden nicht nur ein solches Schiff, die in Panama registrierte *SS Adventure*, sondern ihr Kapitän, ein Schwede, der leise sprach und freundliche Augen hatte, erklärte sich auch bereit, sie als Schiffsjungen an Bord zu nehmen. Und dann, in der letzten Nacht vor dem Auslaufen, kniff Rudolf. Er könne seine kranke Mutter nicht zurücklassen, erklärte er mit unsicherer Stimme; er könne keine Schande über seine Familie bringen; die Hoffnungen, die man in ihn gesetzt hätte, würde er nie zunichte machen.

»Warum sagst du nicht die Wahrheit und gibst zu, daß du keinen Mumm dazu hast?« hatte Max kalt und verächtlich gefragt. Seitdem hatte er ihn nie wiedergesehen und fragte sich oftmals, was wohl aus seinem einzigen Freund geworden war. Wahrscheinlich lebte er inzwischen nicht mehr.

Was Rudolf betraf, so kehrte er nur wenige Stunden später als erwartet nach Hause zurück. Niemand entdeckte etwas Ungewöhnliches an seinem Verhalten, niemand nahm den tiefen Schmerz wahr, der ihn innerlich quälte. Er mußte sich bitter eingestehen, daß Max recht gehabt hatte. Er hatte den Mut verloren. Max hatte es fertiggebracht; für ihn aber war das abenteuerliche Leben, nach dem er sich sehnte, nur ein unerreichbarer Traum.

Und so hatte er sich ihn auch im Lauf der kommenden Jahre bewahrt. Niemand daheim erfuhr je von der geheimen Traumwelt, die er sich ersonnen hatte. Niemand vermutete, daß der große, blonde, stille Rudi zu einer völlig anderen Person hätte werden können, wenn er nur ein Fünkchen mehr Wagemut bewiesen und die Umstände es erlaubt hätten. An den Umständen aber war nichts zu ändern, und er war mit vierunddreißig Oberst der deutschen Abwehr, Ex-Kommandeur eines Panzerbataillons, der unter Rommel in der Cyrenaika gekämpft hatte. Selbst seine Militärkarriere war dem traditionellen Muster gefolgt. Er war zweimal verwundet und mit dem Ritterkreuz ausgezeichnet worden, vermutete aber, daß ihm sein Vater nie verzieh, sich nicht das Eichenlaub hinzuverdient zu haben. Nach seiner zweiten Verwundung war er vom Fronteinsatz abgezogen und zum Generalstab der Wehrmacht versetzt worden, nahm allerdings an, daß er auf die ausdrückliche Empfehlung seines früheren Kommandeurs Erwin Rommel zu Canaris' persönlichem Stab berufen worden war. Im Verlauf ihrer langen Gespräche in Rommels Zelt in der Libyschen Wüste hatte der Generalfeldmarschall herausgefunden, was er wirklich vom Führer hielt und ihn daraufhin zur Abwehr geschickt, um ihn nahe beim inneren Verschwörerkreis zu halten.

Der Wagen wurde abgebremst und fuhr in den runden Innenhof eines weißen, herrschaftlichen Hauses an der avenue Foch, dicht bei der dunkelgrünen Masse des Boulogne-Waldes. »Mein Befehl lautete, Sie zu Ihrer Privatunterkunft zu bringen, Herr Oberst«, sagte der Fahrer. »Dieses Gebäude dient mehreren Offizieren der Kommandantur Groß-Paris als Quartier. Ihre Wohnung befindet sich im obersten Stockwerk.«

Von Beck nickte und stieg aus. Er konnte das teilnahmslose, roboterhafte Verhalten des klobigen Schwaben nicht vertragen. Aber das war unwichtig. Seine Ordonnanz, der wohltuende Schneider, mußte morgen hier sein. Er war zurückgeblieben, um seine persönlichen Habseligkeiten einzusammeln und dann den Horch von Berlin nach Paris zu fahren.

Sie betraten die elegante Empfangshalle des Gebäudes, die zu einer Marmortreppe führte. Ein altmodischer Aufzug aus poliertem braunen Holz keuchte hoch zum fünften Stock. Die Wohnung war in der Tat prächtig mit ihren echten Régence-Möbeln und dem wunderbaren Blick über die opulente avenue Foch.

Von Beck entließ geistesabwesend den Fahrer, steckte sich eine Soldatenzigarette an und stützte sich auf das schmiedeeiserne Geländer seines großen Balkons. War der Mann aus London irgendwo in dieser Stadt und genoß für kurze Zeit ihre friedvolle Schönheit, ebenso wie er, oder plante er vielleicht schon seine ersten Schachzüge? Plötzlich kam dem jungen Oberst in den Sinn, daß dieser Auftrag ihn in Widersprüche stürzte. Einerseits wünschte er sich insgeheim, daß die alliierte Invasion stattfand und erfolgreich verlief – denn das würde Hitlers Position schwächen und seinen Sturz erleichtern. Andererseits floß Junkerblut in seinen Adern; ihm war klar, daß seine echte Vaterlandsliebe und sein Pflichtgefühl obsiegen würden. Er würde mit Gewißheit alles tun, was in seiner Macht stand, um die Enigma vor dem Griff des unbekannten britischen Agenten zu bewahren.

Wer aber war er? Und wo?

Das durchdringende Rasseln der Türklingel unterbrach sein Sinnen. Er durchquerte das hell erleuchtete Wohnzimmer und die winzige Diele und öffnete die Tür. Vor ihm stand ein junger Hauptmann der Wehrmacht, der unter den linken Arm eine Aktentasche geklemmt hatte und sichtlich außer Atem geraten war. Als er von Beck erblickte, schlug er die Hacken zusammen und grüßte vorschriftsmäßig. »Hauptmann Brandner von der Abwehr, Abteilung Groß-Paris, zu Ihrer Verfügung, Herr Oberst.«

Von Beck erwiderte den Gruß nicht. »Kommen Sie rein, Brandner. Wo brennt's?«

Der Hauptmann folgte ihm linkisch ins Wohnzimmer. Er war noch recht jung, Mitte Zwanzig. Seine lebhaften braunen Augen und rosigen Wangen verliehen ihm eher das Aussehen eines Knaben, der heimlich in eine Uniform geschlüpft ist, als das eines echten Offiziers. »Herr Oberst, ich bin Ihnen von General Hallstein, Chef der Abwehr Groß-Paris, zugeteilt worden. Ich habe im Otto-Gebäude, gleich um die Ecke am square du Bois de Boulogne, eine Büroflucht für Sie vorbereitet und auch eine kleine Arbeitsgruppe von Offizieren und Sekretärinnen zusammengestellt.« Er legte eine Pause ein und fügte dann diensteifrig hinzu: »Wir sind einsatzbereit.«

Von Beck zuckte die Achseln und wandte sich ab. Er ließ sich nicht gerne Leute aufdrängen, sondern zog es vor, sich sein Personal selbst auszusuchen. Dennoch mußte er gestehen, daß er sich zu diesem Zeitpunkt keine Talentsuche leisten konnte. Er mußte sich mit den am Ort verfügbaren Leuten zufriedengeben; dieser junge Hauptmann und seine Freunde wußten sicherlich mehr über Paris als er selbst. Er sah den jungen Offizier nachdenklich an. »Sie sind doch sicher nicht nur hierhergekommen, um mich zu begrüßen und mir die Adresse meines Büros zu nennen. Irgend etwas hat Sie zur Eile angetrieben. Was ist es?«

Der Hauptmann griff hastig in seine Aktentasche. »Eine gemeinschaftliche Meldung von Gestapo und SD, Herr Oberst. Sie ist gerade erst eingegangen.«

Von Beck runzelte die Stirn. Er konnte weder Gestapo noch den Sicherheitsdienst der Wehrmacht ausstehen, die er für eine Bande von Schlächtern und Folterknechten hielt. Seit dem vergangenen Jahr war der SD der SS direkt unterstellt worden und genoß totale Handlungsfreiheit. Der Wehrmacht blieb nichts anderes übrig, als ohnmächtig mit den Zähnen zu knirschen und den Kopf in den Sand zu stecken.

»Worum geht es?« fragte er rasch, nachdem ihm plötzlich aufgefallen war, daß Brandner ihn sehr aufmerksam beobachtete.

»Um einen britischen Agenten, Herr Oberst. Er sprang letzte Nacht bei Bordeaux ab. Der Meldung zufolge war er der einzige, der letzte Nacht über Frankreich ausstieg. Er bestieg einen Zug nach Paris. Das könnte unser Mann sein.«

»Geben Sie her!« Von Beck riß Brandner in plötzlicher Erregung die Meldung aus der Hand und blätterte fieberhaft die Seiten durch. »Diese verdammten Idioten!« murmelte er nach einigen Minuten erzürnt. »Wie kann man nur den Gare de Lyon abriegeln! Wenn dieser Mann vom Fach ist – und davon bin ich überzeugt –, muß er sie augenblicklich entdeckt und sich stillschweigend davongemacht haben. Sie hätten warten sollen, bis er Kontakt aufnahm und ihn dann verfolgen. Haben die eigentlich eine Vorstellung, hinter wem sie da her sind?«

Er ging wütend in dem weitläufigen Raum auf und ab. Schließlich wandte er sich wieder an Brandner.

»Zuerst einmal müssen alle Einsätze in diesem Fall aufeinander abgestimmt werden. Es muß ein Weg gefunden werden, um diesen Dilettanten gegenüber unsere Zuständigkeit geltend zu machen. Setzen Sie für morgen früh acht Uhr eine Besprechung an. Lassen Sie Vertreter der Abwehr, der Pariser Polizei, der Kommandantur Groß-Paris kommen, und zwar in mein Büro. Wir müssen ein ad-hoc-Komitee einrichten, das regelmäßig zusammentrifft und über eine gemeinsame Strategie im Fall Enigma entscheidet.«

Brandner notierte die Anweisungen rasch auf einem Block. »Herr Oberst wünschen doch sicher, daß ich auch die Vertreter von SS, SD und Gestapo einlade«, erklärte er gleichmütig.

Von Beck schaute ihn ausdruckslos an. »Aber gewiß«, erwiderte er.

29. März–4. April 1944

Im Keller des Château de la Tournelle lag Gaston Aymard im Sterben. Nachdem er seinen Peinigern den Decknamen und die Verkleidung des britischen Agenten preisgegeben hatte, war er auf dem Steinboden liegengelassen worden, ein armseliges Bündel aus versengtem Fleisch und zerschlagenen Knochen, das kaum noch atmete. Am späten Vormittag jedoch kamen Hervé Royan und seine Gestapo-Kumpane zurück in den Keller. Royan betrat die Folterkammer, bedachte den leidenden Mann zu seinen Füßen mit einem angewiderten Blick und ließ dann von einem seiner Männer eine Decke und eine Schüssel mit heißer Suppe holen. Nachdem er den Gefangenen mit einigen Löffeln Suppe gefüttert hatte, sprach er ihn in milde zurechtweisendem Ton an: »Weißt du eigentlich, daß dein Freund nicht in dem Zug aus Bordeaux saß?«

Er mußte den Satz zweimal wiederholen, ehe einige Anzeichen in Aymards Gesicht verrieten, daß er verstanden hatte.

»Ich habe aber die Wahrheit gesagt«, flüsterte er.

»O ja«, meinte Royan, »das glaube ich dir auch. Du hast uns aber nicht die ganze Wahrheit verraten, was sich sehr ungünstig auswirken könnte. Besonders für Hélène.«

Panik flackerte kurz in den blutunterlaufenen Augen des Gefangenen auf.

»Du willst doch nicht, daß mein Freund deiner Hélène antut, womit er dir drohte?« fuhr Royan leise fort. »Deshalb wirst du mir den Rest der Geschichte erzählen müssen. Ich nehme an, daß du dem britischen Agenten Anweisungen für einen Ausweichkontakt gegeben hast, nur für den Fall, daß das Treffen im Gare de Lyon nicht stattfand. Ich will wissen, wann und wo dieser zweite Kontakt aufgenommen wird.«

Aymard schloß die Augen. »Nein . . .«, flüsterte er, »kein anderer Kontakt . . . ich weiß nicht.«

»Lüg mich nicht an, Gaston«, sagte Royan scharf. »Ich habe weder Zeit noch Geduld. Ich werde jetzt gehen. Aber ich warne dich – wenn ich diesen Raum ohne die Information verlasse, wird Hélène sterben. Und nur deinetwegen.«

Er stand auf und schritt rasch zur Tür. Er hatte kaum die Hälfte der Entfernung zurückgelegt, als er die krächzende Stimme des Gefangenen hörte. »Warte! Hervé, warte! Geh nicht weg!« Royan kam zurück und blieb neben Aymard stehen. »Ich höre«, meinte er mit einem schwachen Lächeln der Zufriedenheit.

Aymard sprach mit größter Mühe. »Eine Woche später . . . *Café des Minettes* . . . Pigalle . . . Nachmittag, halb fünf . . . Erkennungszeichen ist die Wochenzeitschrift *Je suis partout* . . . Kennwort ›Voltaire‹ . . .«

»Danke, das ist nett von dir, Gaston«, sagte Royan in fast freundschaftlichem Ton. »Man wird sich jetzt um dich kümmern. Auch mit Hélène geht alles in Ordnung.«

Der Gefangene bewegte mit einer letzten Kraftanstrengung die Lippen. »Ich . . . ich . . .«

Royan beugte sich über ihn. »Was sagst du da?«

»Ich . . . ich will nicht mehr leben . . .«, sagte Aymard gequält.

Royan erhob sich. »Tja, genau das hatte ich auch vor.«

Er ging die Treppe hinauf, kritzelte ein paar Wörter auf ein Stück Papier und reichte es einem seiner Leute. »Geben Sie diese Meldung telefonisch nach Paris durch«, befahl er. »Hauptquartier der Gestapo.« Er wandte sich an die Männer, die sich mit ihren Waffen auf dem Schoß in der Halle breitgemacht hatten und schwatzten oder rauchten. »Jemand soll runtergehen und Aymard erledigen. Und seine Frau auch. Sie hat zuviel gesehen.«

Am frühen Nachmittag des 4. April war die Gestapo-Falle für den Londoner Agenten gestellt und bereit. Um halb vier betraten vier Gestapo-Agenten in Zivil nacheinander das *Café des Minettes* an der Ecke der berüchtigten Place Pigalle und des boulevard de Clichy. Zwei nahmen in der Nähe der Eingänge zum Café Platz. Einer ging nach hinten und nahm dicht bei den mit *Toilettes* und *Télèphones* gekennzeichneten Türen Aufstellung. Der vierte hielt sich an der Theke auf und riß vulgäre Witze mit den wenigen gelangweilten Huren, die ihren ersten Nachmittags-Beaujolais schlürften.

In einem schwarzen Hotchkiss, der wenige hundert Meter entfernt in der rue Duperré parkte, saß Kurt Limmer, Chef der Gestapo Groß-Paris, und wartete auf einen Funkspruch von seinen Leuten. In benachbarten Straßen wartete eine Reihe anderer Wagen einsatzbereit auf den Funkalarm. Limmer saß ungeduldig im Fond seines Wagens und kaute auf einer dicken holländischen Zigarre. Er war ein massiv gebauter, breitschultriger Deutscher mit einem dicken Kopf, fetten blassen Hängebacken und kleinen Schweinsaugen. Er war recht mit sich zufrieden, denn er hatte sich nicht die Mühe gemacht, von Beck von dem heutigen Einsatz zu verständigen. Wie alle Gestapomänner war er der Abwehr gegenüber zum Führer streng in Zweifel. Zudem war er derjenige, der sich die Hinweise verschafft hatte, und gedachte daher nicht, das Verdienst für die Festnahme des britischen Agenten mit anderen zu teilen. Sein Vertreter in dem von Oberst von Beck gegründeten Komitee stand unter striktem Befehl, bei den Besprechungen im Otto-Gebäude keinerlei Informationen preiszugeben. Limmer war davon überzeugt, daß die Gestapo die Lage allein und mit ihren eigenen Mitteln in den Griff bekommen konnte.

Um vier Uhr nachmittags betraten weitere Prostituierte

und zwei gutgekleidete Schwarzmarkthändler das Café. Niemand belästigte sie. Es fiel der Gestapo nicht schwer, einen Agenten von einem Gauner zu unterscheiden.

Um vier Uhr fünfzehn näherten sich zwei Männer getrennt dem Café, gingen langsam über den nördlichen Gehsteig des boulevard de Clichy. Der erste, der einen schwarzen Mantel und eine Baskenmütze trug, nahm rasch die auf der Straße parkenden Wagen und die Menschen, die an den Läden vorbeischlenderten oder unter den Kastanien auf schattigen Bänken saßen, in Augenschein. Alles schien völlig normal zu sein. Nur ein paar Passanten, zwei alte Ehepaare und die unvermeidlichen Huren, die sich an den Straßenecken scharten. Der Mann trat unauffällig ins Portal eines dem Eingang des *Café des Minettes* gegenüberliegenden Hauses. Er steckte sich gemächlich eine Zigarette an, um seinem Kameraden zu verstehen zu geben, daß die Luft rein war, und zog sich dann in den dunklen Schatten des Portals zurück. Sein Kamerad überquerte den Boulevard. Er war ein junger Mann in pfeffer- und salzfarbenem Anzug und grauem Hut, der eine randlose Brille und einen schmalen schwarzen Schnurrbart trug. In der rechten Hand hatte er säuberlich gefaltet die Kollaborateurs-Zeitschrift *Je suis partout.*

Er betrat lässig das Café, schaute sich gleichgültig um und wählte dann einen kleinen Tisch nicht weit von der Tür. Nachdem er bemerkt hatte, daß ihm niemand sonderliche Aufmerksamkeit schenkte, machte er es sich bequem und bestellte bei dem alten Kellner mit der weißen Schürze, der an seinen Tisch gehumpelt kam, einen Kaffee. Seinen Hut behielt er auf.

Einer der Gestapomänner sah auf seine Armbanduhr, warf ein paar Münzen auf den Tisch und ging hinaus. Er schlenderte zur Südseite des Platzes und dann in die rue

Duperré. Er warf einen raschen Blick zurück und beugte sich dann zum Fenster des schwarzen Hotchkiss. »Ein Mann ist hereingekommen«, berichtete er. »Er trägt die Zeitschrift bei sich. Grauer Hut, grauer Anzug, schwarzer Schnurrbart. Das ist entweder der Londoner Agent oder sein Verbindungsmann.«

Limmer sah auf seine Armbanduhr. Es war vier Uhr fünfundzwanzig. »Setzen Sie sich ins Auto, Marchais«, sagte er zu dem Agenten und tippte dann dem Mann, der neben dem Fahrer saß, auf die Schulter. »Sie gehen jetzt hinein. Dort warten Sie so lange wie er. Wenn der andere Mann nicht auftaucht, schnappen wir uns diesen.« Der Gestapo-Agent nickte, überprüfte seine Pistole, schob sie zurück unter seinen Gürtel und ging rasch hinüber zum Café.

Eine halbe Stunde später saß der Mann im pfeffer-und-salzfarbenen Anzug noch immer allein an seinem Tisch und wurde offensichtlich nervös. Hin und wieder sah er auf die Uhr, schlug die Zeitschrift auf, tat so, als würde er ein paar Zeilen lesen, klappte sie dann wieder zu und schob sie beiseite. Jedesmal, wenn die Eingangstüre des Cafés aufging, sah er erwartungsvoll auf, aber niemand kam an seinen Tisch.

Um fünf Uhr faltete er die Zeitschrift zusammen, ließ zehn Francs auf dem Tisch liegen und stand auf. Die Gestapo-Agenten bewegten sich verstohlen auf ihn zu. Er hatte bereits die Tür erreicht, als hinter ihm eine Stimme leise fragte: »Voltaire?«

Er drehte sich rasch, viel zu rasch um. Der Mann, der vor ihm stand, zeigte ihm eine kleine Dienstmarke: »*Police allemande.* Sie sind verhaftet.«

In Panik stürzte er zur Tür. Dort stand noch ein Mann, der bereits eine Waffe zog. Der Franzose schaute sich rasch und verzweifelt um und bemerkte zwei andere Agenten, die im Begriff waren, ihm den Weg abzuschneiden.

»Hände hoch, Sie sind umstellt!« zischte einer von ihnen.

Er zögerte eine Sekunde lang, hechtete dann plötzlich nach links und warf sich gegen die breite Glastür, die unter dem Aufprall zersplitterte. Er fiel hindurch und landete schwer zwischen den Glassplittern auf dem Gehsteig. Er versuchte auf die Beine zu kommen. Fast gleichzeitig peitschten zwei, drei Schüsse auf. Im Café schrie eine Frau. Der Mann im pfeffer-und-salzfarbenen Anzug schwankte und fiel langsam zu Boden. Fast augenblicklich darauf kamen drei Wagen aus verschiedenen Richtungen angerast, bremsten vor dem Café und versperrten die Fluchtwege. Limmer war der erste, der sich über die hingestreckte Gestalt beugte. »Der lebt noch«, sagte er drängend zu einem seiner Männer. »Rasch, einen Krankenwagen. Dieser Mann muß reden.«

Als das Heulen der Krankenwagensirene immer näher kam, trat jemand auf der anderen Seite des Boulevards unauffällig aus einem Portal. Der Mann mit schwarzem Mantel und Baskenmütze, Freund des Verletzten, hatte die Festnahme seines Kameraden entsetzt mitangesehen. Nun entfernte er sich rasch, bog an der Ecke der rue Lépic ab und begann die gewundene Straße zu erklimmen, die zum Gipfel des Montmartre-Hügels führte, den die makellos weißen Kuppeln der Kirche Sacré-Cœur beherrschten. Er bemerkte nicht, daß eine der Prostituierten, die seit Stunden auf dem Gehsteig vor seinem Versteck auf- und abgegangen war, rasch hinter ihm herkam. Sie hielt eine angemessene Entfernung ein, schwenkte spielerisch ihre Handtasche, warf Passanten ihr provozierendes Lächeln zu. Nur einmal fiel sie dem Mann mit der schwarzen Baskenmütze auf, wie sie so träge hinter ihm herschlenderte, aber er verbannte sie rasch aus seinen Gedanken. Kaum etwas konnte natürlicher und harmloser sein als eine *pute* auf den Straßen um die Place Pigalle.

Die langbeinige, rothaarige Hure blieb dem Mann mit der schwarzen Baskenmütze dicht auf den Fersen, bis er ein kleines Restaurant, *La Provence,* betrat. Als sie langsam an der Glastür des Lokals vorbeiging, gelang es ihr, noch einen Blick auf die Beine des Mannes zu erhaschen, die auf einer schmalen Stiege hinter der Theke verschwanden. Sie überquerte die Straße und hastete zurück. Zehn Minuten darauf schlüpfte sie in den Eingang eines billigen Bordells in der rue Blanche, nur wenige hundert Meter von Pigalle entfernt, und erklomm die morschen Holztreppen, die bis hoch zum dritten Stock führten. Oben blieb sie vor der zweiten Tür links stehen und klopfte zweimal, machte eine Pause und schlug dann viermal in rascher Folge an die Tür.

»Komm rein, Mado«, sagte der Baron.

Die Abenddämmerung senkte sich über Paris, und in den Straßen schwärmten Menschen, die von der Arbeit kamen. Eine geräuschvolle Menge hatte die Bar *Le Marseillais* in der rue Auber in Beschlag genommen, nicht weit von der wuchtigen Oper. Es war *l'heure de l'apèritif* –, Zeit für das erste Glas vor dem Abendessen – und die gewitzten Pariser wußten, daß im *Marseillais* der beste Pastis serviert wurde, der in diesen knappen Zeiten schwer zu haben war. Der Wirt persönlich, ein mächtiger, rotgesichtiger Südfranzose, stand geschäftig hinter der Theke, bediente gleichzeitig Gäste, riß im singenden Dialekt seiner Heimatstadt gepfefferte Witze und brüllte seinen erschöpften Kellnerinnen Befehle zu. »Denise, die Lampen an! Thérèse, eine Flasche Sancerre! Antoinette, einen Cognac an Tisch drei!«

Ohne sich um seine Rufe zu kümmern, bahnte Antoinette sich angestrengt einen Weg durch die Menge und versuchte, zu ihrem Arbeitgeber durchzukommen. Schließlich gelang es ihr, ihn zu erreichen. »*Patron*«, sagte sie, »Telefon. Hinten in der Zelle, der Mann sagt, es sei dringend.«

Er funkelte sie wütend an. »Konntest du ihm nicht sagen, ich hätte zu tun?«

Sie zog ratlos die Schultern hoch.

»*Ah, merde!*« Der Marseiller marschierte resigniert zum Hintergrund der Bar und trocknete sich unterwegs die Hände an einem Geschirrtuch ab. Er öffnete die Tür der engen Telefonzelle und stieß mit einem blondbärtigen Mann zusammen, der ihn lächelnd ansah und eine kalte Zigarre im Mundwinkel hängen hatte. »Was soll . . .« setzte er ärgerlich an.

»Das Gesicht kennst du nicht, aber vielleicht erinnerst du dich an die Stimme«, sagte der Fremde.

»Mein Gott!« stieß der Marsailler hervor. »Der Baron! Was machst du denn hier? Du bist wohl nicht ganz bei Trost!«

»Das erkläre ich dir ein andermal, Emile. Ich muß dich ganz kurz dringend sprechen.«

Der Wirt winkte ihn zu einer Seitentür, auf der *Privé* stand. Sie betraten einen kleinen Raum, der einen Tisch, mehrere Stühle und ein Sofa enthielt. »Hier sind wir ungestört«, meinte der Dicke, der Belvoir noch immer überrascht musterte. »*Bon Dieu,* in dieser Verkleidung hätte ich dich niemals erkannt. Wann bist du in Paris angekommen?«

Belvoir überhörte diese Frage. »Ich brauche einige Auskünfte. Du kennst doch die meisten Bars und Restaurants, die von Leuten aus deiner Gegend betrieben werden.«

Emile nickte.

»*La Provence* in der rue Lépic. Kennst du das?«

»Aber sicher. Es gehört Roger Santini. Er kommt aus Toulon. Ein guter Mann.«

»Ich möchte gerne wissen, ob dieser Mann irgend

etwas mit der Résistance zu tun hat.«

Emile runzelte nachdenklich die Stirn. »Das ist schwer zu sagen. Offen gesagt, ich weiß es nicht. Aber ... Moment mal ... Perrot aus Toulon müßte Bescheid wissen. Um diese Zeit sitzt er gewöhnlich in den *Royal Capucines* und trinkt seinen Anis.«

Der Baron seufzte. »Nein, mit Pierrot habe ich bereits gesprochen. Er ist nicht ganz sicher.«

Der Marseiller sank schwer auf seinen Stuhl. »Laß mich mal nachdenken ... Wer könnte das außer Pierrot noch wissen?« Plötzlich leuchteten seine Augen auf. »Aber klar, ich hab's! Laruche müßte Bescheid wissen. Kennst du ihn? Er ist Oberkellner im *La Méditerranée.* Ich rufe ihn gleich an.« Er stand auf und bewegte sich flink zur Tür.

»He, sag am Telefon nichts, was dir später leid tun könnte«, rief der Baron hinterher.

»Du kannst dich auf mich verlassen«, erwiderte Emile mit einem Lächeln.

Kaum zwei Minuten später kam er wieder zurück. »Du hattest recht. Der Bursche hat mit der Résistance zu tun. Steckt drin bis über beide Ohren.«

Der Baron grinste zufrieden. »Hab vielen Dank, Emile. Ich werde diesen Gefallen nicht vergessen.«

»Gern geschehen«, sagte der Marseiller herzlich. »Vergiß nicht, daß ich meine Karriere mit deinem Vater angefangen habe, unten an der Côte d'Azur. Sei vorsichtig Baron.«

Kurt Limmer ging in seinem Dienstzimmer im Gestapo-Hauptquartier in der rue des Saussaies auf und ab und biß auf seine teure Zigarre. Er schwitzte und wischte sich mit einem großen blauen Taschentuch über die feuchte Stirn. Vor fünf Minuten hatte Fritz Kaiser, sein Assistent, angerufen und ihm mitgeteilt, daß der verwundete

Terrorist außer Lebensgefahr sei und gerade zum Verhör in die Keller der Gestapo verlegt worden war. »Lassen Sie ihn von Berner bearbeiten«, herrschte er ihn hitzig an. »In solchen Angelegenheiten ist er der beste Mann. Ich brauche Ergebnisse, und zwar rasch!«

Berner war in der Tat der beste Mann, über den die Gestapo in Paris verfügen konnte. Gebürtiger Sachse, ehemaliger Abwehrspion, Ex-Fremdenlegionär – er hatte sich seinen fragwürdigen Ruhm erworben, indem er zum brutalsten und grausamsten Folterer wurde, den die Gestapo in Frankreich je in ihren Reihen gehabt hatte. Gemeinsam mit einer Gruppe von Sadisten – Deutsche, Franzosen, Perser und Italiener – peinigte und tötete er Tag für Tag französische Widerstandskämpfer. Seine Luxuswohnung in 180, rue de la Pompe im aristokratischen Sechzehnten Arrondissement hatte er in ein Universum des Todes verwandelt. Jeder einzelne seiner Leute war Experte für eine bestimmte Foltermethode: elektrische Schläge, Badewanne, Schläge, Aufhängen an den Handgelenken, Frauenfolterung . . . Er pflegte sich zu brüsten, seine Männer hätten die vielfältigen Foltermethoden so verfeinert, daß sie zu einer neuen Kunstform erhoben worden seien. Mehr als zwei Drittel seiner unglücklichen Gefangenen kamen nicht lebendig aus dem makellosen großbürgerlichen Gebäude in der rue de la Pompe heraus. Die meisten aber redeten, ehe sie starben.

In Notfällen bat die Gestapo Berner, ihre Einrichtungen in den Kellern der rue des Saussaies zu benutzen, nicht weit von Limmers Befehlsstand. Und heute handelte es sich um einen Notfall.

Das Telefon in Limmers Zimmer summte diskret. Der Gestapochef griff hastig nach dem Hörer. »Ja?«

»Hier Kaiser. Berner hat den Mann zum Reden gebracht. Er gab uns die Adresse des Hauptquartiers seiner Gruppe. Ein Restaurant in Montmartre.«

»Vorzüglich«, murmelte Limmer, »großartig.« Er sah auf seine Armbanduhr. Es war viertel vor neun. »In fünfzehn Minuten schlagen wir zu. Mit vier Fahrzeugen. Verständigen Sie ebenfalls den SD.«

»Jawohl.«

»Und richten Sie Berner meine Glückwünsche aus«, fügte Limmer hinzu, ehe er den Hörer auflegte. »Das war rasche Arbeit. Ach ja, wie sieht es mit dem Gesundheitszustand des Terroristen aus?«

»Sehr betrüblich«, erwiderte Kaiser. »Er kam bei einem Fluchtversuch ums Leben.«

»Wie schade«, seufzte Limmer und brach in ein rauhes Gelächter aus, in das sein Assistent einstimmte.

Über Paris hatte sich urplötzlich ein Gewitter entladen, und strömender Regen vertrieb die Passanten von den Straßen der Stadt. Belvoir hastete bis auf die Haut durchnäßt die gewundene rue Lépic hoch. Er bemühte sich nach Kräften, sein Gesicht und seinen Kopf mit einer Zeitung zu schützen. Das Wasser konnte seine Schminke ruinieren und den Klebstoff seines falschen Bartes und Schnurrbartes auflösen. Auf diese Verkleidung war er nur noch ein paar Stunden lang angewiesen. Er war in ihr an diesem Abend in einigen Pariser Bars gesehen worden, und ein halbes Dutzend Leute war in der Lage, der Polizei seine Personenbeschreibung zu geben. Es war an der Zeit, daß Pierre Altmüller, der Bauer aus dem Elsaß, verschwand. Morgen konnte er ein weiteres der Pakete öffnen, die er im Lauf der vergangenen Tage in Paris abgeholt hatte. Vielleicht sollte er auch anfangen, über ein neues Versteck nachzudenken. Bei Mado war er völlig sicher, und sie war ihm treu ergeben, seit er sie vor einer Bande gerettet hatte, die weiße Huren zu entführen pflegte, um sie anschließend an Bordelle und Harems im

Nahen Osten zu verkaufen. Er wollte aber das Mädchen nicht zu sehr gefährden und durfte sich auch nicht zu lange an einem Ort aufhalten.

Er stieß die Tür des kleinen Restaurants auf. Wegen des schlechten Wetters war *La Provence* fast leer. Er ging geradenwegs auf den kahlköpfigen, skelettdürren Mann im braunen Anzug zu, der am Kassentisch saß.

»Sie müssen Santini sein«, sagte er.

Der Mann nickte.

Belvoir breitete die durchweichte Zeitschrift vor ihm aus und wies auf den Titel: *Je suis partout.* »Sagt Ihnen der Name ›Voltaire‹ etwas?« fragte er dann.

Santini sah ihn mißtrauisch an. »Ich weiß nicht, wovon Sie reden.«

»Und ob Sie das wissen«, erwiderte der Baron scharf. »Und wenn Sie es nicht wissen, frage ich Ihre Freunde im ersten Stock.« Er wartete nicht auf eine Antwort, sondern ging rasch an ihm vorbei und die Stiegen hoch. Der Flur im ersten Stock war dunkel, aber hinter einer Tür zu seiner Rechten hörte er Stimmen. Er stieß die Tür auf. Der Raum war schwach beleuchtet, die Vorhänge zugezogen. Fünf Leute saßen an einem langen Holztisch, vier Männer und eine Frau mittleren Alters. Als er eintrat, schwiegen sie. Einer von ihnen, ein junger Mann mit fanatischen Augen, war bereits aufgesprungen. »Wer sind Sie?« fragte er wütend. »Was wollen Sie hier?«

Ehe Belvoir antworten konnte, spürte er einen leisen Druck im Rücken. Ein Pistolenlauf, der gegen seine Rückenwirbel gestoßen wurde, war ihm so vertraut, daß er gefügig die Hände hob und hineinging. Santini stieß ihn ins Zimmer und schloß die Tür hinter ihm. »Er ist gerade angekommen«, sagte er, und seine Stimme klang tief besorgt. »Er zeigte mir die Zeitschrift und sagte das Kennwort. Ich versuchte ihn aufzuhalten, aber er rannte nach oben. Er wußte, daß ihr hier zusammengetroffen wart.«

»Gib mir die Pistole, Santini«, sagte der fanatisch aussehende junge Mann. »Sieh auf der Straße nach und überzeuge dich, daß er allein kam. Ich mache hier weiter.« Nachdem der Mann aus Toulon die Tür hinter sich geschlossen hatte, wandte er sich zu Belvoir und hielt die Pistole stetig auf ihn gerichtet. »Wer sind Sie?« fragte er noch einmal.

Belvoir antwortete in knappen Worten. »Ich kam vor einer Woche aus London und sprang mit dem Fallschirm ab. Meinen ersten Treff im Gare de Lyon hielt ich nicht ein, weil ich ihn für zu gefährlich hielt. Heute konnte ich nicht zum *Café des Minettes* kommen, da aber ein Freund von mir einem Ihrer Leute bis hierher folgte, bin ich jetzt da.«

Die Leute am Tisch tauschten Blicke. Der junge Leiter der Gruppe sah Belvoir geringschätzig an. »Und ich sage, daß Sie ein Lügner und Lockspitzel sind. Wenn das, was Sie sagen, auf Wahrheit beruht, haben Sie überall auf Ihrem Weg Tod und Verderben gesät. Unsere Zelle im Südwesten ist zerstört; der Gare de Lyon war voller Gestapo-Agenten und SS-Soldaten, als Sie dort Kontakt aufnehmen sollten; einer unserer Männer wurde heute von der Gestapo verwundet und verhaftet, als er im *Café des Minettes* auf Sie wartete. Nein, Monsieur, ich glaube nicht, daß Sie der Mann sind, für den Sie sich ausgeben. Sie haben sich in eine sehr gefährliche Lage gebracht.«

Die Frau mischte sich ein. »Da wäre noch etwas. Der Mann, der aus London kam, war dunkelhaarig und . . .«

». . . und sollte einen schwarzen Mantel und ein rotes Halstuch tragen«, ergänzte Belvoir ihren Satz. »Das stimmt auch. Nun möchte ich Ihnen etwas zeigen.« Er nahm rasch seinen falschen Bart und Schnurrbart ab, schaute sich dann um, tauchte die Finger in ein halbvolles Glas Cognac, das auf dem Tisch stand, und rieb sich den linken Backenbart. Die blonde Tönung löste sich teilweise auf und ließ seine natürliche dunkelbraune Haarfarbe zum Vorschein kommen.

Die Leute am Tisch waren von dieser raschen Verwandlung verblüfft, aber noch immer nicht überzeugt. »Ich brauche Beweise«, sagte der junge Mann mißtrauisch. »Handfeste Beweise. Alles, was Sie uns bisher vorgeführt haben, hätte auch ein Gestapo-Agent fertigbringen können, der in Libourne die Stelle unseres Mannes einnahm.«

Belvoir beugte sich über den Tisch. »Ich bin hier, um einen wichtigen Auftrag auszuführen. Ich brauche eure Hilfe, und zwar so rasch wie möglich. Ihr traut mir nicht und verlangt Beweise. Nun gut. Ich will euch ein Geheimnis verraten, das nur der Chef der SOE in London kennt. Ich werde euch meinen wirklichen Namen nennen. Ich bin der Baron Francis de Belvoir.«

Niemand reagierte auf den Namen. Er wurde weiterhin mürrisch beobachtet. Belvoir explodierte. »Ihr steht doch in Funkverbindung mit London, nicht wahr? Dann ruft dorthin, gebt meinen Namen durch, und ihr werdet eure Bestätigung bekommen!« Er wandte sich zur Tür. »Ich komme in vierundzwanzig Stunden zurück.« Dann wies er spöttisch auf die Waffe in der Hand des jungen Mannes. »Und steck' lieber das Ding da weg, es könnte losgehen und dir weh tun.«

Niemand versuchte, ihn aufzuhalten. Er verließ den Raum und schlug die Tür hinter sich zu.

Er war halbwegs die Treppe hinuntergegangen, als er eine rasch aufeinanderfolgende Reihe besorgniserregender Geräusche hörte. Zuerst das unverwechselbare Bremsengequietsch mehrerer Fahrzeuge, dann hastige Schritte auf dem Gehsteig, brutales Hämmern an der Tür und Rufe auf deutsch und französisch. Er ging blitzschnell in die Knie, zog seine Schuhe aus und rannte die Treppe hinauf, vorbei am ersten und zweiten Stock, bis er das oberste Geschoß des Hauses erreicht hatte. Dort sah er sich rasch nach einem Fluchtweg um. Über seinem Kopf bot ein kleines Oberlicht in der niedrigen Decke Zugang zum Dach. Er öffnete die nächstbeste Tür und schleifte einen Stuhl aus dem leeren Raum. Er sprang darauf und versuchte das Oberlicht zu öffnen. Es klemmte. Er stieß eine stumme Verwünschung aus und versuchte es noch einmal.

Unter sich im Treppenhaus hörte er schwere Schritte, dann weitere Rufe, unmittelbar gefolgt von Feuerstößen aus Maschinenpistolen. Das waren wieder die Deutschen. Irgend jemand – höchstwahrscheinlich der verwundete Gefangene – hatte geredet und der Gestapo das Geheimversteck seiner Kameraden verraten.

Schritte, Rufe und Schüsse kamen näher. »Das Dach!« brüllte jemand auf französisch. »Seht auf dem Dach nach!« In seiner Verzweiflung schlug er die Scheibe des Oberlichts mit der nackten Faust ein, und während Glassplitter auf seinen Kopf und seine Schultern herabregneten, packte er mit seiner blutenden Hand den ausgezackten Deckel des Oberlichts und drückte mit aller Kraft. Diesmal gab der eingerostete Rahmen nach. Er griff nach den Seiten der Öffnung und zog sich hoch in die verregnete Pariser Nacht. Er kletterte auf das Giebeldach, glitt auf den Dachziegeln aus und stürzte, kämpfte sich voran, um so weit wie möglich von dem gähnenden Oberlicht wegzukommen. Nachdem er den Dachfirst erreicht hatte, glitt er auf die andere Seite. Das Dach war so steil und glitschig, daß er plötzlich den Halt verlor und ins Freie geschleudert wurde. Nur sein Instinkt rettete ihn, im letzten Sekundenbruchteil, ehe er fünfzehn Meter tief auf die Steinplatten des Gehsteigs gestürzt wäre. Seine rechte Hand, die über die tückischen Dachziegel glitt, stieß auf die gußeiserne Dachrinne und umkrallte sie. Der feste Griff, den seine Hand an der glücklicherweise dort angebrachten Dachrinne fand, bremste die Wucht seines Falls ab, und er hing in der Luft, klammerte sich an die rostige Rinne, die jeden Augenblick nachgeben konnte. Er schwang seinen ganzen Körper gegen die Hauswand und zog sich mit letzter Kraft hoch, bis auch seine linke Hand die Rinne erreichen und packen konnte. Dann begann er seine Hände zu bewegen, eine nach der anderen, eine Hand hielt jeweils sein ganzes Körpergewicht, aber er kam voran, Zoll für Zoll, bewegte sich auf die entfernte linke Dachkante zu. Bei jeder Bewegung durchfuhren teuflische Schmerzen seine vom zersplitterten Glas des Oberlichts tief aufgeschnittene Hand. Er keuchte, biß sich auf die Lippen und hangelte sich weiter, bis er drei Meter unter sich den hervorstehenden Umriß eines Balkons sah. Belvoir ließ die Dachrinne los und landete auf bestrumpften Füßen, hastete auf dem L-förmigen Balkon um die Hausecke. Nun befand er sich auf der Rückseite des Gebäudes. Kaum einen Sprung weit und ein wenig tiefer sah er das Flachdach eines Nachbarhauses. Rasch erklomm er das dünne Eisengeländer der Balkonbrüstung und duckte sich zum Sprung. Rechts über sich hörte er Rufe, und jemand schoß auf ihn. Er hörte Kugeln an sich vorbeizischen und spürte einen bohrenden Schmerz im linken Oberschenkel. Er geriet ins Wanken, brachte es aber fertig, das Gleichgewicht wiederzufinden, spannte dann seinen Körper an und sprang.

Als er unten auf dem Dach gelandet war, wußte er, daß er gewonnen hatte. Vor ihm erstreckten sich in langer, ununterbrochener Folge die Dächer von Montmartre – Flach- und Giebeldächer, dicht aneinandergebaut, die sich über dem Gewirr der engen, krummen Straßen des Hügels fast berührten. Dies war nun sein Territorium, ein vertrauter Backsteindschungel, in dem ihm schon oft eine sensationelle Flucht gelungen war. Er ging zuversichtlich in die Dunkelheit, während die Schüsse zunehmend vereinzelter und entfernter klangen.

Zwei Stunden später, seine Hände und sein Oberschenkel bluteten noch immer, erreichte er die rue Blanche und schlich sich verstohlen in Mados Bordellzimmer.

4. April, 22.00 Uhr – 5. April 1944, Tagesanbruch

Der schwarze Hotchkiss verlangsamte seine Fahrt, als er die Place du Palais Royal erreichte und in die rue de Rivoli einbog, die zweihundertdreißig Jahre alten Arkaden passierte, die sich bis zur Place de la Concorde erstreckten. Er hielt vor dem hell erleuchteten Eingang des *Hôtel Meurice*, Sitz der Oberkommandantur Groß-Paris. Kurt Limmer, dessen Gesicht einen grimmigen Ausdruck trug, hastete an den behelmten Wehrmachtsposten vorbei und über die mit einem blauen Läufer bedeckten Treppen hinauf in den ersten Stock. Ein geschniegelter Leutnant führte ihn in ein großes, verschwenderisch ausgestattetes Büro. Ein hochgewachsener, grauhaariger Offizier erhob sich von seinem schweren eichenen Schreibtisch. Er trug Generalssterne auf den Schulterstücken und das Ritterkreuz um den Hals. Hinter ihm bedeckte eine riesige Karte von Paris und Vororten die Wand. Der Mann war Generalleutnant Horst Wulff, Kommandeur von Groß-Paris.

Er bot seinem Besucher keinen Sitzplatz an, sondern sagte langsam und mit kalter, scharfer Stimme: »Ich habe Sie hierherbestellt, um eine Erklärung für Ihr unmögliches Verhalten an diesem Nachmittag und Abend zu verlangen.«

Eine graue Blässe legte sich über Limmers Gesicht, und seine Augen blitzten zornig. »Sagten Sie ›unmöglich‹?« murmelte er.

»Sie haben mich genau verstanden.«

»Ich könnte noch ein paar Adjektive hinzufügen, um Ihr Benehmen zu beschreiben«, sagte eine neue Stimme hinter ihm. Limmer zuckte zusammen und drehte sich um. Am anderen Ende des Raumes stand Oberst von Beck, stützte sich mit geballten Fäusten auf den langen Konferenztisch und starrte ihn boshaft an. »Ich könnte es dumm, laienhaft, unfähig und kriminell nennen.«

»Kriminell? Sie bezeichnen die Wahrung der deutschen Oberhoheit gegenüber Terroristen als kriminell?« Limmer schritt langsam auf den jungen Oberst zu und wies drohend mit dem Zeigefinger auf ihn. »Ich würde an Ihrer Stelle meine Zunge im Zaum halten. Ich würde es mir zweimal überlegen, ehe ich wagte, einen hohen Beamten der Gestapo zu beleidigen, der seine Pflicht tut. Darf ich Ihnen einen guten Rat geben, junger Freund? Ich würde es mir an Ihrer Stelle verkneifen, die Handlungen der Gestapo als kriminell hinzustellen!«

»Ich sagte kriminell und meinte das auch so.« Von Beck funkelte den Gestapochef, der vor Wut kochte, zornig an. »Für mich ist die Gefährdung der Sicherheit des Reiches ein Verbrechen, und genau das haben Sie getan. In Paris hält sich ein feindlicher Agent auf, der versucht, Deutschlands kostbarstes Geheimnis in die Hand zu bekommen, aber anstatt bei seiner Entlarvung zu helfen, jagen und schlachten Sie in ganz Paris Menschen. Das ist Sabotage, und das habe ich auch in meinem Bericht geschrieben.«

»In welchem Bericht?« erkundigte sich Limmer, dessen Stimme inzwischen nicht mehr ganz so angriffslustig klang.

Der Kommandeur von Groß-Paris nahm ein Aktenbündel von seinem Schreibtisch. »Ein Bericht an den Chef der Abwehr, mit Durchschlägen ans OKW und Ihren eigenen Vorgesetzten, den Reichsführer SS. Und wenn Sie es ganz genau wissen wollen, Limmer: Ich habe jede einzelne Seite dieses Berichts gutgeheißen und abgezeichnet.«

Zum erstenmal geriet Limmers Selbstbewußtsein ins Wanken. »Moment mal«, meinte er, »Sie haben keine Gewalt über mich. Ich bin Ihnen nicht unterstellt. Mein Befehl . . .«

»Ihrem Befehl zufolge hatten Sie im Fall Enigma mit uns zusammenzuarbeiten«, schnitt von Beck ihm schroff das Wort ab. »Statt dessen haben Sie Ihre Informationen für sich behalten und den wertvollsten Hinweis ruiniert, den wir auf den britischen Agenten hatten.«

»Und was hätten Sie denn an meiner Stelle getan?« fragte Limmer ärgerlich.

»Ich hätte den Mann verfolgen lassen, der heute zum *Café des Minettes* kam. Ich hätte in dem Restaurant in Montmartre eine Falle gestellt. Der britische Agent hätte dort früher oder später auftauchen müssen. Er war noch Minuten vor Ihrem Eingreifen dort. Anstatt mit Waffengewalt dort einzudringen, könnten Sie ihn inzwischen hinter Schloß und Riegel haben.«

»Nun, immer mit der Ruhe«, sagte Limmer, inzwischen in der Defensive. »Schicken Sie Ihren Bericht noch nicht ab. Lassen Sie uns lieber versuchen, zusammenzuarbeiten.«

Das Telefon auf General Wulffs Schreibtisch läutete zweimal. Er griff nach dem Hörer. »Für Sie«, meinte er trocken und reichte ihn an Limmer weiter. Der Gestapochef schnappte sich das Telefon. »Limmer.«

Er lauschte einige Augenblicke lang; dann machte sich in seinem Gesicht langsam ein sardonisches Grinsen breit. Er knallte den Hörer auf die Gabel. »Sie können

Ihren Bericht meinetwegen abschicken«, sagte er verächtlich. Seine Stimme hatte einen Teil ihrer alten Grobheit zurückgewonnen. »Während Sie hier nämlich untätig in Ihren feinen Büros herumsitzen, habe ich Erfolg! Einer der heute nacht festgenommenen Terroristen gab uns den Namen des britischen Agenten. Er ist ein uns wohlbekannter Franzose, der sich Francis de Belvoir nennt!«

Er öffnete die Tür. »Und wir rechnen eines Tages ab, Herr Oberst«, zischte er giftig und war verschwunden.

Von Beck würdigte ihn nicht eines Blickes. Er stand bereits vor Wulffs Schreibtisch und griff nach dem Telefon. »Brandner? Hier Beck. Setzen Sie sich sofort mit allen Behörden der französischen Verwaltung in Verbindung: Polizei, Miliz, *Affaires intérieures*, Finanzamt. Stellen Sie fest, ob dort ein Mann namens Francis de Belvoir bekannt ist oder ob Unterlagen vorliegen. Die Gestapo behauptet, ihn zu kennen. Rufen Sie mich im Otto-Gebäude zurück. Ich bin unterwegs.«

Er legte auf, grüßte und lief aus Wulffs Dienstzimmer zu seinem wartenden Wagen. Den ganzen Weg durch die Champs-Elysées und die avenue Foch hinunter verbrachte er mit dem Versuch, den ersten Hinweis, den er auf den Feindagenten bekommen hatte, abzuschätzen. Er war also Franzose und von Adel. War das aber sein wirklicher Name? Und konnte man ihn unter vierzig Millionen Franzosen finden? Kannte Limmer diesen Belvoir wirklich, oder versuchte er nur erneut, ihn in die Irre zu führen?

Er war noch immer in Gedanken versunken und stieg langsam die Treppe zu seinem Büro hinauf, als Brandner ihm entgegengehastet kam. »Ich habe mit der Polizei gesprochen«, berichtete er und geriet vor Aufregung ins Stottern. »Dort sagt man, daß der Mann vorbestraft ist! Sie schicken uns seine Akte herüber!«

Eine halbe Stunde später schloß von Beck sich in seinem Büro ein, knöpfte seine Uniformjacke auf und ließ sich an seinem Schreibtisch nieder. Vor ihm auf der grünen Schreibunterlage, im hellen Licht der starken Leselampe, lag eine umfangreiche Akte. Auf dem blauen Deckel stand in großen roten Lettern: »Francis de Belvoir, alias der Baron.«

Langsam verstrichen die Stunden, aber von Beck wich nicht von seinem Schreibtisch. Er war in die faszinierende Geschichte vertieft, die sich vor ihm entfaltete, der Lebenslauf des Francis de Belvoir hatte ihn in seinen Bann geschlagen. Obwohl in der trockenen Behördensprache der Polizei geschrieben, las sich Francis de Belvoirs Geschichte wie ein Abenteuerroman. Die Dokumente in der Akte schilderten, wie der junge Belvoir nach dem Tod seines Vaters aus Paris geflohen war, seinen Aufbruch in den Fernen Osten an Bord eines Frachtschiffes, sein Heranwachsen in den verrufenen Vierteln von Saigon, Macao und Hongkong. Sie berichteten von Belvoirs ersten erfolgreichen Coups: Wie er zuerst dem französischen Gouverneur von Saigon die Tochter verführte und dann seine Residenz ausplünderte; unter dem schützenden Geleit buddhistischer Priester nach Bangkok und Rangun floh; aus einem Shinto-Tempel in Mandalay eine kleine Truhe Edelsteine entwendete und deshalb von den rachedurstigen Mönchen bis nach Indien gehetzt wurde. In Indien schlich er sich als Zweiundzwanzigjähriger in die Residenz eines britischen Generals ein und verkaufte ihm eine nicht existierende herrschaftliche Villa an der Riviera. Er machte zum erstenmal Gebrauch von einer Verkleidung und entkam an Bord eines Segelschiffes in den Nahen Osten. In Beirut verliebte er sich bis über beide Ohren in eine verheiratete Italienerin und brannte mit ihr nach Kairo durch, wo die Affäre ebenso plötzlich endete, wie sie begonnen hatte. Er schlug sich durch Äthiopien, den Kongo und Algerien, bestand zahllose Gefahren, beschwindelte reiche Geschäftsleute, stahl Wertsachen, benutzte kunstvolle Verkleidungen. Ein Jahr lang, 1935, lebte er in Tanger und machte mit einer kleinen Armada von Schmuggelschiffen entlang der Mittelmeerküste ein Vermögen. Im gleichen Jahr war er kurz mit einer weißrussischen Emigrantin verheiratet gewesen, die er überall als Prinzessin vorstellte. Und im Januar 1936 kehrte er als Sechsundzwanzigjähriger nach Europa zurück. Er ging illegal in Marseille an Land und leistete sich bis zum Kriegsbeginn in Paris, London und Rom zahlreiche gewagte Abenteuer, die ihn berühmt machten. Bald war er in der Pariser Unterwelt zu einer legendären Figur geworden. Der verblüffende, einzigartige Aspekt dieser außergewöhnlichen Lebensgeschichte jedoch war die Tatsache, daß Belvoir niemals gefaßt worden war. Die Polizei in einem halben Dutzend Länder hatte Haftbefehl gegen ihn erlassen; in den meisten europäischen Hauptstädten schwebten Verfahren gegen ihn; aber seine peinlich genaue Planung, die Komplizen, die er sich mit Geld oder Verführungskünsten erwarb, und sein Talent als Verkleidungskünstler hatten ihn immer wieder in letzter Stunde gerettet.

Für einen langen Augenblick versank von Beck in eine seltsame Träumerei. Wenn er sich die Bilder des gutaussehenden grauäugigen jungen Mannes betrachtete, der ungefähr so alt war wie er, konnte er sich eines Gefühls der Bewunderung und des Neids nicht erwehren. Dieser Mann, den zu jagen und rücksichtslos zu vernichten er beabsichtigte, hatte tatsächlich das Leben geführt, nach dem er, Rudolf von Beck, sich als Junge so sehr gesehnt hatte. Er war zu einem echten Abenteurer geworden, hatte die Welt durchstreift, sein Leben riskiert, tödliche Gefahren überstanden, leidenschaftliche Liebesaffären erlebt. Von Beck seufzte. Belvoir hatte erreicht, was für ihn immer nur ein romantischer Traum bliebe.

Er machte sich wieder an das Studium der Dokumente in der Akte. Ein brillanter Bericht, betitelt »Modus Operandi des Francis de Belvoir«, beschrieb prägnant die Arbeitsweise des Barons. Er enthüllt in allen Einzelheiten seine Methoden, Auskünfte einzuholen, seine Angewohnheit, Agenten ins engste Gefolge der Leute einzuschleusen, die er berauben oder betrügen wollte; seine Neigung, sich in riskante, provozierende Spiele mit der Gegenseite einzulassen. Von Beck las langsam, bemühte sich, in den gerissenen Verstand seines Gegenspielers einzudringen, seine Absichten und zukünftigen Schachzüge zu erraten. Er machte einige überraschende Entdeckungen: Belvoir hatte sich niemals mit Rauschgift oder Waffen abgegeben. Er hatte nie getötet und trug nie eine Waffe.

Die Akte endete mit zwei Dokumenten. Eines, erst kürzlich von der französischen Polizei abgefaßt, war eine lange Liste mit Belvoirs Kontakten, seinen Komplizen in der Unterwelt und den Adressen seiner Verstecke. Das zweite behandelte den Fall des Gestapo-Goldes. Belvoir wurde beschuldigt, eine halbe Tonne Gold aus »Gestapo-Reserven« entwendet zu haben. Limmer hatte also nicht gelogen. Die Gestapo wollte ihre eigene Rechnung mit Belvoir begleichen, und von Beck konnte sich genau vorstellen, was man dort für ihn auf Lager hatte. Nun wußte er genau, daß er Limmer und seinen Schlächtern bei der Jagd auf den Baron zuvorkommen mußte.

Er klappte die Akte mit einem Seufzer zu. Auf einen kleinen Notizblock schrieb er einige Namen und Adressen. Dann nahm er das Telefon ab. »Wecken Sie alle unsere Leute, Brandner«, sagte er drängend, als er die verschlafene Stimme seines Assistenten hörte. »Heute nacht gibt es Arbeit.«

In der Préfecture de Police, die sich nahe beim Palais

de Justice auf der Ile de la Cité befand, schloß der erschöpfte Oberarchivar die Archivabteilung ab und ging hinaus. Es war um Mitternacht, und er fühlte sich zu übermüdet, um einschlafen zu können. Erst die Gestapo und dann die Abwehr hatten ihn mit dringenden Anforderungen der Belvoir-Akten zur Verzweiflung getrieben. Nun schätzte er, daß er sich vor der mitternächtlichen Sperrstunde wenigstens noch ein letztes Glas Bier verdient hatte. Er überquerte die Straße und betrat das *Café du Palais de Justice,* wo ein Polizist noch immer ein echtes Bier vom Faß bekam. Er lehnte sich an die Theke, nahm sein Glas entgegen und schaute sich erschöpft um. Zu seiner Rechten sah er einen alten Bekannten, dessen Akte schon oft durch seine Hände gegangen war: Jeannot Leroux, ein kleiner Gauner, der verhaftet und gerade erst vor einer halben Stunde gegen Kaution freigelassen worden war. Der Schläger trug eine Lederjacke, weite schwarze Hosen und eine Schiebermütze. Auch Jeannot sah den Archivar und lächelte ihm zu. »Kann ich Ihnen einen spendieren, Chef?« fragte er.

»Mit Vergnügen«, entgegnete der Archivar und rückte näher zu Jeannot. In ihrer speziellen Welt der Räuber und Gendarmen war es durchaus normal, wenn sich ein dienstfreier Gendarm und ein dienstfreier Räuber wie gute alte Freunde zusammensetzten, um einen zu trinken. Sie gerieten in einen kleinen Schwatz über die gegenwärtigen schweren Zeiten.

»Ach ja«, meinte der Archivar beiläufig, »ich höre, daß dein Freund, der Baron, wieder in Paris ist.«

Jeannot schaute ihn ungläubig an. »Wie bitte? *Le Baron* in Paris? Unsinn. So verrückt ist der nicht. Er weiß doch, wie die französische Polizei und die Gestapo hinter ihm her sind.«

»Inzwischen kannst du auch die Abwehr auf die Liste setzen«, bemerkte der Archivar mit einem Grinsen und freute sich, weil es ihm zur Abwechslung einmal gelungen war, jemanden zu verblüffen. Er berichtete Jeannot von dem überraschenden Ansuchen des Oberst von Beck.

Jeannot gab die angemessenen erstaunten Ausrufe von sich, wechselte dann gewandt das Thema und erging sich in fachmännischen Spekulationen über das morgige Pferderennen in Vincennes. Wenige Minuten später entschuldigte er sich. »Muß mal austreten«, murmelte er. »Bin gleich wieder da.« Der Archivar nickte geistesabwesend.

Jeannot eilte ins Kellergeschoß des riesigen Cafés und schlüpfte in eine öffentliche Telefonzelle. Er warf eine Sprechmünze ein, wählte eine Nummer und flüsterte eindringlich in die Muschel.

Es war nach vier Uhr früh, als der Baron von einem leisen, aber beharrlichen Klopfen an der Tür geweckt wurde. Er hatte in dieser Nacht wegen der brennenden Schmerzen, die ihm seine Verletzungen bereiteten, leichter als gewöhnlich geschlafen. »Keine Bewegung!« flüsterte er Mado zu, die sich neben ihm auf die Ellbogen gestützt hatte. Er glitt aus dem Bett und näherte sich der Tür mit leisen, katzenartigen Bewegungen. Dort lauschte er für einen langen Augenblick unbeweglich und nickte dann Mado zu. »Wer ist da?« fragte sie.

»Mado, ist der Baron bei dir?« flüsterte eine Stimme. »Ich bin's Lagache.«

Der Baron seufzte erleichtert. Er kannte den Mann gut.

»Bist du allein?« fragte das Mädchen.

»Ja. Mach auf.«

Der Baron öffnete die Tür einen Spalt breit und erkannte das dunkle Spitzmausgesicht seines Freundes. Er trat rasch beiseite und ließ den kleinen, dürren Mann ein. Lagache lächelte, aber seine großen Augen blickten noch immer besorgt. »Du bist also wirklich in Paris«, flüsterte er ungläubig. Dann fiel sein flinker Blick auf

Belvoirs verbundene Hände. »Bist du verletzt?«

»Nicht der Rede wert«, erwiderte der Baron. »Oberflächliche Kratzer. So, und was bringt dich hierher?«

»Baron, du mußt hier verschwinden«, flüsterte Lagache nervös. »Gestapo und Abwehr sind hinter dir her. Es wird zu heiß für dich.« In wenigen Sätzen berichtete er dem Baron, daß Limmer und von Beck dringend seine Akte angefordert hatten. Der Baron lauschte schweigend. »Kurz nach Mitternacht haben sie angefangen, die ganze Stadt nach dir zu durchkämmen. Die Polizei macht bei der Fahndung mit. Sie halten bei allen deinen Freunden Razzia«, fuhr Lagache fort. »Wir sind zu fünft und ihnen ein wenig voraus, haben in allen deinen Verstekken gesucht, dich aufzutreiben. Zieh dich an und verschwinde.«

»Wohin kann ich gehen?« fragte Belvoir rasch, aber mit ruhiger Stimme.

»Zu Louison. Dort sind sie gerade weggegangen und kommen nicht wieder. Er wird sich um dich kümmern.«

Der Baron nickte. Innerhalb weniger Minuten hatte er gepackt und war bereit. Er stopfte alle Gegenstände in seine Tasche, die auch nur einen entfernten Hinweis auf seinen Aufenthalt in Mados Zimmer geben konnten, einschließlich der blutgetränkten Mullbinde, mit dem der Rotschopf seine Wunden versorgt hatte.

Er küßte Mado zweimal auf französische Art auf die Wangen und ließ diskret ein dickes Bündel Franc-Scheine auf dem Nachttisch liegen. Lagache ging verstohlen voraus, der Baron schlich hinter ihm durch den dunklen Korridor.

Eine halbe Stunde später schreckte heftiges Hämmern an der Tür Mado erneut auf.

»Aufmachen!« schrie eine Stimme mit einem dicken deutschen Akzent. »Gestapo!«

5.–20. April 1944

Langsam und unter Schmerzen erwachte Belvoir und schnappte krampfhaft nach Luft. Er hatte das Gefühl, aus einem bodenlosen schwarzen Abgrund aufzutauchen. Sein schmerzender Körper war schweißnaß, und er hatte einen klebrigen, bitteren Geschmack im Mund. Er schlug die Augen auf. Im Zimmer war es stockfinster, und es dauerte eine Weile, bis ihm klar wurde, wo er war. Er war völlig bekleidet, sein Jackett war unter sein Kopfkissen gestopft worden. Geduldig wartete er einige Minuten lang, bis seine Augen sich teilweise an die Dunkelheit gewöhnt hatten. Dann erhob er sich von dem schmalen Bett und tastete sich zur Tür. Er öffnete sie vorsichtig, ging durch einen schwach beleuchteten Korridor und erreichte ein schmales Treppenhaus. Langsam erklomm er die Stufen. Von oben hörte er Gelächter und Musik; in der Luft hing ein scharfer Geruch nach Schnaps und Zigarettenrauch. Die Treppe endete vor einer schweren hölzernen Tür. Er zog sie eine Handbreit auf und schaute hinaus.

Das berühmte Transvestitenkabarett *Chez Louison* war überfüllt. Von seinem Platz im Hintergrund des großen Restaurants aus hatte Belvoir eine gute Aussicht auf das Publikum – vorwiegend Männer in Smokings und gestärkten Hemden, dazu einige wenige Frauen in langen Abendkleidern. Unter den Zivilisten verteilt saßen viele hohe deutsche Offiziere, die sich königlich amüsierten. Das Lokal war so prächtig und aufwendig wie eh und je – dicker, kräftigroter Samt bedeckte die Wände, die rötliche Kupferbarriere der rosenholzgetäfelten Bar war auf Hochglanz poliert, von der Decke hingen Kristallüster, deren strahlendes Licht mächtige, in Goldstuck gerahmte Wandspiegel zurückwarfen. Befrackte Kellner huschten zwischen den Tischen hin und her, beladen mit Silbertabletts, auf denen sich die Speisen türmten, und Eiskübeln, aus denen die vergoldeten Korkensiegel des Vorkriegschampagners herausragten. Ein verborgenes Orchester spielte gedämpfte Musik.

Nach und nach, anfangs kaum wahrnehmbar, wurde das Licht der Lüster schwächer und ging aus. Die Kellner entzündeten lange, schlanke Kerzen, die in silbernen Kerzenhaltern auf den Tischen standen. Die Musik wurde lauter, rhythmischer, und mehrere Bühnenleuchten waren eine vielfarbige Lichtrhapsodie auf eine kleine Bühne am entfernten Ende des Raumes. Die Schau begann. Eine Transvestitengruppe in mit Federn, Ziermünzen und Flitter besetzten Kostümen erschien auf der Bühne. Sie sahen in jeder Beziehung wie Frauen aus, ließen lange, geschmeidige Beine sehen und schwenkten aufreizend ihre schönen Brüste. Manche waren erstaunlich rassig und rissen das Publikum zu Rufen der Bewunderung hin. Sie vollführten einen schwül erotischen Tanz, der begeistert beklatscht wurde. Nun trat eine neue Truppe von fünf Transvestiten auf und begann eine an Anzüglichkeiten und vulgären Andeutungen reiche Burleske. Das Publikum brüllte vor Lachen. Die Schau war in vollem Gange.

Belvoir schlich durch die Tür und lehnte sich gegen die Wand. Er erwischte einen vorbeikommenden Kellner am Ärmel und murmelte: »Hol' Louison.« Etwas in seiner Stimme ließ den Kellner hinwegeilen und hinter der Bühne verschwinden. Eine Minute später stand Louison neben ihm und trug noch immer einen schwarzen Trikotanzug, der sich eng um seine schlanke Figur schmiegte. Die dicke Schminke auf seinem Gesicht betonte seine leicht weiblichen, reizvollen Züge. Blaue und schwarze Schatten, kunstvoll aufgetragen, hoben die Mandelform seiner großen grünen Augen hervor. Blutroter Lippenstift, der auf seinem üppigen Schmollmund glitzerte, beschwor eine lockende, sündhafte Sinnlichkeit.

Louison ging mit einem einladenden Lächeln näher an den Baron heran, aber seine Stimme klang längst nicht so verführerisch. »Du bist wohl verrückt geworden!« zischte er und manövrierte Belvoir geschickt in eine abgelegenere Ecke. »Wenn sie dich entdecken, kann ich mich auch gleich begraben lassen.«

Belvoir versuchte ihn zu beruhigen. »Immer mit der Ruhe, Louison. Niemand würde vermuten, daß ich heute abend in ein volles Kabarett marschiert komme.«

»Stell dein Glück nicht zu sehr auf die Probe«, warnte Louison. »Komm mit.«

Er ging an der dunkelroten Wand entlang in Richtung Bar, bis er eine unauffällige, ebenfalls samtbespannte Tür erreichte, die so gut wie unsichtbar wäre, hätte sie nicht eine kleine goldene Klinke gehabt. Louison zerrte seinen Freund hinein und schloß hinter sich ab. Sie befanden sich in einem kurzen, mit blauer Tapete und gerahmten Skizzen nackter männlicher Leiber dekorierten Korridor. Louison sah jetzt etwas entspannter aus.

»Sag mal, Louison«, fragte Belvoir unvermittelt, »wie spät ist es eigentlich?« »Es ist fast elf.« Der Transvestit lächelte. »Du hast den ganzen Tag über fest geschlafen.«

»Konntest du Bruno erreichen?«

»Ja. Er erwartet dich in meinem Büro. Hier entlang – dort bist du sicher.« Louison schob den Baron durch eine makellos weiße Tür am Ende des Korridors und begann sie dann hinter ihm zu schließen.

»Kommst du nicht mit hinein?«

Louison lächelte gewitzt, machte einen spielerischen Knicks und warf ihm eine Kußhand zu. »Je weniger ich weiß, desto besser für mich, *mon chéri.*«

Der Baron drehte sich um. Er stand in dem ungewöhnlichsten Büro, das er in seinem Leben je gesehen hatte. Drei Farben beherrschten den Raum, seine Möbel und

Dekorationsstoffe: weiß, rosa und hellblau. Rosa war der knöcheltiefe Teppichboden, ebenso die feinen, von schweren Taftvorhängen eingerahmten Spitzengardinen. Die Wandbespannung aus blauer Seide trug ein Muster aus Rosen und Lilien, deren Umrisse mit dünnem Goldfaden bestickt waren. Der Louis XVI-Schreibtisch und der gemütliche Armsessel dahinter waren in einem warmen Cremeton lackiert. Der Bezugstoff des Armsessels entsprach in Farbe und Material der Wandbespannung. Selbst das altmodische Telefon war rosa emailliert, abgesehen von der Sprechmuschel aus Perlmutt und der goldgeränderten Wählscheibe, unter der sich die Zahlen und Buchstaben befanden, Stück für Stück kunstvoll mit zierlich gemalten Rosen und Orchideen dekoriert.

Gegenüber vom Schreibtisch stand ein riesiges rundes Bett, bedeckt mit gewaltigen blütenweißen Fellen. Ein in die Decke eingelassener goldener Ring hielt einen transparenten Baldachin aus feinstem Voile. An der Wand hinter dem Bett hing ein großes, anzügliches Gemälde, auf dem zwei nackte junge Männer, in deren Augen die Begierde brannte, lange, zierliche Hände ausstreckten, bis ihre Finger sich berührten.

Der Tür zugewandt erhob sich zwischen zwei Fenstern ein enormer Toilettentisch, gekrönt von einem mächtigen runden Spiegel. Dort drängte sich eine Vielzahl von Flaschen, Dosen und Cremenäpfchen. Porzellanvasen, in denen Sträuße frischer rosa Rosen standen, waren überall im Raum verteilt. In der Luft hing der durchdringende Geruch süßen Parfüms.

Die Aufmerksamkeit des Barons wurde auf einen Mann gelenkt, der mitten im Zimmer stand. Er war sehr groß und breitschultrig, hatte einen Brustkasten wie ein Faß, gewaltige muskulöse Hände und ein pausbäckiges Gesicht mit schwarzen Bartschatten. Sein Haar war kurzgeschoren, und die niedrige Stirn und die gebrochene Boxernase ließen ihn auf den ersten Blick hin nicht sehr intelligent aussehen. Aber nur auf den ersten Blick, denn wer sich die kleinen dunklen Augen des Mannes genauer ansah, mußte sein Urteil rasch revidieren: Sie hatten einen listigen, berechnenden Ausdruck und waren eindeutig nicht die Augen eines Dummkopfes. Er war Mitte Vierzig und trug einen blauen Zweireiher, der aus den Nähten zu bersten drohte, aber es war im Paris der Kriegsjahre eben schwer, überhaupt ein Kleidungsstück zu finden, das solche Ausmaße beherbergen konnte.

»Bruno!« rief der Baron freudig aus, und die beiden Männer umarmten einander herzlich. Der Riese klopfte Belvoir mit seinen haarigen Pranken glücklich auf die Schulter. »Es ist so schön, dich wiederzusehen, und es wurde auch Zeit«, seufzte er. »Ich kam mir in diesem halbseidenen Haus schon langsam selbst schwul vor. Na, Hauptsache ist, daß du noch in einem Stück und am Leben bist und daß die *boches* dich noch nicht in die Finger gekriegt haben.«

»Das wird ihnen auch nie gelingen«, erklärte der Baron ernst. »Aber du weißt, daß die Engländer unser ganzes Gold erwischt haben. Sie steckten mich sogar ins Gefängnis, zum erstenmal in meinem Leben.«

Bruno zuckte die Achseln. »Lieber die als die Deutschen«, meinte er mit einem Lächeln und fügte heiter hinzu: »Und vergiß das Gold. Das Beste an der ganzen Affäre war der Spaß, den wir beim Stehlen hatten. Die ahnen noch immer nicht, wie wir das fertiggebracht haben.«

Der Baron sah seinen Freund nachdenklich an. In seiner Jugend, nach einer katastrophalen Boxerkarriere, war Bruno Morel nach und nach in das Leben eines typischen Pariser *apache* in dem kriminell verseuchten Viertel hinter der place de la République abgeglitten.

Eines Nachts wurde er in eine zwielichtige Mordaffäre verwickelt, über die er sich selbst nach fünfzehn Jahren zu reden weigerte. Er entkam mit der gesamten französischen Polizei auf den Fersen nach Marseille, wo es ihm gelang, kurz vor seinen Verfolgern die Rekrutierungsstelle der Fremdenlegion zu erreichen. Zur Zeit der Dritten Republik stellte die Fremdenlegion eine halboffizielle Freistatt für flüchtige Verbrecher dar. Morel ging zur Legion und kämpfte zehn Jahre lang im Namen Frankreichs an den finstersten Flecken des Kolonialreiches: Madagaskar, Zentralafrika, Indochina und in der Sahara. Kurz vor dem Weltkrieg rutschte er wieder aus, desertierte und wurde prompt von der französischen Polizei im Kabarett *Bal Tabarin* in Paris festgenommen. Damals hatte er sich wie ein recht sicherer Kandidat für die Guillotine ausgenommen, bis der Baron seine Flucht organisierte – mitten aus dem Palais de Justice. Aus reiner Nächstenliebe hatte er das nicht getan; er brauchte Brunos ungeheure Körperkraft für ein Unternehmen, das er schon seit langem plante. Dieser Coup wurde nie ausgeführt, aber zwischen den beiden Männern war plötzlich eine seltsame Freundschaft entstanden. Bruno Morel, der zu einer der Säulen der Pariser Unterwelt wurde, pflegte sich zu brüsten, treu sei er nur dem Geld; seine näheren Bekannten aber wußten, wie treu er dem Baron ergeben war. Allerdings wußte niemand, daß Bruno der einzige Mensch war, dem der Baron vertraute, und daß er bei dem berühmten Diebstahl des Goldschatzes der Gestapo sein geheimer Partner gewesen war.

Der Baron setzte sich an Louisons Schreibtisch und langte in seine Tasche nach einem Stumpen. »So, ich will dir sagen, worum es geht«, sagte er zu seinem Gefährten, der den spinnebeinigen Hocker vor dem Toilettentisch mißtrauisch beäugte, ehe er seine Körpermasse auf das Brokatkissen absenkte. Der Baron beschrieb ihm seine Entlassung aus dem Dartmoor-Gefängnis und gestand, daß er vom britischen Geheimdienst mit einem Auftrag nach Paris geschickt worden war, vermied es jedoch, den genauen Zweck dieses Auftrags zu enthüllen. Bruno hörte schweigend zu. »Und was soll ich dabei tun?« fragte er schließlich.

»Zuallererst mußt du mir ein sicheres Versteck suchen. Ich brauche für mindestens zwei Wochen ein ruhiges, abgelegenes Haus, wo ich meine nächsten Schritte planen und alle notwendigen Vorbereitungen treffen kann. Solange die Deutschen nach mir suchen, muß ich mich von meinen üblichen Plätzen fernhalten. Es war zwar schlau von mir, mich an einem Ort zu verstecken, den sie bereits durchkämmt hatten, aber die Gegenseite könnte auf die gleiche Idee kommen. Außerdem brauche ich etwas Ruhe. Mir tut das Bein weh. Es ist zwar nichts Ernsthaftes – nur eine Fleischwunde –, behindert mich aber in meiner Bewegungsfreiheit.«

Bruno nickte zustimmend. »Bis morgen früh kann ich ohne weiteres arrangieren, was du brauchst.«

»Außerdem mußt du dich mit einem Résistance-Netz in Verbindung setzen«, fuhr der Baron fort. »Alle meine Kontakte in Paris sind hin. Bei der Ausführung meines Auftrags brauche ich die Hilfe der Résistance. Die Widerstandsgruppe, die ursprünglich zu meiner Unterstützung bestimmt worden war, ist total zerschlagen. Jemand anders sollte an ihre Stelle treten und zwecks Anweisungen Kontakt mit London aufnehmen.

Und noch etwas«, sagte er gedehnt. Er reckte das Kinn vor, und seine Augen wurden zu schmalen Schlitzen, in denen matt ein stahlgrauer Schimmer glühte. »Ich muß alles über diesen Abwehr-Oberst von Beck wissen. Hast du je von ihm gehört?«

»Noch nie«, erwiderte Bruno.

»Du arbeitest immer noch für die Organisation Otto?«

»Ja.«

»Und die Abwehr ist immer noch im zweiten Stock, nicht wahr? Gut, ich nehme an, daß du dir dort eine Menge Informationen verschaffen kannst. Gib unauffällig die Parole aus, daß ich für jede Auskunft über diesen Mann eine Menge zahle.«

»Auch die Gestapo ist hinter dir her«, erinnerte Bruno.

»Die Gestapo ist mir gleichgültig«, versetzte Belvoir ärgerlich. »Das ist nur eine Bande schwachsinniger Schlächter. Die erwischen mich nie. Mit diesem von Beck aber sieht das anders aus. Der könnte uns wirklich gefährlich werden.«

Bruno erhob sich. »Gut. Worum geht es eigentlich? Bei deinem Auftrag, meine ich.«

Der Baron gab keine Antwort.

Bruno lächelte und verließ das Zimmer.

Bruno Morel war wie üblich zuverlässig. Am folgenden Morgen hielt sein schwarzer Citroën um sieben Uhr fünfundvierzig vor der Hintertür von Louisons Nachtlokal, die sich auf die friedliche rue des Abbesses öffnete. Der Baron stieg rasch in den Wagen, der daraufhin unauffällig zur Porte de la Viellette fuhr, einem der Haupttore von Paris.

Fünfzehn Minuten später, um Punkt acht Uhr, eröffnete Rudolf von Beck im zweiten Stock des Otto-Gebäudes die Sitzung seines Komitees. Versammelt um den rechteckigen Tisch in dem mittelgroßen Raum, den von Beck zu seinem Befehlsstand erkoren hatte, waren die Vertreter der zahlreichen in Paris operierenden Sicherheitsbehörden. Die Kommandantur Groß-Paris, die französische Polizei und die Kollaborateure der Miliz hatten wie üblich hochgestellte Vertreter entsandt. Für Gestapo, SD und SS waren wieder nur Offiziere niederer Dienstränge erschienen. Das war ihre Methode, von Beck zu verstehen zu geben, daß sie nicht viel von seinem Komitee hielten und seine Zuständigkeit nur der Form halber anerkannten.

Die Offiziere berichteten einer nach dem anderen über ihre Fahndung nach Belvoir, die seit sechsunddreißig Stunden im Gange war. »Fest steht, daß er verschwunden ist«, erklärte der Vertreter der Kommandantur Groß-Paris, Oberstleutnant Strauß. »Er war nicht in seinen üblichen Verstecken, und seine Freunde wissen von nichts.«

»Gibt es bei Ihnen irgendwelche Hinweise?« fragte von Beck den stellvertretenden Präfekten der Pariser Polizei.

Der dicke, kalhköpfige Divisionair Louis Jobert schüttelte den Kopf. »Vorübergehend hatten wir eine Prostituierte vom Pigalle, Mado Bonnier, im Verdacht, ihm Unterschlupf gewährt zu haben, fanden aber keinen Beweis dafür, daß sie ihn jemals gesehen hatte. Auch die Gestapo-Agenten, die sie in der gleichen Nacht vernahmen, kamen zu keinem Ergebnis.«

»Vernahmen?« unterbrach von Beck spöttisch, aber in seinen Augen brannte plötzlich Zorn. »Das bezeichnen Sie als Vernehmung? Als die Gestapo mit ihr fertig war, war das arme Mädchen halb tot. Zu ihrem Glück wollte die Polizei sie verhören und bat mich, einzuschreiten und sie vor der rue Sanussaies zu retten. Hätte ich mich um eine halbe Stunde verspätet, wäre sie in Stücke geschnitten worden.«

Der Abgesandte der Gestapo, Helmut Müller, würdigte von Beck keines Blickes. »Auf jeden Fall wissen wir, daß Belvoir bis zu der Schießerei in der rue Lépic eine Verkleidung trug«, sagte er ungerührt. »Einen blonden Bart und Schnurrbart. Einer unserer Informanten sagt, er habe einen Mann, auf den diese Beschreibung paßte, wenige Stunden vor der Schießerei in einem Café am boulevard des Capucines gesehen.«

»In welchem Café?« fragte von Beck rasch.

»Den Namen habe ich vergessen«, schoß der hagere, dunkelgesichtige Gestapo-Agent zurück und hielt von Becks zornigem Blick mit kalten, arroganten Augen stand.

»Ich bin auf jeden Fall sicher, daß er diese Verkleidung nicht mehr benutzen und auch das Café nicht mehr besuchen wird«, griff Divisionair Jobert vermittelnd ein.

Von Beck nickte. »Trotzdem«, meinte er gedehnt, »möchte ich heute nacht eine weitere Razzia in allen Verstecken des Belvoir, die wir auf unseren Listen haben, durchführen lassen. Ich weiß, die Aussicht, ihn zu finden, ist nur schwach, aber er könnte sich vielleicht sagen, daß er in seinen alten Verstecken sicher ist, nachdem wir sie überprüft haben, ohne etwas zu finden.«

Die meisten Teilnehmer nickten zustimmend. »Unsere Hauptaufgabe allerdings«, fügte von Beck hinzu, »sollte der Entwurf eines narrensicheren Schutzsystems für die Enigma sein.«

»Glauben Sie denn wirklich, daß er noch immer beabsichtigt, seinen Auftrag auszuführen?« fragte der SS-Sturmführer Franz Kunze unverblümt skeptisch. »Obwohl er inzwischen auf der Flucht und völlig auf sich allein gestellt ist?«

Von Beck lächelte kalt. »Dieser Mann ist ein Spieler und Einzelgänger. Ich bezweifle nicht, daß er versuchen wird, an die Enigma heranzukommen.« Er nickte Brandner zu, der um den Tisch herumging und jedem Konferenzteilnehmer eine Kopie der Liste aushändigte, auf der die siebenundzwanzig Standorte der streng geheimen Chiffriermaschine aufgeführt waren.

»Wie sollen wir eigentlich erraten, wo er zuschlagen wird?« beharrte SS-Sturmführer Kunze verwirrt.

Von Beck steckte sich gemächlich eine Gauloise an und sog den beißenden Rauch tief ein. »Wenn ich seine Akte recht gelesen habe, meine Herren, und das nehme ich an« – er legte eine winzige Pause ein – »wird uns das der Herr Baron de Belvoir selbst verraten.«

Die Sonne schien warm vom klaren Aprilhimmel, als zwei Wochen später Bruno Morels Citroën von der Landstraße nach Meaux abbog, eine halbe Stunde mit scheinbar ziellosem Herumfahren auf schmalen Nebenstraßen verbrachte und schließlich in der schattigen Einfahrt einer recht koketten weißen Villa auftauchte, die im üppigen Marnetal lag. Die Villa war ein diskretes Liebesnest und trug den treffenden Namen *Le rendez-vous des amoureux*. Wie recht viele andere ähnlich hübsche Häuser, die in der reichen Vegetation des Marneufers versteckt lagen, hatte es viele sündige Wochenenden erlebt, in deren Verlauf Pariser Geschäftsleute mittleren Alters mit ihren willigen Sekretärinnen einen verstohlenen Urlaub von der alternden Gattin genossen. Die Bewohner der umliegenden Dörfer waren schlau genug, niemals Fragen zu stellen und sich auch keine Namen zu merken, die ohnehin fingiert waren. Sie wußten, daß sie Wucherpreise für ihre Produkte, hohe Löhne für Dienstleistungen und fette Trinkgelder für ihre Diskretion nur fordern und erhalten konnten, solange sie den Mund hielten.

Bruno erklomm die beiden Stufen, die zum Eingang der Villa führten, und klopfte an die schwere, im bäuerlichen stil gearbeitete Tür. Niemand öffnete. Er klopfte noch einmal an, aber ergebnislos. Er legte den Kopf an die Tür und lauschte. Im Haus herrschte Stille.

Plötzlich brach links von ihm im Gebüsch mit einem trockenen Knacken ein dünner Zweig. Bruno warf sich rasch zu Boden, rollte sich zweimal im Kies herum, und kam wieder auf die Füße, blieb tief in der Hocke und hielt seine ausgestreckte rechte Hand stetig in die Richtung, aus der das Geräusch gekommen war. Wie durch ein Wunder war in seiner Hand eine schwere deutsche Mauser aufgetaucht.

Der Baron kam aus dem Gebüsch, hatte den Anflug eines Lächelns in seinem gebräunten Gesicht und blieb stehen, um sich einen Stumpen anzustecken. »Das ging aber blitzschnell«, bemerkte er lässig. »Deine Reflexe sind so gut wie eh und je, *mon cher Bruno.*«

Der gewaltige Mann stand langsam auf, steckte sich die Pistole unter den Gürtel und klopfte seine Hosenbeine ab. »Was sollte das eigentlich bedeuten?« fragte er mit einem Stirnrunzeln. »Spielen wir Räuber und Gendarm? Warum bist du nicht im Haus?«

»Ich mußte mich davon überzeugen, daß du allein warst«, erwiderte der Baron in allem Ernst. »Wie soll ich wissen, ob nicht jemand auf dem Rücksitz des Wagens lauert und eine Pistole auf dich richtet?«

Bruno grunzte und holte eine schwere Tasche voller Lebensmittel aus dem Wagen. Er folgte dem Baron die Stufen hinauf und in das weitläufige, farbenfroh eingerichtete Wohnzimmer. »Ich finde, daß du dir eine Waffe besorgen solltest«, meinte er. »Du bist völlig hilflos. Mit den Deutschen ist nicht zu spaßen.«

»Ich habe niemals eine Waffe getragen und habe das auch nicht vor«, gab der Baron angriffslustig zurück. »Und mein Vater auch nicht.«

»Allerdings, und du weißt ganz genau, was ihm passiert ist«, verstetzte Bruno heftig.

»Du hast aber eine getragen und weißt ganz genau, was dir passiert ist«, fauchte der Baron. »Einmal hast du schon den Kopf verloren, und wenn ich nicht zur Stelle gewesen wäre, wärst du ihn noch einmal losgeworden, aber endgültig.«

Bruno nahm das nicht übel. Er hob in gespielter Verzweiflung die Hände, Handflächen nach oben gekehrt.

»Ça va, ça va«, murmelte er und machte sich daran, gewaltige Mengen von Lebensmitteln auf dem massiven Eichentisch aufzutürmen – ein kuspriges Baguette, ein Räucherschinken, verschiedene französische Wurstsorten, eine Schachtel Käse, einige Konserven und sechs Flaschen Wein. Der Baron öffnete die Flasche Sancerre, machte eine Geruchs- und Geschmacksprobe, um dann, gebührend zufriedengestellt, zwei Gläser mit der hellen Flüssigkeit zu füllen. Bruno leerte sein Glas mit einem Zug, wischte sich den Mund und starrte den Baron ernst an. »Zuerst die schlechten Nachrichten«, sagte er. »Ich habe mich mit der gaullistischen Résistance in Verbindung gesetzt. Sie steht in ständigem Kontakt mit London. Die andere Widerstandsorganisation, die Kommunisten, erhält ihre Anweisungen aus Moskau.«

»Ja, das weiß ich«, warf Belvoir ein.

»Nun, der Widerstand hat deinetwegen London gerufen. Die Antwort lautete« – er holte tief Luft – »›die Operation ist abgeblasen‹.«

»Was?« Der Baron war aufgesprungen.

»Du hast mich genau verstanden. Du sollst alle Vorbereitungen abbrechen und dich reisefertig machen. Deinen Anweisungen zufolge sollst du dich bei einer gewissen Adresse in Paris melden – ich habe sie hier –, und die Zelle wird deine Flucht organisieren.«

»Wer hat die Nachricht aus London unterschrieben?« fragte Belvoir rasch.

»Man sagt, sie stammt vom Chef der SOE persönlich.«

»MacAlister«, murmelte der Baron. Dann schlug er in einer plötzlichen Zornesaufwallung mit der Faust auf den Tisch. »Diese Mistkerle!« rief er wütend. »Sie wollen mich zurückhaben, was? Auch wenn ich irgendwo unterwegs verrecke! Tja, jetzt ist es zu spät. Ich denke nicht daran, ihretwegen ins Gras zu beißen.«

»Wovon redest du eigentlich?« fragte Bruno verwirrt.

Der Baron sah ihn fest an. Seine Augen schossen zornige Blitze. »In den zwei Wochen, die ich mich hier versteckte, hatte ich Gelegenheit, gründlich nachzudenken. Irgendwo in der SOE sitzt ein Verräter, wahrscheinlich dicht an der Spitze. Ich wurde schon vor meiner Ankunft in Frankreich verraten. Paß auf! Wohin ich auch ging, wurde ich von den Deutschen erwartet. Die Männer, die mich nach dem Fallschirmabsprung empfingen, wurden noch in der gleichen Nacht verhaftet. Als ich im Gare de Lyon ankommen sollte, wimmelte es dort vor Gestapo. Im *Café des Minettes* wurde eine Falle für mich gestellt. *La Provence* wurde überfallen, als ich noch im Haus war. Und dieser von Beck, was hat der hier vor, außer mich zu jagen? Er ist von der Abwehr, dem deutschen Geheimdienst. Ist er etwa nicht nach Paris gekommen, um mich zur Strecke zu bringen? Und wie hat die Abwehr von mir erfahren? Nein, Bruno, es besteht kein Zweifel, daß eine hochgestellte Person in London sie mit Informationen über mich versorgt. Und ich denke nicht daran, mit meinem Kopf für ihre Spiele zu zahlen.«

Bruno hatte angestrengt zugehört und die Stirn in tiefe Falten gelegt.

»Für dich ein Grund mehr, zu tun, was man dir sagt und zurückzukehren«, meinte er schließlich.

»Ach, wirklich?« rief Belvoir höhnisch. »Du meinst also, ich bräuchte mich lediglich bei dieser Résistance-Adresse zu melden und mich von ihnen zurück nach London verfrachten lassen? Ich garantiere dir, daß der gleiche Satansbraten in London, der die Deutschen wissen ließ, wann und wo ich in Frankreich landen sollte, ihnen auch verraten wird, auf welche Weise ich verschwinde. Ich komme niemals lebend nach London, darauf kannst du dich verlassen.«

Bruno seufzte. »Und was hast du jetzt vor?«

»Ich schlage mich aus eigener Kraft nach London

durch«, erklärte Belvoir fest und zog die Schultern gerade. »Aber ich werde dort nicht mit leeren Händen ankommen. Zuerst werde ich wie versprochen dieses verdammte Unternehmen ausführen.«

Bruno erhob keine Einwände. »Du weißt, was das bedeutet. Du bist ganz auf dich allein gestellt. Niemand wird dir dabei helfen.«

»O doch, da ist schon jemand.« Belvoir lächelte plötzlich. »Ich kenne jemanden, der für Geld großartige Arbeit leistet und auch genau an der richtigen Stelle sitzt. Das bist du! Ich biete dir fünfzigtausend Pfund.«

Bruno stieß einen leisen Pfiff aus. »Für diese Summe würde ich meine eigene Mutter verhökern«, gestand er zu.

»Mein Auftrag wird schlimmer werden«, sagte Belvoir grimmig. Er gab sich einen Moment lang seinen Gedanken hin und sagte dann energisch: »Komm, wir haben schon genug Zeit vergeudet. Machen wir uns an die Arbeit.«

Präszise und ohne überflüssige Worte zu machen beschrieb Belvoir seinem Frund die Enigma-Mission und bemühte sich dabei sorgfältig, keine zweckdienliche Einzelheit auszulassen. Als er geendet hatte, verließ er den Raum und kam zwei Minuten darauf mit einem Bündel Papiere zurück. »Hier ist die Liste der in Frankreich eingesetzten Enigma-Geräte«, bemerkte er. Bruno sah sich die Liste eingehend an. »Die meisten stehen außerhalb von Paris in befestigten Militärlagern«, stellte er düster fest.

»Aber natürlich«, gestand der Baron zu. Mit der rechten Hand schob er den Berg Lebensmittel und Delikatessen zum entfernten Ende des Tisches; dann breitete er vor sich einige Planzeichnungen und Skizzen aus. »Hier hast du eine Darstellung der Enigma.«

Bruno bedachte sie zunächst nur mit einem flüchtigen Blick, fuhr dann aber plötzlich bestürzt zusammen. »Moment mal!« rief er und wies auf eine Zeichnung. »So eine Maschine habe ich schon einmal gesehen!«

»Wie bitte?« Belvoir sah ihn ungläubig an. »Komm schon, Bruno, du hast sie ebensowenig gesehen wie ich. Ich sagte doch, daß sie das bestgehütete . . .«

»Wenn ich sage, daß ich eine gesehen habe, dann habe ich auch eine gesehen«, schnitt ihm der mächtige Mann scharf das Wort ab. »Mag sein, daß sie streng geheim ist, aber ich habe sie trotzdem gesehen.«

»Wo denn?« fragte der Baron, der noch immer sehr ironisch klang.

»Wo denn schon? Natürlich im Otto-Gebäude. Im zweiten Stock, wo die Abwehr ihre Büros hat. Vor einigen Monaten mußte ich eine Unterschrift für eine Frachtsendung nach Deutschland besorgen und ging hoch zur Verrechnungsstelle, die sich ebenfalls im zweiten Stock befindet, auf der anderen Seite des Treppenabsatzes. Der Wachposten, der immer vor der Abteilung der Abwehr steht, war nicht da, und die Tür zur Nachrichtenzentrale stand offen. Da das noch nie vorgekommen war, guckte ich mal heimlich hinein. Ich sah einen Mann, der die Maschine bediente. Zuerst fand ich, daß sie wie eine Schreibmaschine aussah, bis mir der Unterschied auffiel. Ich war wie gebannt.«

»Das kann nicht sein«, sagte Belvoir gedehnt, aber diesmal lag keine Spur von Spott in seiner Stimme. »Das hört sich unglaublich an. Diese Maschine müßte doch hier aufgeführt sein! Ich habe hier siebenundzwanzig Standorte, aber das Otto-Gebäude wird nirgends erwähnt. Jetzt höre mir genau zu: Diese Liste wurde im Februar auf den neuesten Stand gebracht. Hast du die Maschine vorher oder nachher gesehen?«

»Eindeutig vorher«, gab Bruno fest zurück. »Ich kann

mich ganz genau erinnern – das war ungefähr zwei Wochen nach deiner Flucht.«

Der Baron lehnte sich auf seinem Stuhl zurück und schloß die Augen. »Das kommt mir alles recht unwahrscheinlich vor«, meinte er langsam. »Und doch . . . wenn es stimmt, was du sagst, kann es nur einen einzigen Rückschluß geben: Es gibt in Paris eine nicht erfaßte Enigma, die von der Abwehr für ihre eigene Zwecke benutzt wird.«

Bruno zuckte die Achseln. »Was macht das schon für einen Unterschied?«

»Ja, allerdings«, gestand Belvoir zu. »Mag sein, daß du recht hast. Trotzdem . . .« Er verfiel in Schweigen, stand auf, steckte sich eine neue Zigarre an und starrte nachdenklich dem grauen Rauch nach, der in Spiralen zur Decke schwebte. Nach einer Weile kehrte er zum Tisch zurück. »Wir müssen auf jeden Fall diese Geschichte im Otto-Gebäude nachprüfen, ehe wir über weitere Schritte entscheiden«, entschied er und wandte sich dann eifrig einem anderen Thema zu. »So, und nun zu von Beck.«

»Oh, den hatte ich ganz vergessen«, meinte Bruno mit einem Lächeln. »Das war die gute Nachricht, die ich für dich hatte. Ich habe allerhand über ihn erfahren.«

Aus der Innentasche seines Jacketts nahm er drei Glanzabzüge in Postkartenformat und reihte sie ordentlich vor dem Baron auf. »Hier hast du deinen Mann.«

Die Fotos waren offensichtlich mit einer versteckten Kamera aufgenommen worden. Sie waren ein wenig unscharf, im großen und ganzen aber recht brauchbar. Zwei, aus verhältnismäßig kurzer Entfernung aufgenommen, zeigten einen großen, gutaussehenden Offizier in Wehrmachtsuniform, der eine dünne Aktentasche aus schwarzem Leder unter dem Arm hatte. Sein Profil zeigte einen zielbwußten Ausdruck. Das dritte Bild stellte den Offizier von vorne und aus beträchtlich größerer Entfernung dar. Er war barhäuptig, sein blondes Haar zerzaust, und er geleitete eine hübsche junge Frau aus einem vornehm aussehenden Haus. Seine linke Hand, in der er seine Offiziersmütze hielt, war mitten in einer weit ausholenden Bewegung begriffen, als sei er gerade dabei, sich die Mütze aufzusetzen.

»Nun, was sagst du dazu?« fragte Bruno stolz. »Ich habe sie selbst aufgenommen, aus dem Wagen heraus. Die beiden ersten schoß ich, als er das Otto-Gebäude betrat. Und auf diesem hier« – er wies auf das Foto mit dem Mädchen – »verläßt er gerade sein Haus in der avenue Foch. Was sagst du dazu, Baron? Ein gutaussehender Mann, nicht wahr? – und recht galant dazu. Das Mädchen hatte bei ihm übernachtet.«

»Wer ist sie?« wollte der Baron rasch wissen.

Bruno tat sie mit einer Handbewegung ab. »Ach, die ist unwichtig. Eine deutsche Sekretärin im Hotel *Meurice*, die er für eine Nacht aufgelesen hatte, ganz belanglos.«

Der Baron sah sich die Bilder gründlich an. »Sehr gut. Und was weißt du über ihn?«

Brunos Bericht war kurz und bündig. »Rudolf von Beck. Oberst bei der Abwehr, Ritterkreuz. Ungefähr in deinem Alter, kam annähernd zur gleichen Zeit nach Paris wie du. Sein Büro ist im Otto-Gebäude. Zweimal wöchentlich, manchmal auch häufiger, findet morgens um Punkt acht in seinem Büro eine Konferenz statt. Teilnehmer sind . . .« – er holte ein Stück Papier aus der Tasche und las vor: »Divisionair Louis Jobert, Préfecture de Police; Armand Moreau, Miliz; Helmut Müller, Gestapo; SS-Sturmführer Franz Kunze, SD; ein SS-Offizier, den wir nicht identifizieren konnten; und Oberstleutnant Heinrich Strauß, Kommandantur Groß-Paris. Die Versammlungen werden von seinem Adjutanten, einem Hauptmann Brandner, einberufen. Von Beck hat eine Ordonnanz, die Schneider heißt.«

Der Baron studierte die Namen auf dem kleinen Fetzen Papier, riß dann ein Streichholz an und verbrannte ihn. »Beim nächstenmal lernst du diese Namen auswendig«, fauchte er. »Wenn jemand diese Liste bei dir gefunden hätte, wäre das für dich ein Fahrschein in die Gestapo-Keller gewesen, und zwar ein einfacher.«

»Schon gut, schon gut«, sagte Bruno gereizt. »Willst du den Rest hören?«

»Sprich weiter.«

»Bei diesen Besprechungen geht es um zwei Themen«, fuhr Bruno fort. »Das erste sind Schutzmaßnahmen für eine gewisse Maschine, bei der es sich, wie mir jetzt klargeworden ist, um die Enigma handeln muß. Das zweite bist du!«

»Aus welchen Quellen hast du das erfahren?« fragte der Baron kalt.

»Ich sprach mit mehreren Leuten, die im Otto-Gebäude arbeiten. Eine deutsche Telefonistin hat sich in einen unserer Jungs dort verguckt, Sébastien Dupuis. Vielleicht kennst du ihn. Er hat mal mit der Bande der Korsen gearbeitet.«

Der Baron nickte.

»Sie erzählte ihm einiges von den Besprechungen dort oben. Dann wäre da die Reinemachefrau, die nach den Konferenzen von Becks Büro aufräumt. Den Deutschen hat sie erzählt, sie könne nicht lesen, liest aber gut genug, um deinen Namen bemerkt zu haben, der immer wieder auf Papierfetzen gekritzelt wird. Von Becks Ordonnanz, Schneider, steigt an seinem freien Abend mit einer von Suzy la Belges Huren in die Federn, pünktlich wie ein Uhrwerk. Er spricht zwar nie von der Arbeit seines Chefs, ist aber recht beredt, was dessen Privatleben angeht.«

»Erzähle mir von seinem Privatleben.«

»Von Beck ist unverheiratet, sehr pflichtbewußt, hat etwas für Mädchen übrig, bringt gelegentlich eine mit in seine Wohnung. Spricht gut französisch, bewundert französische Kultur und mag klassische Musik. Er geht regelmäßig zu den Konzerten des Orchestre Symphonique de Paris in der salle Gaveau; zweimal in der Woche sieht er sich das derzeitige Schaustück in der Opéra an. Schneider spricht in höchsten Tönen von ihm und behauptet, von Beck sei der intelligenteste Oberst in der ganzen Abwehr.«

»Das bezweifle ich nicht«, meinte der Baron langsam. »Der beste Kopf der Abwehr, eigens nach Paris entsandt, um mich zu schnappen. Ist das nicht schmeichelhaft, *mon cher Bruno*?«

Bruno nickte. »Es hat den Anschein, als könnte er deine Akte auswendig hersagen. Die Telefonistin hörte einmal bei einem seiner Ferngespräche nach Berlin mit. Er sagte zu seinem Gesprächspartner, er würde dich und deine Methoden besser kennen als du selbst.«

Zu Bruno Morels Überraschung lächelte der Baron plötzlich. »Das hört man gerne«, bemerkte er heiter. »So, laß uns jetzt etwas zu Mittag essen.«

Die Männer aßen still. Der Baron allerdings rührte sein Essen kaum an. Er war in Gedanken versunken, und seine halbgeschlossenen Augen hatten einen abweisenden, entrückten Ausdruck. Schließlich kehrte er zur Gegenwart zurück.

»Zuerst mußt du mir eine Stelle im Otto-Gebäude besorgen. Ich werde selbstverstädnlich verkleidet gehen.«

»Das ist kein Problem«, meinte Bruno. »Dort ist man immer dankbar für Franzosen, die bereit sind, ihr eigenes Land auszuplündern.«

Belvoir sah ihn leicht überrascht an. »Wirst du etwa patriotisch, Bruno?«

Der Riese lächelte gezwungen. Er machte den Mund auf, als wollte er etwas sagen, überlegte es sich dann aber anders und schwieg.

»Außerdem möchte ich, daß du mich mit den Kommunisten zusammenbringst.«

Mit den Kommunisten? Bist du verrückt geworden?«

»Wir brauchen sie«, sagte Belvoir ruhig. »Mit dem gaullistischen Widerstand kann ich nicht mehr arbeiten. Ich kann mit niemandem arbeiten, der seine Anweisungen aus London bekommt. Die Roten aber werden mir helfen, das kann ich dir versichern. Kannst du ein Treffen arrangieren?«

Bruno zog skeptisch die Schultern hoch. »Ich kann es versuchen.«

»Sehr gut. Und drittens brauche ich ein Mädchen. Ein sehr hübsches Mädchen, das genau tut, was ich ihr sage.«

Bruno grinste breit. »Nichts leichter als das. Ich kann dir die beste *poule de luxe* von Paris besorgen.«

»Nein«, wandte Belvoir ein. »Nicht diese Sorte – keine Prostituierte. Ich brauche ein anständiges Mädchen mit Klasse und Köpfchen. Nicht von unserer Sorte, Bruno.«

»Und sie soll dir aufs Wort gehorchen?« Bruno sah nachdenklich drein. »Das wird sehr schwierig sein.«

»Aber du wirst mir doch eine auftreiben, oder?« Belvoirs Lippen verzogen sich zu seinem ironischen Lächeln. »Tu's nicht fürs Geld, tu's für Frankreich.«

Bruno warf ihm einen grimmigen Blick zu und brach dann in Gelächter aus. Nur jemand, der mit Bruno Morel auf so vertrauten Fuße stand wie der Baron, konnte wahrnehmen, daß dieses Gelächter eine gewisse Schärfe hatte und leicht gezwungen klang.

III Das Mädchen

21.–22. April 1944

Sowie Bruno Morel bei Anbruch des 21. April die Augen aufschlug, wußte er, wie er ein Mädchen für den Baron finden konnte.

Er hatte in der vergangenen Nacht, in seiner Wohnung am Quai Montebello, nur wenig geschlafen. Stundenlang hatte er seinen massigen Körper auf dem breiten Bett herumgewälzt, verschiedene Ränke geschmiedet, abgewägt und verworfen. Schließlich war er in einen unruhigen Schlaf gefallen und hatte die Lösung dann doch gefunden.

Er stand auf, schlüpfte in eine lose marokkanische Dschellaba, ein Erinnerungsstück aus seiner Fremdenlegionärszeit, und mahlte mit raschen, präzisen Bewegungen eine Handvoll Kaffeebohnen, riß ein Streichholz an, hielt es an den Brenner des Gasofens und stellte den Wasserkessel auf. Er ging ins Bad, nahm eine kurze, eiskalte Dusche und schärfte geschickt sein altmodisches Rasiermesser an einem dicken Lederriemen, der neben dem Waschbecken hing. Er rasierte sich rasch, wusch sich das Gesicht mit kaltem Wasser ab und zog sich an: frisch gebügelter Nadelstreifenanzug, weißes Hemd, eine modische rote Krawatte und auf Hochglanz polierte schwarze Schuhe. Inzwischen kochte auf dem Herd das Kaffeewasser. Er nahm weder Milch noch Zucker. Er zog die schweren Samtvorhänge auf und trank das bittere Gebräu, während sein Blick abwesend auf dem schwarzen Umriß von Notre Dame de Paris lag, die sich am anderen Seineufer erhob. Es war noch immer Winter, und über Paris ergoß sich erneut ein dichter Regen, dessen schwere Tropfen das schlammige Wasser der Seine zu kleinen Schaumkronen aufpeitschten. Er trank mit einem Schluck den Rest seines Kaffees aus, zündete sich eine starke Zigarette an und zog einen beigen Regenmantel aus dem Kleiderschrank. Unter dem Kopfkissen holte er seine Mauser hervor, prüfte sie und schob sie sich unter den Gürtel, schlich dann leise die Treppen hinunter. Er hatte beschlossen, seinen Wagen zurückzulassen, der im Innenhof des eleganten Mehrfamilienhauses parkte. Autos waren in Paris wegen der akuten Treibstoffknappheit eine Seltenheit; da er vorhatte, sich an diesem Vormittag so unauffällig wie möglich in der Stadt zu bewegen, wollte er vermeiden, daß sein schwarzer Citroën in der Nähe der Häuser, die er besuchen wollte, bemerkt wurde. Er winkte sich eines der seltenen Pariser *taxis à gazogène* heran, monströse Ausgeburten der Kriegsjahre, deren Motoren von Holzvergasern gespeist wurden, hohen, am Aufbau festgeschweißten Kesseln. »Rue Mouffetard«, sagte er zum Fahrer und war unterwegs zur ersten der fünf Adressen, die er an diesem trostlosen Aprilmorgen besuchen wollte – den der besten Dokumentenfälscher von Paris.

Sein erster Besuch, der einem baufälligen Mietshaus in der berühmten Pariser Marktstraße hinter dem Pantheon mit seinem mächtigen Kuppeldach galt, blieb ergebnislos, ebenso der zweite in einem verschwiegenen Hinterhofladen in der rue Saint-Paul, nicht weit von der place de Bastille. Die erste Reaktion des dritten Mannes jedoch, mit dem er in einem schäbigen Billardzimmer in den Grands Boulevards sprach, war gerade zweideutig genug, um Bruno das Gefühl zu geben, daß er sich schließlich doch auf der rechten Fährte befand.

»Ein schönes Mädchen? Was meinst du damit?« fragte

der dürre, leichenblasse Mann, ohne ihn dabei anzusehen, und zielte bedachtsam mit seinem Queue auf einen weißen Elfenbeinball, der viel zu dicht am Rand lag. Aber Bruno war das nur einen Sekundenbruchteil währende Zögern nicht entgangen, und er kannte die verschlagene Denkart seines Gesprächspartners gut genug, um daraus zu schließen, welcher mögliche Profit dabei für ihn herausspringen konnte.

»Ich meine damit, was ich gesagt habe«, schnauzte Bruno ihn kalt an. »Kannst du dich entsinnen, irgendwelche Ausweispapiere für ein sehr schönes Mädchen gefälscht zu haben? Ich brauche eine rasche Antwort, Rital – ich habe keine Zeit zu vergeuden.«

Dédé le Rital – »der Italiener« – kniff ein blasses, wäßriges Auge zu, fuhr sich mit spitzer Zunge über die farblosen Lippen und stieß mit dem Queue zu. Der Elfenbeinball schoß nur wenige Zentimeter weit über den grünen Filz, ehe Bruno rasch die Hand darauflegte. »Rital, treib keine Spiele mit mir«, warnte Bruno.

Der Italiener richtete sich langsam auf. »Ich kann mich nicht erinnern«, erklärte er freimütig, aber seine listigen Augen beobachteten Brunos Gesicht aufmerksam. »Ich habe so viel zu tun, wie kannst du da erwarten, daß ich mich an ein hübsches Gesicht erinnere?«

Bruno packte jäh die fleckige Krawatte des Italieners und knebelte ihn heftig. Dédé würgte, sein Gesicht verfärbte sich violett. Trotzdem versuchte er nicht, sich loszureißen, sondern schnappte nur nach Luft. Bruno lockerte langsam seinen Griff und ließ den Italiener los. Seine angespannte Stimme verriet, daß sein Geduldsfaden dem Reißen gefährlich nahe war. »Hör zu, du Sack. Ich weiß, daß du in letzter Zeit eine Menge Geld gemacht hast. Vor dem Krieg kam nur der letzte Abschaum zu dir, um sich Papiere zu besorgen, und die meisten bereuten es nachher. Jetzt aber, wo alle Juden und Kommunisten und Gaullisten und Antinazis um ihr Leben laufen müssen, schert sich niemand um deinen Ruf, und die Leute sind überglücklich, dir ein Fünffaches des normalen Preises für ein Stück Papier mit einem anderen Namen zahlen zu dürfen. Ich kenne dich aber. Ich weiß genau, was du sagen würdest, wenn du nicht hättest, was ich suche.«

Bruno schaute sich rasch um. Nachdem er sich davon überzeugt hatte, daß das Billardzimmer völlig menschenleer war, zog er mit der Rechten seine Pistole, während seine Linke mit einem dicken Bündel Banknoten aus seiner Jackentasche kam. »Du kannst zwischen den beiden wählen. Ich werde nicht zögern, dir ein Loch in den Kopf zu schießen, entweder heute oder in irgendeiner anderen Nacht, und mir die Unterlagen anzusehen, die du im Haus deiner Schwester versteckt hältst.« In den blassen Augen des Italieners blitzte ein Überraschungsschimmer auf. »Du kannst mir aber auch brav behilflich sein«, sprach Bruno weiter und warf dabei das Geld auf den Billardtisch, »und weiterhin anderen Leuten das Blut aussaugen.«

Der Italiener starrte Bruno abwägend an und nickte dann. »Ah, jetzt erinnere ich mich. Ich habe genau, was du brauchst. Eine Schönheit!« Seine blassen Lippen verzogen sich zu einem lüsternen Grinsen. »Sie kam vor ungefähr einem Jahr zu mir. Mir sind in meinem Leben ziemlich viele hübsche Mädchen begegnet, aber die war wirlich etwas Besonderes. Gehen wir, ich zeige dir ein Bild von ihr.«

Bruno steckte gelassen seine Pistole weg. Der Italiener schnappte sich das Geld vom Tisch und eilte hinter ihm her.

Eine halbe Stunde später kam Bruno aus einem schmutzigen Hauseingang in der geschäftigen rue du Faubourg Montmartre. Er faltete sorgfältig ein Stück

Papier zusammen und steckte es in seine Brusttasche. Auf dem Papier standen ein Name und eine Adresse.

Das Mädchen bog um die Ecke und eilte über den plattenbelegten Gehsteig der rue Surcouf im aristokratischen Siebten Arrondissement von Paris. Die schmale Straße war dunkel, und das Klappern ihrer Holzsohlen auf dem Gehsteig war das einzige Geräusch, das in der Leere widerhallte, obwohl es noch früh am Abend war. Das Mädchen schritt rasch aus, drehte sich nervös um, erreichte ein großes Portal und drückte die massive Holztür auf. Von ihrem Beobachtungsposten auf den Vordersitzen von Brunos Citroën aus, der auf der anderen Straßenseite parkte, sahen der mächtige Mann und der Baron sie im Haus verschwinden. Sie blieben noch fünf Minuten reglos sitzen, dann warf der Baron einen Blick auf seine Armbanduhr und sagte: »So, jetzt geh'n wir.«

Sie betraten verstohlen das Haus und stiegen hinauf in den zweiten Stock. Bruno sah den Baron an, der nickte, und klopfte laut. Eine schmächtige grauhaarige Frau, die eine gestrickte schwarze Stola trug, kam an die Tür. *»Messieurs?«* sagte sie mit klarer, sicherer Stimme, aber ein furchtsamer Ausdruck schlich sich in ihre Augen, und ihre Hand, die den Türknopf umklammerte, zitterte ein wenig.

Bruno nickte; seine Stimme hatte den klanglosen Ton der Amtsgewalt, der überall auf der Welt die Polizisten kennzeichnet. »Madame Lemaire? Wir würden uns gerne einmal mit Ihrer Nichte unterhalten.«

Die alte Frau wurde blaß, ihre Stimme bebte. »Sie . . . sie ist nicht da«, murmelte sie. »Ich weiß nicht, wann sie zurückkommt.« Sie begann die Tür zu schließen, aber Brunos Fuß blockierte sie, ehe das Schloß einschnappen konnte. »Sie ist sehr wohl hier und wird jetzt mit uns sprechen.« Ohne auf eine Antwort zu warten, betraten die beiden Männer die Diele.

Die alte Frau schwankte und faßte sich instinktiv mit der linken Hand an den Hals. »Sind Sie von der Polizei?« fragte sie angsterfüllt.

Bruno überhörte die Frage und ging an der Frau vorbei ins Eßzimmer. Der Tisch war für zwei gedeckt. Der Baron betrachtete sich das makellos weiße Tischtuch und die Servietten, das Sèvres-Porzellan und das Silberbesteck. In diesem Augenblick öffnete sich auf der anderen Seite des Raumes eine Tür, und das Mädchen tauchte auf der Schwelle auf. Sie schien vor Schreck erstarrt zu sein.

Dem Baron stockte vor Bewunderung fast der Atem. Sie war von einer sinnlichen, pulsierenden, fast wilden Schönheit, die in ihm einen nackten, körperlichen Impuls aufschießen ließ und bewirkte, daß er sich in einer unwillkürlichen Reaktion am ganzen Leib verkrampfte. Einen kurzen Moment lang schaute er fasziniert diesen vollendeten Körper an, die runden Schultern, die stolzen, vollen Brüste, die schmale Taille und die wohlgeformten Beine. Sie hatte langes, rabenschwarzes Haar, ein ovales Gesicht, volle Lippen und große blaue Augen, die sie in stummer Furcht anstarrten.

»Sie brauchen keine Angst zu haben«, sagte der Baron rasch, wobei ihm seine eigene heisere Stimme fremd vorkam. »Wir sind nicht von der Gestapo, sondern stehen auf der anderen Seite. Wir wollen mit Ihnen reden.« Er sah sich nach der alten Frau um, die reglos in der Tür stand und fügte hinzu, »allein.«

»Kommen Sie herein«, erwiderte sie mit gedämpfter Stimme, die sehr melodisch sein mochte, jetzt aber vor Schreck und Erregung erstickt klang. Sie wich zurück, und die beiden Männer folgten ihr in ihr Zimmer. Der Raum war klein und für ein Mädchenzimmer recht karg: Ein Einzelbett, ein Kleiderschrank, ein kleiner Toilettentisch mit einem alten, gesprungenen Spiegel. Der einzige vom Gesamtbild abweichende Hinweis auf Wohlstand waren die ledergebundenen Bücher, die sich auf dem Nachttisch türmten. Belvoir griff sich einen Band. Es war eine seltene Ausgabe der Gedichte des François Villon.

Er wandte sich zu dem Mädchen und bemerkte erst jetzt die Schlichtheit ihres blauen Wollkleids. In Gedanken verzeichnete er den Unterschied zwischen ihrem Raum und dem Eßzimmer. »Wir wissen genau, wer Sie sind«, sagte er kalt. »Ihren Papieren zufolge heißen Sie Michèle Lemaire, aber das ist nicht Ihr wirklicher Name. Ihr Familienname ist Lévine, und Sie verbergen sich hier, weil Sie Jüdin sind und fürchten, von der Gestapo abgeholt zu werden.«

Das Mädchen rührte sich nicht. Bruno sah, wie ihre Fingernägel sich in ihre Handflächen bohrten. Sie biß sich auf die Unterlippe, versuchte die Tränen zurückzuhalten, die ihr in den Augen standen, und brach plötzlich in ein leises, klagendes Schluchzen aus. »Entschuldigen Sie«, sagte der Baron rasch. Er sah das verzweifelte, bitterlich weinende Mädchen an und sagte noch einmal töricht: »Entschuldigen Sie.« Bruno warf ihm einen überraschten Blick zu.

Der Baron holte tief Luft. »Bitte hören Sie mir zu. Können Sie mich verstehen?«

Sie nickte, aber über ihre Wangen rannen noch immer Tränen.

»Es tut mir leid, aber wir haben keine andere Wahl«, fuhr der Baron fort, und seine Stimme wurde wieder fest und kalt. »Wir brauchen Sie. Wir brauchen Ihre Hilfe. Wenn Sie nicht wollen, daß wir Sie der Gestapo melden, müssen Sie genau tun, was wir sagen. Haben Sie mich verstanden? Entweder unterstützen Sie uns – oder Sie sterben in den Kellern der Gestapo.«

Dann sagte er dem schockierten Mädchen, was er von ihr wollte. Michèles Augen weiteten sich vor Entsetzen.

Für einen langen Moment sah sie ihn sprachlos an. Schließlich fand sie die Worte. »Sie schicken mich in den Tod«, stieß sie mit einer schwachen, verzweifelten Stimme hervor.

»Unsinn«, log der Baron. »Ihnen wird kein Leid geschehen. Morgen oder übermorgen kommen wir wieder bei Ihnen vorbei und geben Ihnen genauere Anweisungen. Halten Sie sich bereit.«

Er drehte sich um, verließ das Zimmer und die Wohnung. Bruno blieb für einen Augenblick in der Diele stehen. die alte Frau hatte sich nicht von der Stelle gerührt. »Und versuchen Sie nicht, zu fliehen oder Ihre Nichte zu verstecken, Madame Lemaire«, warnte er grimmig, »wenn Ihnen etwas an ihrem Leben liegt. In Frankreich gibt es keinen Ort, an dem ich sie nicht finden würde.«

Draußen auf dem Treppenabsatz, als sich die Tür hinter ihren Rücken schloß, brach der Baron unvermittelt in einen Strom von Verwünschungen aus. Zornbebend schlug er mit der geballten Faust an die Wand.

Bruno sah ihn noch einmal verblüfft an, sagte aber kein Wort.

Den ganzen Rückweg ins Marnetal legten sie in Schweigen zurück.

Michèle konnte in dieser Nacht nicht schlafen.

Stundenlang saß sie unbeweglich an ihrem Fenster, fröstelte hin und wieder in ihrem dünnen Nachthemd, starrte leblos hinaus in die schwarze, mondlose Nacht, die sich leise über Paris gelegt hatte. Sie erinnerte sich vage an eine Geschichte aus der Bibel, die ihr Großvater ihr einmal erzählt hatte, von der Tochter des iraelitischen Richters Jephtah, die dazu bestimmt worden war, dem Jehova zum Opfer gebracht zu werden. Sie fühlte sich wie diese hilflose Jungfrau, deren Vater ihr gesagt hatte, daß sie sterben müsse. Jephtahs Tochter hatte gebeten, ihr Leben noch für zwei Monate zu schonen, damit sie mit ihren Gefährtinnen ihr Schicksal beklagen konnte. Michèle aber hatte keine Gefährtinnen, ihre Frist war viel knapper, und ihre Tränen waren versiegt. Sie konnte dem grausamen Schicksal, das ihr Vok und ihre Familie getroffen hatte, nicht entgehen: Erst ihre Großeltern in Wien, dann ihre Mutter und ihr jüngerer Bruder, schließlich ihr Vater. Und nun war sie an der Reihe.

Ihre Vergangenheit kam ihr nun so vor, als würde sie zu einer anderen Person, in ein anderes Zeitalter, in ein fernes Land gehören. Alles kam ihr so unwirklich vor: Ihre glückliche Kindheit; das große weiße Haus im exklusiven Vorort Neuilly; ihre Eltern, die strahlend schöne Wiener Opernsängerin Nelly Lévine und der weltberühmte Medizinprofessor an der Université de Paris. Sie hatte die besten Schulen und Gymnasien von Paris und Genf besucht; bereits mit sechzehn wurde ihr von ihren Lehrern wegen ihrer Schönheit und Schauspielbegabung eine glanzvolle Bühnenkarriere prophezeit. Im letzten Vorkriegssommer, als sie in Antibes an der Riviera Ferien machte, hatte sie nur zum Spaß eine Einladung zur Teilnahme an einem Schönheitswettbewerb angenommen. Am nächsten Morgen prangten ihre Bilder in allen Zeitungen, die die Wahl der »umwerfenden Michèle Lévine« zur Miss Côte d'Azur verkündeten. Und dann kamen die Empfänge, Gesellschaften, Rollenangebote von Film und Bühne. Es war ein glanzvoller Sommer gewesen. Die Welt lockte, sie war schön, geistreich, hatte eine Zukunft und war bis über beide Ohren in einen der brillantesten Absolventen des Polytechnique verliebt, in den gutaussehenden einzigen Sohn eines der ältesten französischen Adelsgeschlechter, Dominique de Boissy. Gemeinsam war ihnen eine Leidenschaft für Pferde, Reisen, Theater, Literatur; sie waren ein so verblüffend attraktives Paar, sie mit ihrer braunen, glatten Haut, hellen Augen und langen schwarzen Haaren, er mit dem blonden Kopf eines römischen Gottes, muskulösem Körper und einem bezaubernden Lächeln. Sie waren füreinander geboren, und keine Macht der Erde konnte sie trennen. Michèle erinnerte sich an jenen Abend, an dem ihre Mutter aus Paris gekommen war, um mit ihr zu sprechen. Die lebhafte Nelly Lévine, sonst immer so unbeschwert und heiter, war an jenem Abend verlegen und befangen gewesen, hatte stammelnd nach den rechten Worten gesucht, zu einem Gedankenaustausch mit ihrer Tochter unfähig. Sie war gekommen, um sie zu warnen, hatte sie gesagt, sie zu bitten, es sich noch einmal gut zu überlegen, ehe sie sich enger an Dominique binde. »Gehe in deiner Beziehung zu ihm nicht zu weit«, hatte sie recht kläglich hervorgebracht.

»Aber Mutter«, war Michèle aufgefahren, »wir wollen doch heiraten!«

»Bist du ganz sicher?« war Nelly Lévines Antwort gewesen, begleitet von einem sonderbaren, traurigen Lächeln. »Wie du weißt, ist seine Familie sehr konservativ, sehr strikt. Sie sind streng katholisch, wir sind Juden. Es kann gut sein, daß sie dich ablehnen.«

»Wer fragt schon danach?« hatte Michèle mit jugendlicher Offenheit und Zuversicht zurückgegeben. »Wir lieben uns, und alles andere ist unwichtig!«

Und sie hatten sich geliebt, ohne Einschränkungen. Dominique war der erste Mann, mit dem sie geschlafen hatte. Selbst jetzt noch, nach fünf Jahren, erschauerte sie unter dem Strom der Erinnerungen, die in ihrem Körper und ihrem Herzen so lebhaft und gegenwärtig waren. Fast glaubte sie, noch einmal die Berührung seiner Lippen zu spüren, die Wärme seiner Haut, seine zarten Liebkosungen, seine ungestüme Leidenschaft.

Sie waren zusammen nach Paris zurückgekehrt. Und

am Tag darauf war der Krieg ausgebrochen, hatte ihr Leben und ihre Träume grausam zerschmettert. Zuerst, so wie ferner, grollender Donner das Gewitter ankündigt, war aus Wien die Nachricht eingetroffen, daß ihre betagten Großeltern ins Konzentrationslager geschafft worden waren. Sie hatten nie wieder von ihnen gehört. Dann, als die Deutschen in Paris einmarschierten, hatte sie rasch und schmerzlich gelernt, was es bedeutete, Jüdin zu sein. Ihr Telefon wurde abgestellt, da Juden kein Recht hatten, eines zu besitzen. Mitten in der Nacht drang ein Trupp Polizisten brutal in ihr Haus ein und holte die wertvolle Kunstsammlung ihrer Eltern ab, die Gemälde von Picasso und Matisse enthielt. Ihr Vater verlor seinen Lehrstuhl an der Universität, Nelly Lévine wurde aus der Grand Opéra verbannt. Eines Nachmittags kam Michéle nach Hause und fand ihre Mutter weinend damit beschäftigt, große gelbe, mit dem Wort *Juif* bedruckte Sterne auf ihre Kleider zu nähen. Michéle, die niemals Hemmungen wegen ihrer Rasse oder Religion gehabt hatte, litt entsetzlich unter dem Schock, offiziell als Aussätzige und Unberührbare bezeichnet zu werden. Das Ärgste aber sollte erst noch kommen. Sie entsann sich des Morgens, an dem sie ihren Verlobten besuchen ging, als der Majordomo seines Elternhauses in Auteuil, der stets lächelnde, umgängliche Honoré, auf ihren gelben Stern geschaut und ihr eiskalt zu verstehen gegeben hatte, daß »Monsieur nicht länger wünschte, Umgang mit Angehörigen der jüdischen Rasse zu pflegen.« Sie hatte Wut und Abscheu empfunden und wollte nicht eine Sekunde lang glauben, daß ihr Dominique irgend etwas mit dem unerhörten Benehmen des Bediensteten zu tun hatte. Auf der Straße hatte sie auf ihn gewartet, und dort, unter den blühenden Bäumen eines bezaubernden Pariser Frühlings, hatte er rundheraus erklärt, daß er dem Rat seiner Eltern folgte und sie nicht mehr sehen wollte. Sie konnte sich nicht erinnern, wie sie den ganzen Weg heimgelaufen und dann hoch ins Badezimmer ihrer Mutter gegangen war, um ihr Röhrchen Schlaftabletten zu suchen. Sie entsann sich nur, aus einem dicken, erstickenden Nebel aufgetaucht zu sein und sich dann krampfhaft erbrochen zu haben. Von ihrer Mutter erfuhr sie später, daß sie zwei Tage lang bewußtlos gewesen war; wenn ihr Vater sich nicht verzweifelt um sie bemüht hätte, wäre sie nie wieder aufgewacht.

Jetzt sann sie bitter darüber nach, daß der Tod zu diesem Zeitpunkt, als ihr Leiden lediglich von einem gebrochenen Herzen herrührte, für sie die beste Lösung gewesen wäre. Der wahre Schrecken schlug nämlich erst später zu. Im Sommer, als sie mit ihrem Vater in die Normandie gefahren war, um auf Bauernhöfen Lebensmittel zu kaufen, trieben die Deutschen die Juden von Paris zusammen. Als sie zurückkamen, waren ihre Mutter und ihr Bruder auf Nimmerwiedersehen verschwunden – erst in das trostlose Konzentrationslager Dranca, später in die Vernichtungslager Deutschlands. Ihr Haus wurde beschlagnahmt, ihre Möbel nach Berlin gebracht. Einige Wochen lang verbargen sie sich in den Wohnungen nichtjüdischer Freunde. Eines Morgens, Anfang September 1942, hatte ihr Vater sie aufgeregt geweckt, um ihr zu sagen, daß er für sie beide eine Fluchtmöglichkeit nach Südamerika gefunden habe. Ein Pariser Arzt, Dr. Petiot, der in der rue le Sueur eine Klinik hatte, könne die Reise arrangieren. Es würde zwar ein Vermögen kosten, hatte ihr Vater hinzugefügt, alles Geld und alle Wertsachen, die sie sich zusammengespart hatten, aber sie könnten von Glück sagen, wenn es ihnen gelang, aus dieser Hölle auf Erden zu entkommen. Zum erstenmal seit der Deportation seiner Frau und seines Sohnes hatte er sich ein Lächeln abgerungen. Michéle konnte seine leuchtenden Augen, seinen leichten Kuß, seinen raschen Schritt niemals vergessen, als er zu Dr. Petiots Klinik aufbrach und alle seine Ersparnisse in Geld und Juwelen in einem kleinen Leinenbeutel mit sich trug.

Er kam nie zurück. Nach einigen Tagen begannen besorgte Freunde über sein Verschwinden Erkundigungen einzuziehen. Sie erzählte ihnen von Dr. Petiot. Ein Freund besuchte die Klinik des Arztes, aber Petiots Antworten waren ausweichend und bizarr. Er kenne keinen Professor Lévine, hatte er erklärt, und er habe auch nie eine Reise nach Südamerika arrangiert. Der Freund ihres Vaters nahm ratlos zu einem letzten Ausweg Zuflucht: Er rief einen Polizeioffizier an, den er gut kannte. In der gleichen Nacht durchsuchte ein Kommando der Pariser Polizei die Klinik. Was man dort fand, überstieg alle Vorstellungskraft. Leichenteile – Köpfe, Glieder, enthauptete Rümpfe – wurden im Keller entdeckt. Verkohlte Knochen, Asche von verbranntem Menschenfleisch und versengte Hautfetzen lagen in dem großen Zentralheizungskessel, der das ganze Haus versorgte. Ein ekelerregender Gestank erfüllte das Haus. Die entsetzten Polizisten deckten die diabolischen Geschäfte auf, die Dr. Petiot in seiner Klinik in der rue le Sueur betrieben hatte. Gemeinsam mit seinen Komplizen, einem Friseur und einer Kosmetikerin, erwürgte er die elenden Opfer, die in dem Glauben, bald eine Reise nach Südamerika anzutreten, mit all ihrer Habe in seinem Sprechzimmer auftauchten. Das teuflische Trio hackte dann die Leichen in Stücke und warf sie in den Ofen.

In einem Nebenzimmer bewahrte Dr. Petiot die Habseligkeiten der Opfer auf, säuberlich sortiert. Die Polizei fand dreizehn Hosen, einhundertzehn Hemden, einhundertzwanzig Röcke und achtundzwanzig Anzüge. Einen dieser Anzüge hatte Professor Lévine am Tag seines Verschwindens getragen.

Einen Moment lang, nachdem ihr vom Freund ihres Vaters die grausige Wahrheit beigebracht worden war, hatte Michèle mit schreckgeweiteten Augen stocksteif dagestanden. Dann stieß sie einen wilden, unmenschlichen Schrei aus und lief davon. Jemand versuchte sie aufzuhalten, aber sie kämpfte, trat und biß wild um sich, bis sie ihn abgeschüttelt hatte und entkam.

Wochenlang irrte sie durch die Straßen von Paris. halb wahnsinnig, schlief in Hauseingängen und wurde von barmherzigen Fremden gefüttert wie ein streunender Hund. In einer kalten Nacht, als sie nur halb bei Bewußtsein in einer Hintergasse der rue de la Huchette lag und in ihren Lumpen zitterte, stolperte eine Frau über sie, die sie nur an ihren brennenden, tiefblauen Augen wiedererkannte. »Michèle!« stieß sie entsetzt hervor, als hätte sie ein Gespenst gesehen. Die Frau war Louise Lemaire, die Witwe eines ehemaligen Kollegen von Michèles Vater bei der medizinischen Fakultät der Universität von Paris. Sie nahm sie mit nach Hause und versorgte sie wie einen Säugling. Sehr langsam und qualvoll klärte sich ihr Verstand, und sie kehrte ins Leben zurück. Nach sechs Monaten in Madame Lemaires Wohnung konnte Michèle wieder laufen und sprechen. Madame Lemaires einziger Sohn Jaques, Student an der Sorbonne, war in der Pariser Résistance aktiv. Er schickte Michèle zu Dédé le Rital, der sie mit gefälschten Papieren versorgte, die auf den Namen Michèle Lemaire lauteten. Madame Lemaire stellte sie als ihre Nichte aus Lyon vor, die nach Paris gekommen war, um bei ihr zu leben. Bei ihrer Rückkehr zum Normalzustand gewann Michèle auch einen Teil ihres alten Stolzes zurück. Sie weigerte sich standhaft, in eines der hübsch eingerichteten Zimmer der Wohnung in der rue Surcouf umzuziehen, und beharrte darauf, in dem winzigen Dienstmädchenzimmer zu leben. Sie war rapide auf dem Weg der Besserung, als eine neue Katastrophe über ihre Wohltäter hereinbrach: Der junge Jaques Lemaire wurde von der SS erschossen, als er mit einem Wagen voller Waffen für die Résistance in eine Straßensperre geriet. Louis Lemaire nahm seinen Tod mit stoischer Gelassenheit hin. Sie umarmte Michèle und sagte leise: »Jetzt habe ich nur noch dich auf der Welt.«

Jetzt, als sie an ihrem Fenster saß und zusah, wie über Paris langsam der Morgen graute, hörte Michèle die leisen Schritte von Louise, die ruhelos in dem großen Eßzimmer auf- und abging. Sie konnte die Spannung nicht länger ertragen und öffnete die Tür. »Louise!« rief sie. Die schmächtige Frau, deren Gesicht von Furcht und Sorge gezeichnet war, trat ein. »Ich muß mit dir sprechen«, sagte Michèle. Schluchzend und verzweifelt berichtete sie von der erpresserischen Drohung der beiden Fremden.

Anstatt sie aber in ihrer Zwangslage zu bemitleiden, zeigte Louise Lemaire eine erstaunliche Reaktion. Sie legte Michèle beide Hände auf die Schultern und sah ihr aus der Nähe standhaft ins Gesicht. »Die Nazis haben dir deine ganze Familie genommen«, murmelte sie. »Ich habe meinen einzigen Sohn verloren. Vielleicht ist es an der Zeit, daß wir lernen, zurückzuschlagen. Ich weiß nicht, was diese beiden Männer wollen und wer sie sind. Aber mir ist klar, daß sie gegen die Deutschen kämpfen, wenn auch auf ihre eigene Weise. Und du solltest tun, was sie sagen, Michèle. Es kann gut sein, daß zwei Frauen wie uns in diesem verfluchten Leben nur noch eines bleibt – süße Rache.«

Michèle schloß die Augen, und Tränen strömten über ihr gequältes, liebliches Gesicht.

Der Anruf, den Rudolf von Beck am folgenden Abend nach elf Uhr in seiner Wohnung entgegennahm, war höchst ungewöhnlich. Ein gewiesser Oberst Stahl, der sich als stellvertretender Stabschef des Oberbefehlshabers West vorstellte, befahl ihm, sich umgehend im Restaurant *La Duchesse* am Quai des Grands-Augustins einzufinden. Er betonte, daß er im Namen des Oberbefehlshabers sprach, General Karl-Heinrich von Stülpnagel. Von Beck stand vor einem Rätsel. Er konnte sich keinen plausiblen Grund für einen solchen Anruf zu einer so ungewöhnlichen Zeit vorstellen. Er war dem General noch nie begegnet und fragte sich, weshalb er für ihr erstes Treffen ausgerechnet ein exklusives Schlemmerlokal am linken Seineufer ausgewählt hatte. Allerdings stellte er Oberst Stahl keine Fragen. General von Stülpnagel war als Militärkommandeur der höchste deutsche Offizier in Frankreich, und wer von ihm herbeizitiert wurde, mußte dem Ruf gehorchen.

Von Beck, der seinen Horch selbst steuerte – Schneider hatte Urlaub bis zum Wecken –, fuhr rasch die avenue Foch hoch, umrundete den dunklen Arc-de-Triomphe und rollte die Champs-Elysées hinunter. Zur Seineüberquerung benutzte er den pont de la Concorde und erreichte dann das zweihundert Jahre alte Eckhaus, das das weltberühmte Restaurant beherbergte. Der Gehsteig war menschenleer. Von Beck hatte angehalten und wunderte sich gerde, wo Stülpnagels Wagen sei, als plötzlich zwei Offiziere neben seinem Fahrzeug auftauchten. »Oberst von Beck?« Ein hagerer Offizier, dessen scharfgeschnittenes, hakennasiges Gesicht einen ernsten Ausdruck aufwies, beugte sich zum Seitenfenster. »Ich bin Stahl. Würden Sie bitte mit mir kommen? Steiner wird sich um Ihren Wagen kümmern.«

Von Beck folgte ihm durch einen diskreten Seiteneingang und erklomm hinter ihm schmale, mit dicken Läufern belegte Treppen. Oben stand ein weiterer Offizier, ein Hauptmann. Von Beck stockte beim Anblick seines

Gesichts der Atem: Die rechte Hälfte war hellhäutig und glatt, die linke entsetzlich verbrannt und von einer furchtbaren schwarzen Narbe entstellt. Ein helles Auge, wie durch ein Wunder unversehrt, leuchtete mit konzentrierter Vitalität mitten aus dem toten Gewebe wie ein blaues Feuer. Von Becks scharfem Auge entgingen die kleinen Abzeichen von Rommels Wüstenfüchsen und das Eichenlaub am Ritterkreuz des Hauptmanns nicht, die recht beredt von der Herkunft der abstoßenden Narbe zeugten. In der Libyschen Wüste hatte er viele solcher Verletzungen gesehen. Der Hauptmann mußte im Turm seines Panzers halb verbrannt sein.

Von Beck seufzte und ging hinter dem Offizier durch einen gedämpft beleuchteten Korridor. Vor der fünften Tür links blieb der Hautpmann stehen, drückte die Klinke nieder und verkündete leise: »Oberst von Beck.«

Am Kopfende der abgeräumten Tafel, den Rücken zu einem großen Fenster gekehrt, das Ausblick über die silbrige Seine bot, saß General von Stülpnagel, der aufsah und leicht nickte. Von Beck schlug die Hacken zusammen und wollte gerade Meldung erstatten, als er plötzlich erkannte, daß sie nicht allein waren. Auf dem Plüschsofa zu seiner Rechten saß ein Mann, den er gut kannte, sein ehemaliger Kommandeur, Generalfeldmarschall Rommel. Und neben dem Feldmarschall, ein Glas Cognac in der rechten Hand, stand Admiral Canaris und sah ihn mit einem amüsierten Lächeln an.

»Sie sehen, lieber Rudi«, meinte er lässig, als führte er einen freundschaftlichen Schwatz fort, der schon vor Stunden begonnen hatte, »der einzigartige Vorzug von *La Duchesse* liegt nicht, wie Sie annehmen mögen, in den exquisiten Gerichten, sondern in den privaten Speisezimmern im ersten Stock. Man nennt sie ›Liebeskammern‹. Dies war ein sehr verschwiegener Ort, in den ein reicher französischer Bourgeois eine junge Dame zum

Mittag- oder Abendessen einladen und sie nach dem Dessert auf diesem günstig plazierten Sofa verführen konnte. Dieser Ort eignet sich auch vorzüglich für drei Männer wie uns« – er wies auf von Stülpnagel und Rommel – »die sich in aller Stille treffen und ruhig private Angelegenheiten besprechen wollen.« Er wandte sich an seine Offizierskollegen. »Wir können frei sprechen. Von Beck ist einer der unseren.«

Er goß eine großzügige Portion Courvoisier in einen glockenförmigen Cognacschwenker, den er von Beck reichte. »Ich habe mir erlaubt, meinem Freund von Stülpnagel zu bitten, Sie aus Gründen der Diskretion hierherzubestellen, wofür Sie gewiß Verständnis haben. Ich will nicht, daß die ganze Pariser Garnison erfährt, daß ich hier bin.«

»Tja«, meinte von Stülpnagel energisch und stand auf, »da Ihr junger Freund nun hier ist, wollen wir Sie nicht bei der Arbeit stören.«

Rommel schaute auf seine Armbanduhr. »Sehr richtig. Und ich muß bei Sonnenaufgang wieder an der Kanalküste sein. Gute Nacht, Canaris.« Er klopfte von Beck auf die Schulter, aber seine wachen Augen beobachteten ihn aufmerksam.

»Soweit ist alles klar«, sagte Canaris. Von Stülpnagel nickte und verließ hinter Rommel den Raum. Canaris trat ans Fenster und schaute lange Zeit auf den Fluß und den dunklen Umriß des Louvre am anderen Ufer. »Rudi, das war ein bedeutsames Treffen«, meinte er dann. »Es birgt große Hoffnungen und große Gefahren für Deutschland. Verstehen Sie, was ich meine?«

»Jawohl, Herr Admiral«, erwiderte von Beck. »Ich erinnere mich noch an unser Gespräch im Tiergarten.«

Canaris nickte. »Es kann gut sein, daß wir bald unsere private Enigma benutzen werden.« Er machte eine Pause. »Und darüber wollte ich mit Ihnen reden.«

Seine Stimme klang unvermittelt kälter und fordernd. »Was tut sich, Rudi? Sie sind jetzt schon über einen Monat hier, aber ich sehe keine Ergebnisse.«

Von Becks Handflächen wurden feucht. Er bemühte sich, seiner Stimme einen selbstsicheren, zuversichtlichen Klang zu verleihen. »Wir wissen, daß der Agent hier ist, Herr Admiral. Wir kennen seinen Namen und rechnen damit, daß er bald zuschlägt. Wir sind gut vorbereitet.«

»Ich habe gestern eine merkwürdige Nachricht aus London erhalten.« Canaris drehte sich um, damit er von Becks Reaktion besser beobachten konnte. »Ihr zufolge hat die SOE Belvoir zurückbeordert und das Unternehmen abgesagt. Was halten Sie davon?«

Von Beck runzelte die Stirn. »Das glaube ich nicht«, meinte er langsam. »Ich bin der Meinung, daß er seine Pläne ausführen wird. Im Augenblick trifft er seine Vorbereitungen.«

»Wie können Sie da so sicher sein?« Canaris' Stimme war scharf. Er behielt von Beck aufmerksam im Auge.

»Ich habe seine Akte gelesen«, erwiderte von Beck, »und dabei seine Methoden kennengelernt. Ehe er zuschlägt, studiert er Gewohnheiten und Verhalten seiner Gegenspieler gründlich. Im Augenblick studiert er mich.«

»Woher wissen Sie das?« fragte Canaris skeptisch.

»Ich werde in letzter Zeit beobachtet. Verschiedene Personen treten ganz formlos an eine Reihe von Sekretärinnen und Telefonistinnen im Otto-Gebäude heran und fragen sie geschickt nach mir aus. Übrigens wird meine Ordonnanz jetzt in diesem Augenblick von einer dicken Pariser Hure verhört. Ich bezweifle nicht, daß sie Belvoir Bericht erstattet. Er wird gewiß zuschlagen.«

Canaris' Gesicht wurde ernst. »Und da Sie nach dem Aktenstudium seine Methoden kennen, glauben Sie zu wissen, auf welche Weise er vorgehen wird?«

Rudolf von Beck nickte. »Jawohl, Herr Admiral.«

Canaris zog die Schultern hoch und sagte in einer alten, müden Stimme: »Seien Sie auf der Hut, Rudi. Unsere Arbeit ist ein Spiel voller Listen und Ränke, bei dem man nie sicher sein kann, wer am Ende wen überlistet.«

Er sah von Beck fest in die Augen, um sich davon zu überzeugen, daß seine Worte die rechte Wirkung gehabt hatten, und verließ dann rasch das Zimmer.

Das Séparée im *La Duchesse* war nicht das einzige Liebesnest, das in jener Nacht für ein Geheimtreffen benutzt wurde. Im *Le rendenz-vous des amoureux*, der abgelegenen Villa im Marnetal, konferierte der Baron mit den Führern der kommunistischen Résistance und tat sein Bestes, um sie zu seinen Verbündeten zu machen.

Das war keine leichte Aufgabe, und er war von Anfang an gezwungen, beispiellose Risiken einzugehen. Er hatte darum gebeten, das Treffen entweder in einem kommunistischen Versteck oder auf neutralem Boden stattfinden zu lassen. Die Kommunisten hatten das glattweg abgelehnt und sich nur bereiterklärt, in seinem Versteck mit ihm zusammenzutreffen. Ihre Beweggründe waren ihm völlig klar. Indem sie sein Versteck ausfindig machten, wollten sie ihm gegenüber im Vorteil sein und sich einen Hebel verschaffen, mit dessen Hilfe sie ihn zu Zugeständnissen zwingen konnten. Ihm blieb nichts anderes übrig, als zuzustimmen, was bedeutete, daß er am nächsten Morgen in ein neues Versteck umziehen mußte und die Villa nur noch für zukünftige Treffen mit den Kommunisten benutzen konnte.

Sie trafen in drei verschiedenen Wagen, die voneinander unabhängigen Routen gefolgt waren, vorm Haus ein. Die drei Fahrer, kräftige, schweigsame Männer, inspizierten mit gezogenen Waffen die Villa. Nachdem sie sich davon überzeugt hatten, daß das Haus sicher war, gingen sie um es herum in Stellung, und ihre Führer stiegen aus den Autos und gingen hinein.

Sie waren zu fünft – vier Männer und eine Frau – alle kalt, angespannt, reserviert und offen feindselig. Sie stellten sich mit flüchtigem Händeschütteln und den Vornamen vor, die ihnen als *noms de guerre* dienten. Als erste trat Yvette ein – eine große, dürre, leicht gebeugte Frau mit einem asketischen Gesicht und graumeliertem, schütterem Haar, das sie zu einem straffen Knoten zurückgebunden hatte. Sie trug ein strenges schwarzes Kleid und eine gestrickte graue Wollstola. Sie machte einen schwachen, verletzlichen Eindruck, aber ihr fester Händedruck und ihr kalter, harter Blick offenbarten den zähen, starken Charakter, der hinter ihrem täuschend zerbrechlichen Aussehen lauerte. Gefolgt wurde sie von einem kleinen, rundlichen, rotgesichtigen Mann, der blaue Arbeitsmontur, einen Pullover und eine Baskenmütze trug. Die dunklen Augen in seinem aufgedunsenen, pausbäckigen Gesicht waren mit einem Gewebe von Lachfältchen umgeben, und seinen Namen, Maurice, nannte er im farbigen Dialekt von Marseille. Er war ungefähr fünfundvierzig und sah aus wie ein typischer Provençal, so wie man ihn an der Küste mit einem Glas Pastis in der Hand und beim *pétanque*-Spiel sehen mag. Einen Augenblick lang fragte sich Belvoir, was so ein gemächlicher, jovialer Südfranzose an der Spitze der mächtigsten und diszipliniertesten Widerstandsorganisation Frankreichs verloren hatte.

Er machte sich jedoch keine Gedanken über die beiden jungen Männer, die Maurice in die Villa folgten. Beide waren Anfang Zwanzig. Der erste, Henri, war hochgewachsen und muskulös. Sein blaues Hemd mit dem Schillerkragen und das nichtssagende, billige Jackett betonten seinen kräftigen Körperbau. Seine braunen Augen waren scharf und intelligent, sein breiter Mund hatte einen unnachgiebigen Ausdruck. Er hatte eine tiefe, befehlsgewohnte Stimme. Raymond, der andere junge Mann, war scharfgesichtig, schlank, hatte blasse Haut und einen verkniffenen Mund. Er war gut gekleidet, trug einen Anzug aus braunem Qualitätsstoff, ein reines weißes Hemd und eine beige Krawatte, aber irgend etwas an ihm war vage beunruhigend. Auf einen zweiten Blick hin schloß Belvoir, daß dieser Eindruck von seinen Augen ausging – tiefliegend, eng zusammenstehend, mit dem Ausdruck eines Fanatikers. Oder Mörders.

Als letzter trat ein abnormal dünner Mann mittlerer Größe ein, dessen fahles, wächsernes Gesicht mit Leberflecken bedeckt war. Er war zweifellos ein kranker Mann und trug, obwohl es schon Ende April war, einen dicken Mantel und einen Wollschal. Der schmallippige Mund jedoch, das angriffslustige Kinn, die großen, durchdringenden Augen hinter der randlosen Brille gehörten zu einem Führer. »Ich heiße Jacques«, sagte er leise.

Die fünf Kommunisten nahmen hölzern an dem schweren Eichentisch im Wohnzimmer Platz. Alle wiesen die Getränke zurück, die Bruno ihnen anbot. »Wir sind gekommen, um uns etwas anzuhören, nicht zum Feiern«, erklärte die Frau, Yvette. Belvoir nickte und stand auf. »Ich habe Sie um dieses Treffen gebeten«, erklärte er leise, »weil Sie und Ihre Organisation in Frankreich die einzigen sind, die eine entscheidend wichtige Operation ausführen können, von der der Kriegsausgang abhängen mag.«

Belvoir ignorierte das ironische Lächeln, mit dem seine Eröffnungserklärung aufgenommen wurde, und fuhr fort. Er sprach lange Zeit. Er erzählte die ganze Geschichte seines Auftrags, von Anfang an. Er betonte nachdrücklich die Wichtigkeit der alliierten Invasion Frankreichs. Er wußte sehr gut, wie verzweifelt Rußland die Eröffnung einer zweiten Front in Europa nötig hatte, und nahm an, daß dieses Argument die Kommunisten beeinflussen könnte. Er erklärte die bedeutende Stellung, die das Enigma-Gerät im Nachrichtensystem der Wehrmacht einnahm, und ließ dann die Planzeichnungen der Enigma bei seinen fünf Gästen herumgehen. Schließlich sagte er seinen Zuhörern, was er von ihnen wollte: Beteiligung an einem Überfall auf eine der deutschen Militäranlagen in Frankreich, um ein Enigma-Gerät zu erbeuten und nach England zu schicken. Nur eine Information gab er nicht preis: Bruno Morels Entdeckung der achtundzwanzigsten Enigma.

Nachdem er seine langen Ausführungen abgeschlossen hatte, begannen die Kommunisten Fragen zu stellen. Vorwiegend sprachen Henri und Raymond, der junge Führer. Der scharfsichtige Baron erkannte jedoch sofort, daß die wirkliche Entscheidungsgewalt bei den beiden Personen lag, die es vorzogen, zu schweigen – Yvette und Jacques, dem Kranken. Nach wenigen Fragen von Maurice, dem dicken Marseiller, verstand der Baron den Grund für seine Anwesenheit. Hinter dem friedlichen, trägen Äußeren lag der ränkevolle, brillante Geist eines erstklassigen Frontoffiziers.

Endlich sprach der Mann, der sich Jacques nannte. Er setzte seine Brille ab und polierte sie sorgfältig. »Könnten Sie uns für eine Weile allein lassen? Wir würden gern über Ihren Vorschlag nachdenken und uns beraten.«

Der Baron und Bruno verließen den Raum. Die Besprechung war überraschend kurz. Ungefähr zehn Minuten später kam Jacques aus dem Haus und ging schleppend auf die beiden Männer zu, die in der Einfahrt standen und rauchten. »Wir nehmen an der Operation teil«, verkündete er gelassen. »Und zwar nicht, weil wir Ihnen trauen. Wir trauen Ihnen nicht. Wir geben uns nur ungern mit Leuten Ihres Schlages ab. Aber wir stehen im Krieg und können nicht wählerisch sein.« Er fügte unverblümt hinzu: »Hoffentlich begehen wir dabei keinen Fehler.«

Belvoir ignorierte die angedeutete Beleidigung. »Es freut mich, Ihre Entscheidung zu hören, Jacques.«

»Nur noch ein letzter Punkt«, fügte Jaques hinzu. »Wie bestimmen wir, welchen der siebenundzwanzig deutschen Befehlsstände wir angreifen, um die Maschine zu erbeuten?«

»Überlassen Sie das mir«, sagte Belvoir. »Ich habe einen Plan, die deutsche Kommandantur in Paris zu infiltrieren. Geben Sie mir ein paar Wochen, bis dahin hoffe ich, ein Angriffsziel festgelegt zu haben, das wir am leichtesten einnehmen können.«

»Und wie wollen Sie das zuwege bringen?« fragte Jacques kalt.

Belvoir weihte ihn ein.

Der Kommunistenführer nickte. »Nun gut. Das klingt nach einem guten Plan. Ich muß Sie aber warnen: Versuchen Sie nicht, uns zu hintergehen. Versuchen Sie nicht, uns zu verraten. Wir haben überall unsere Leute. Sowie Sie den ersten falschen Schritt machen, werden Sie beseitigt.«

Der Baron nickte ruhig. »Das ist mir klar. Außerdem weiß ich, daß Sie nicht zu diesem Treffen gekommen wären, ohne vorläufige Erkundigungen über mich eingezogen zu haben, und Sie hätten sich auch nicht bereit erklärt, bei unserem Plan mitzumachen, wenn Sie nicht überzeugt wären, daß ich die Wahrheit sage. Ich kann Ihnen versprechen, daß wir bis zum Ende in diesem Sinn zusammenarbeiten werden.«

Es fiel kein weiteres Wort mehr. Jaques reichte dem Baron und Bruno die Hand und ging zu seinem Wagen.

Seine vier Genossen folgten ihm, nachdem sie sich mit kaltem, förmlichem Händeschütteln von ihren Gastgebern verabschiedet hatten. Die Leibwächter saßen bereits in den Fahrersitzen, und die Motoren der Autos surrten leise. Binnen einer knappen Minute war der Hof leer.

Sobald sie allein waren, explodierte Bruno. »Mein Gott, diesmal bist zu zu weit gegangen!«

Der Baron sah ihn schwach amüsiert an. »Was willst du damit sagen?«

»Verdammt noch mal, siehst du denn nicht, was die vorhaben? Sie benutzen dich, um sich Informationen über die Maschine zu verschaffen, dann schnappen sie sich das Ding selbst und geben es an die Russen weiter.«

Der Baron nickte. »Du hast recht. Das haben sie vor.«

Bruno blieb vor Zorn und Entrüstung fast die Luft weg. »Du lieferst ihnen die Enigma ja direkt in die Hände.«

Belvoir lächelte.

»Keine Sorge. Die werden das verdammte Ding niemals zu Gesicht bekommen, *mon cher Bruno.*«

4.–15. Mai 1944

Die funkelnden Lichter in den kostbaren Kristallüstern verblaßten langsam und tauchten das farbenprächtige Empirefresko an der Decke der Grand Opéra de Paris ins Dunkel. Das Geschnatter in dem neobarocken Theater legte sich, als versteckte Punktstrahler einen Halbkreis gelblichen Lichts auf die dunkelroten Falten des schweren Samtvorhangs warfen und das Orchester die kühnen, stolzen Harmonien der Ouvertüre zu *Carmen* anstimmte. Rudolf von Beck schloß die Augen und lehnte sich in seinen vergoldeten Armsessel zurück, kostete Georges Bizets kraftvolle Musik aus und verfiel rasch in einen Zustand wirklicher Hochstimmung. Er war ein leidenschaftlicher Musikliebhaber. Um keinen Preis hätte er sich in Berlin ein Konzert entgehen lassen; und selbst der Enigma-Auftrag konnte ihn nicht davon abhalten, sich regelmäßig die Darbietungen des Orchestre symphonique de Paris in der salle Gaveau anzuhören. Seine wahre Leidenschaft jedoch galt der Oper, die in seiner romantischen Seele tiefe Gefühlsregungen zum Schwingen brachte. Von Generalleutnant Horst Wulff, dem Kommandeur von Groß-Paris, mit dem er eine wachsende Freundschaft geschlossen hatte, war ihm begeistert die reservierte Loge in der Opéra angeboten worden. Jeden Montag und Freitag, pünktlich wie die Uhr, erklomm von Beck die majestätische Treppe des prachtvollen Opernhauses, nahm das üppige Dekor in sich auf, das vor knapp hundert Jahren von dem großen Charles Garnier entworfen worden war, und ließ sich dann völlig gelöst vom Zauber der Musik übermannen. Er saß im Halbdunkel seiner Loge, stützte meist seine Wangen in die offenen Handflächen, versank mit den Ellbogen in der weich gepolsterten Brüstung über der gewaltigen Szenerie, und stürzte sich in die dramatischen Geschichten von Liebe und Tod flammender Gestalten in malerischen Kostümen.

An diesem Abend wurde sein Genuß vom Öffnen einer Tür, Kleiderrascheln und einem leisen Gemurmel in der linken benachbarten Loge gestört. Er warf einen raschen, ärgerlichen Blick über die Schulter und beabsichtigte, die Nachzügler zischend zum Schweigen zu bringen, wurde aber plötzlich selbst von Sprachlosigkeit geschlagen. Jenseits der Trennwand, in der Dunkelheit, die ihrer Erscheinung einen Hauch von Unwirklichkeit verlieh, stand die schönste Frau, die er jemals gesehen hatte.

Unwillkürlich fuhr ihm der Name Carmen durch den Kopf. So stellte er sich die Heldin des heißblütigen Dramas vor, vor dem sich nun der Vorhang hob. Der geschmeidige Körper, das schwere schwarze Haar, die glatte braune Haut, der sinnliche Mund gehörten einer umwerfend schönen, bestrickenden Frau, die mit Leichtigkeit die in Bizets Oper dargestellten Eifersuchts- und ungezügelten Leidenschaftsausbrüche hervorrufen konnte. Ganz plötzlich wurde die erfundene Handlung auf der Bühne in seinen Augen sehr real, sehr lebendig. Ja, wenn die junge Zigeunerin der Oper eine derart hypnotische Anziehungskraft besaß, konnte er verstehen, weshalb ihr abgewiesener Verehrer zu einem irrsinnigen Mörder wurde – und sie in seiner Verzweiflung tötete.

Sie schaute zu ihm hinüber. Er lächelte den leuchtenden blauen Augen verlegen zu und wurde von heftigem Verlangen nach dieser rätselhaften, verlockenden Frau durchzuckt.

Im gleichen Augenblick starrte Francis de Belvoir am anderen Ende von Paris in die Mündung einer Schmeißer-Maschinenpistole, die unbeirrt auf seine Brust gerichtet wurde. Die tödliche Waffe lag in den Händen eines hochgewachsenen jungen Mannes in der schwarzen Uniform der SS, der den Eingang zum Hauptflügel des Otto-Komplexes bewachte. Neben ihm stand ein SS-Scharführer, schlug den Otto-Sonderpassierschein auf, den Belvoir ihm reichte, und verglich das auf dem Dokument befestigte Paßfoto aufmerksam mit dem Gesicht des Mannes, der vor ihm stand. »Wie heißen Sie?« fragte der Scharführer in stark akzentgefärbtem Französisch.

»Etienne Duclos.«

»Etienne Duclos . . . aha.« Der Scharführer war mit dem Ergebnis seiner Kontrolle zufrieden. Das Dokument war echt, daß Paßfoto gut. Es stellte akkurat die Erkennungsmerkmale des Franzosen dar: Die niedrige Stirn, die stahlgeränderte Brille, den hängenden schwarzen Schnurrbart und sogar den ziemlich einfältigen Gesichtsausdruck.

»Sind Sie hier neu?« Der Scharführer stellte seine letzte Routinefrage.

Der Baron nickte und steckte gelassen den Passierschein ein, den ihm der Deutsche zurückgegeben hatte. Ausgestellt worden war das Dokument am gleichen Morgen von der Personalabteilung der Organisation Otto, nachdem Bruno für ihn gebürgt hatte. Das Paßfoto war im Hinterzimmer von Kakoyannis' Druckerei aufgenommen und zusammen mit dem Rest der Verkleidung, die Belvoir jetzt trug – Brille und falscher Schnurrbart – nach Paris gesandt worden. Selbst wenn es nur um ein Bild ging, konnte Belvoir sich nicht auf einen Pariser Fälscher oder Fotografen verlassen. Aus Erfahrung wußte er, daß die ortsansässigen Fälscher rasch zu singen anfingen, wenn sie von der Gestapo in die Zange genommen wurden.

Er steckte sich eine Zigarette an und betrat ohne Hast die weite Empfangshalle des Gebäudes 23, square du Bois de Boulogne. Es war ein massiver, fantasieloser, sechsstöckiger Bau mit einer cremefarbenen Fassade und langen Reihen rechteckiger Fenster. Trotz der späten Stunde wimmelte es im Hauptquartier der Organisation Otto von Menschen. Draußen standen drei schwere Lastwagen, und rund zwanzig Deutsche und Franzosen in Zivil trugen die Beute des Tages – schwere Kisten, Statuen und Gemälde – durch die Halle und hinunter in den Keller. Die Leute der Organisation hatten zwei kleine Museen in den Vororten von Paris ausgeräumt. Nachdem überall in Frankreich der Besitz von Juden und Anti-Nazis geraubt worden war, hatte die Organisation Otto ungeachtet der Proteste der Vichy-Regierung begonnen, die Kunstschätze der Nationalmuseen zu beschlagnahmen. Das Plündergut wurde im Keller des Hauptquartiers sortiert und gepackt und täglich zum Gare du Nord befördert, wo die riesigen Lagerhäuser und Bahnanlagen der *Compagnie des Chemins de Fer du Nord* für ausschließliche Benutzung durch die Organisation Otto requiriert worden waren. In anderen über ganz Paris verteilten Zentralen lagerten Otto-Bedienstete antike Möbel, Porzellan, Pelze, Silberbesteck, ja sogar Wein, Rauschgift, Parfüms und Juwelen. Vom Gare du Nord gingen regelmäßig Sonderzüge ab, die die Schätze nach Berlin brachten. Oftmals wartete Reichsmarschall Göring in Berlin persönlich am Bahnsteig auf die Züge, um die Kunstwerke zu inspizieren, die er als seinen Privatschatz ansah und in einer Reihe beschlagnahmter Schlösser hortete.

Belvoir sah sich versonnen und schweigend die Franzosen an, die unsterbliche Meisterwerke zu den Lagerräumen trugen. Er kannte einige von ihnen – Schläger, Diebe, Schmalspurverbrecher. Otto Bradl selbst – der Mann, dessen Namen die Organisation trug – kam nur selten in den Komplex und zog es vor, das riesige Unternehmen von seiner Büroflucht aus zu leiten, die sich in der ehemaligen Pariser Residenz des Prinzen Georg von Griechenland in der rue Adolphe-Yvon befand. Belvoir war Brandl nur einmal begegnet. Otto Brandl, ein alter Abwehrfuchs, war Ende Vierzig, sehr elegant und kultiviert, hatte üppiges silbernes Haar und ein Doppelkinn. Er war ein häufiger Gast in den besten Kabaretts von Paris und kannte sich in Kunst, Küche und raren Weinen aus. Der äußerst höfliche und diskrete Verehrer schöner Frauen konnte sich allerdings in eine gewalttätige, grausame Bestie verwandeln, wenn seine Autorität in Frage gestellt wurde. Erst dann kam sein wahrer Charakter zum Vorschein; der eines ungeheuer mächtigen, bösartigen Mannes, getrieben von verzehrendem Ehrgeiz. Dieser gewalttätige Zug war weithin bekannt, zeigte sich aber nur selten. Die Schurken, die für ihn arbeiteten, bewunderten seine Organisations- und Geschäftsbegabung, fürchteten aber hauptsächlich seine Gewalttätigkeit.

Bruno Morel kam auf den Baron zu und blieb dicht neben ihm stehen.

»Ottos Geschäft blüht wie eh und je«, bemerkte Belvoir. »Soweit ich sehen kann, hat sich nichts geändert.«

»Na sowas«, versetzte Morel trocken. »Glaubst du mir, wenn ich dir sage, daß inzwischen über fünfhundert Leute für Otto arbeiten? Und daß zwei Drittel davon Franzosen sind?« Er verfiel für einen Moment in Schweigen und murmelte dann: »Komm mit. Jetzt, wo in der Halle Betrieb herrscht, können wir unbemerkt nach oben gehen. Den Rest erzähle ich dir später.«

Das weite Treppenhaus war menschenleer, ebenso die Otto-Büros im ersten Stock. Bruno stieß den Baron in eines der Zimmer und gab ihm einen raschen Lagebericht. »Es ist jetzt neun Uhr. In den Otto-Büros ist niemand mehr. Nachts wird nur im Erdgeschoß und im Keller gearbeitet.«

»Und die Abwehr?« fragte Belvoir ungeduldig.

»Dazu komme ich jetzt. Im allgemeinen ist dort um diese Zeit niemand, abgesehen von der Nachrichtenzentrale, wo in Schichten rund um die Uhr gearbeitet wird. Und dort steht die Enigma.« Belvoir sah ihn skeptisch an. »Oder das, was du für die Enigma hältst.«

»Das wollen wir doch gerade herausfinden, oder?« gab Bruno leicht gereizt zurück.

»Wie denn? Sagtest du nicht, dort seien immer Leute?«

»Ja, gewiß. Es gibt aber einen Weg, ins Zimmer zu schauen, ohne gesehen zu werden. Die Nachrichtenzentrale hat zwei Türen. Eine führt in den Korridor. Dieser Tür können wir uns noch nicht einmal nähern. Die zweite ist eine Verbindungstür zu von Becks Dienstzimmer. Wir werden uns in von Becks Vorzimmer schleichen, in sein Büro gehen, die Verbindungstür öffnen und heimlich in die Nachrichtenzentrale gucken. Die Bedienungsmannschaft wird uns nicht sehen – sie sitzen mit dem Gesicht zur gegenüberliegenden Wand. Einige haben auch Kopfhörer auf, und die Geräte rattern so laut, daß niemand etwas hört, wenn wir die Tür aufmachen. Mehr als ein paar Sekunden brauchen wir nicht, klar?«

»Und wie kommen wir in von Becks Büro?«

Bruno holte zwei Sicherheitsschlüssel aus der Tasche. »Kopien der Schlüssel, die die Putzfrau hat. Ich habe sie selbst zusammengefeilt. Einer öffnet das Vorzimmer, der andere die Verbindungstür zu von Becks Büro.«

»Und Wachposten? Steht denn vor der Abwehr-Abteilung niemand Wache?«

»O doch«, sagte Bruno. »Er verläßt im Lauf der Nacht nur einmal seinen Posten. Aus diesem Grund habe ich dich jetzt hierhergebracht. Regelmäßig um Viertel nach neun geht er nach unten und um die Ecke zur *Brassierie Dauphine*, um sich ein Bier und ein belegtes Brot zu genehmigen. Das ist zwar nicht erlaubt, aber er tut es trotzdem. Er bleibt ungefähr zehn Minuten lang weg. Mehr Zeit bleibt uns nicht, um hineinzugehen, einen Blick auf deine blödsinnige Maschine zu riskieren und zurückzukommen.«

»Zehn Minuten sind mehr als genug«, warf der Baron ein.

»Schon. Dann warten wir hier, bis wir ihn hinuntergehen hören und gehen anschließend in den zweiten Stock.«

Sie schwiegen. Wenige Minuten später hörten sie rasche Schritte die Treppe hinunterkommen und verhallen. »Jetzt!« flüsterte Bruno drängend. Sie bewegten sich flink, geräuschlos wie Schatten. Der Treppenabsatz im zweiten Stock lag verlassen da. Das gedämpfte Rattern, das aus der Nachrichtenzentrale drang, hallte in dem stillen, leeren Korridor wider. Bruno führte den Schlüssel mit raschen, präzisen Bewegungen in das Zylinderschloß der zweiten Tür rechts ein und drehte ihn um. Die Tür gab nach, sie traten ein und wurden in totale Finsternis gehüllt. Sie warteten einige Sekunden lang, bis ihre Augen sich an die Dunkelheit gewöhnt hatten. Mit einer für einen Mann seines Körperbaus erstaunlichen Gewandtheit huschte Bruno geräuschlos hinüber zur zweiten Tür und öffnete sie. Nun standen sie in von Becks Dienstzimmer. Der Baron mußte sich wider Willen umsehen. Er befand sich mitten im Befehlsstand des Mannes, der eigens aus Berlin gekommen war, um ihn zu jagen und zu vernichten. Das blasse Mondlicht, das durch die Fensterjalousien fiel, ließ schwach die Umrisse eines maßvollen Schreibtischs mit zwei Telefonen und eines langen Konferenztischs erkennen, an dem einfache Holzstühle standen. Belvoir konnte sich ein Bild von den morgendlichen Konferenzen an diesem Tisch machen, wo Offiziere und Zivilisten sich neue Mittel und Wege ausdachten, um ihn zu jagen und zur Strecke zu bringen, ihn an der Ausführung seines Auftrags zu hindern, ihn ins Grab zu bringen. Und als er sich den leeren Armsessel hinter dem Schreibtisch betrachtete, wurde ihm stärker denn je bewußt, daß seine Mission zu einem Duell geworden war, einem Kampf auf Leben und Tod alten Stils zwischen ihm und diesem schlauen Deutschen, der sich in diesem Augenblick entspannt den Tönen und Farben von *Carmen* hingab.

Bruno zupfte ihn ungeduldig am Ärmel und setzte seinem Brüten ein abruptes Ende. »Komm hier rüber!« zischte er. »Je rascher, desto besser.«

Die Verbindungstür zur Nachrichtenzentrale hob sich

als dunkles Rechteck von der weißen Wand hinter dem Konferenztisch ab. Sie war mit einer Art schwammigem Isoliermaterial dick gepolstert und mit weichem Leder bespannt. Diese Tür hatte kein Schloß. »Hinter dieser muß es eine zweite Tür geben«, flüsterte Belvoir Bruno zu. Er packte die Klinke, drückte sie langsam und sanft herunter, zog dann und öffnete einen zentimeterbreiten Spalt. Das Rattern der Fernschreiber war nun sehr deutlich zu vernehmen, aber es drang kein Licht durch den Spalt. Der Baron hatte recht gehabt. Zwei Türen trennten von Becks Dienstzimmer von der Nachrichtenzentrale, beide gepolstert und knapp zwölf Zentimeter voneinander entfernt. Belvoir zog die erste Tür weit auf und schmiegte sich an die zweite, letzte. Er holte tief Luft und bewegte ganz sachte die Klinke.

Helles Licht und lautes Geräusch brachen durch den haarfeinen Spalt, der vom Öffnen der Tür verursacht worden war. Belvoir zog die Tür langsam und gleichmäßig weiter auf. Er hatte alle Muskeln angespannt, und auf seiner Stirn bildete sich eine hauchdünne Schweißschicht. Jede falsche Bewegung konnte jetzt das Scheitern seiner Mission und vielleicht seinen Tod zur Folge haben.

Aus dem Augenwinkel bemerkte er die scharfe Kante eines Gegenstands, der dicht bei der Tür stand. Er zog sie um zwei weitere Zentimeter auf und legte sein Gesicht an die schmale Öffnung. Die Sicht in die Nachrichtenzentrale wurde teilweise von einem großen Aktenschrank aus hellgrau lackiertem Stahlblech blockiert. Er seufzte erleichtert auf; der Schrank schirmte den größten Teil der Tür und die Klinke vor den Blicken der Leute im Raum ab, ließ ihm aber ein Gesichtsfeld, das weit genug war, um den großen Raum zu überblicken.

Er sah drei deutsche Soldaten, die an der gegenüberliegenden Wand saßen, ihm den Rücken zukehrten und sich über ihre Geräte beugten. Er vermutete, daß ein vierter weiter rechts saß, verdeckt vom Aktenschrank. Die drei Soldaten, die er sehen konnte, hatten Kopfhörer auf und waren damit beschäftigt, entweder eingehende Nachrichten in Klarschrift zu übertragen oder mit der rechten Hand gewöhnliche Morsetaster zu bedienen. Weiter links tickten einige Fernschreiber eingehende Meldungen auf sich abspulende Rollen gelben Papiers. Das war nicht, wonach er Ausschau hielt. Nun wußte er, daß er den vierten Mann sehen mußte.

»Nun?« flüsterte ihm Bruno ins Ohr. Belvoir brachte ihn mit einer ungeduldigen Handbewegung zum Schweigen und drehte sich dann um. »Knie dich neben die Tür und halte sie fest«, flüsterte er drängend. Bruno stellte keine Fragen. Er ging auf der Schwelle in die Hocke und hielt die offene Tür mit seinem kraftvollen rechten Arm fest. Belvoir packte die Oberkante der Tür und zog sich vorsichtig hoch, bis er auf dem Rücken seines Freundes stand. Nun konnte er über den Aktenschrank hinweg in die rechte Raumhälfte schauen. Und dann sah er sie.

An einem alleinstehenden Tisch, hinter den Morsefunkern, saß ein älterer Soldat, ein Leutnant. Er beugte sich weit über seinen Tisch wie ein in seine Studien vertiefter Gelehrter. Vor ihm stand ein merkwürdiger Apparat aus Holz und Metall. Verbindungskabel hingen in losen Schlaufen vom Unterteil der Maschine; ein längeres, stärkeres Netzkabel führte zu einer Steckdose an der nächstgelegenen Wand zur Rechten. Belvoir fielen die langen, feingliedrigen Finger des Offiziers auf; sie tanzten sanft über das Tastenfeld des Geräts. Ein länglicher, mit Buchstaben bedeckter Bogen Papier kam langsam aus der Maschine, während sich die drei gezahnten Scheiben auf der linken Seite stetig drehten.

»Da soll doch . . .!« stieß Belvoir im stillen hervor. »Die achtundzwanzigste Enigma!«

Als die letzten, tragischen Noten von *Carmen* verklungen waren und der rote Vorhang langsam vor dem makabren Finale der Oper gefallen war, hastete von Beck aus seiner Loge und in die Galerie. Er mußte das Mädchen, das ihn so tief bewegt hatte, unbedingt sehen. Während der Vorstellung hatte er sich ziemlich albern benommen und viel öfter über die dünne Trennwand zwischen den Logen geschaut als zur Bühne. Sie hatte so getan, als schenkte sie ihm keine Beachtung, er aber war sicher, daß sie seinen hartnäckigen, brennenden Blick wahrgenommen hatte, der gierig über ihr Gesicht und ihren Körper geglitten war. Während der Pause hatte er vergebens draußen auf sie gewartet; sie war mit ihrer Anstandsdame, einer alten, recht abgehärmten Frau, in der Loge geblieben.

Nun ging er in der Galerie auf und ab und hörte, wie das Publikum das Ende der Vorstellung mit begeistertem Applaus feierte. In rascher Folge gingen die Türen der benachbarten Logen auf, und die Menschen gingen langsam und zufrieden zu den Ausgängen. Endlich kamen auch die beiden Frauen aus ihrer Loge. Von Beck warf dem Mädchen einen nervösen Seitenblick zu. Ihr klassisch einfach geschnittenes Kleid bestand aus einem weichen, anschmiegsamen Gewebe, das die vollendeten Formen ihrer Figur betonte. Im hellen Licht der Lüster in der Galerie sah sie ebenso schön aus, wie sie im Halbdunkel des Theaters geheimnisvoll und fesselnd gewesen war. Sie entfernte sich rasch mit der alten Frau. Er wartete an der Treppe. Auf dem Weg nach unten mußte sie dicht an ihm vorbeikommen.

Excusez-moi«, murmelte sie leise, und er trat beiseite, um sie vorbeigehen zu lassen. Einen Moment lang trafen ihn die leuchtend blauen Augen. Dieser flüchtige Blick enthielt keine Botschaft für ihn, und dennoch hätte er schwören können, daß er tiefstes Elend und Verzweiflung ausdrückte, was ihn bestürzte. Er versuchte nicht, dem Mädchen die überfüllte Treppe hinunter zu folgen. Nur seine Augen begleiteten ihre schlanke Gestalt, bis sie durch einen der Nebenausgänge verschwand. Er entfernte sich langsam, in Gedanken verloren. Er wußte, daß er alles geben würde, nur um dieses Mädchen wiederzusehen.

Im Lauf des Wochenendes bemühte er sich, sie aus seinen Gedanken zu verbannen. Immerhin war er ein erwachsener Mann und hoher Offizier, wie er sich immer wieder sagte, und über das Alter verzehrender romantischer Verwicklungen hinaus, die sich eher für einen unbesonnenen Jüngling ziemten. Dessen ungeachtet war er in einem Zustand starker Gefühlsbewegung, als er am Montag in seine Loge in der Opéra zurückkehrte, um sich *Madame Butterfly* anzusehen. Und das Mädchen war wieder da.

Diesmal lächelte er sie ganz offen an und verbeugte sich höflich, als sie ihre Loge verließ. Sie war zunächst verblüfft, lächelte aber dann schüchtern zurück. Auch die alte Frau neben ihr lächelte. Am darauffolgenden Freitag ließen sich die beiden Frauen nicht sehen; drei Tage später jedoch kam das Mädchen allein zu *La Bohème*.

Während der Vorstellung litt er Folterqualen. Er schaute zwar zur Bühne, sah und hörte aber nichts. Er wußte, daß er an diesem Abend einen Schritt unternehmen würde und fürchtete den Ausgang. Von Beck glaubte nämlich weder an Märchen noch an den Zufall. Dreimal hintereinander war dieses auffallend schöne Mädchen, das er noch nie zuvor gesehen hatte, am gleichen Abend wie er in der Nebenloge aufgetaucht. Die Loge war fast die ganze Saison über unbesetzt gewesen; in diesen harten Zeiten konnten es sich nur wenige Pariser erlauben, eine Loge zu mieten. Wer bezahlte dem Mädchen die Loge? Die alte Frau? Oder wurde sie von jemandem ausgehalten? Sie war nie in Herrenbegleitung gekommen. Heute abend war sie allein. War das nicht eine zu offenkundige Einladung? Wurde sie ihm nicht von jemandem auf einem silbernen Tablett präsentiert? Für eine kurze Weile beschloß er, sie überhaupt nicht anzusprechen, nicht mehr in die Oper zu gehen und sie in den Tiefen seines Herzens zu begraben als eine Erinnerung an jemanden, den er hätte lieben können. In ihm aber brannte die Versuchung wie eine helle Flamme. Endlich beschloß er, sie nach dem Ende der Oper anzusprechen. Und als er hinter ihr die Treppe hinunterging, hoffte er merkwürdigerweise, daß sie ihn abweisen würde.

Das tat sie indes nicht. Draußen regnete es, ein starker Frühlingsschauer. Sie blieb im Haupteingang stehen und sah verwirrt aus. Er räusperte sich diskret. Das Herz schlug ihm bis zum Hals. Sie sah ihn verdutzt an.

»Verzeihen Sie, *mademoiselle*«, sagte er auf französisch. »Wir sind zufällig zweimal in der Woche Nachbarn.« Er bemühte sich um ein Lächeln. »Unsere Logen liegen nebeneinander. Ich nahm mir die Freiheit, Sie anzusprechen, weil ich mir dachte, daß Sie bei diesem Regen nur unter Schwierigkeiten nach Hause kommen. Darf ich Sie heimfahren? Draußen steht mein Wagen.«

Sie zögerte. Er grinste jungenhaft. »Bitte, sagen Sie ja. Der Regen wird Ihre Frisur und Ihr wunderschönes Kleid ruinieren. Und ich wäre stolz, eine so attraktive Dame heimbegleiten zu dürfen.«

Sie lächelte spröde. »Vielen Dank.« Ihre Stimme klang leise und melodisch. »Das ist sehr nett von Ihnen.«

Der praktisch veranlagte Schneider wartete am Ausgang mit einem großen schwarzen Regenschirm. Von Beck eskortierte das Mädchen galant zu dem wartenden Horch und hielt ihr den Schlag auf. »Wo darf ich Sie absetzen?« erkundigte er sich höflich.

»In der rue Surcouf«, erwiderte sie. Sie schaute ihn an, und für einen Moment hatten ihre Augen den gleichen schmerzlichen, traurigen Ausdruck, der ihm bei ihrer ersten Begegnung aufgefallen war.

»Gestatten Sie, daß ich mich vorstelle?« fragte er förmlich. »Rudolf von Beck.«

»Ich heiße Michèle«, sagte sie langsam. »Michèle Lemaire.«

Durch die Spitzenvorhänge von Louise Lemaires Wohnung sah der Baron, wie sie aus von Becks Wagen stieg und rasch die Straße überquerte. Wenige Augenblicke später hörte er ihre Schritte im Treppenhaus, dann drehte sich ihr Schlüssel im Türschloß. Sie ging durch die Diele ins Eßzimmer. »Louise?« rief sie mit vor Bedrängnis bebender Stimme. Und dann sah sie ihn.

»Sie!« zischte sie gehässig.

»Ich bat Madame Lemaire, heute abend früher zu Bett zu gehen«, sagte er sanft. »Ich wollte allein mit Ihnen sprechen.«

Sie ging an ihm vorbei in ihr Zimmer, und er folgte ihr. »Sie wollen sich davon überzeugen, daß Ihre Marionette die Rolle gut gespielt hat.« In ihrer Stimme mischte sich Schmerz mit mühsam beherrschter Wut. »Sie können stolz auf sich sein. Alles ging genau nach Ihrem Plan. Er sprach mich an, brachte mich heim und lud mich zum Abendessen ein. Morgen um diese Zeit wird er zweifellos mit mir schlafen, nackt auf mir liegen und mich überall anfassen. Das wollen Sie doch, nicht wahr?«

Er gab keine Antwort.

»Ist Ihnen eigentlich klar, wozu Sie mich zwingen?« schrie sie bitter. Sie wurde am ganzen Körper von hoffnungslosem, verzweifeltem Schluchzen geschüttelt. »Sie wollen, daß ich wie die billigste Hure mit einem Mann schlafe, den ich nicht liebe. Mit einem Mann, den ich verabscheue, weil er ein deutscher Offizier ist, einer von denen, die meine ganze Familie ermordet haben. Und ich muß Ihnen gehorchen, ihn erregen, dazu bringen, daß er mich liebkost, zulassen, daß er in mich hineinstößt und seinen verfluchten Samen in mir verspritzt! O Gott, ich würde am liebsten sterben!« Sie vergrub das Gesicht in den Händen und weinte bitterlich.

Eine tödliche Blässe legte sich auf das Gesicht des Barons. Er setzte sich neben sie aufs Bett. »Ich möchte gerne mit Ihnen reden«, sagte er mit unsicherer Stimme. »Ich möchte Ihnen sagen, weshalb ich Sie bat, das zu tun.«

»Sie haben mich nicht gebeten«, gab sie tränenerstickt zurück. »Sie haben mich dazu erpreßt!«

Ihr Gesicht sah verzweifelt aus, und ihr Blick war kläglich wie der eines geprügelten Hundes.

»Ich hatte keine andere Wahl«, meinte er hastig. Er erkannte, daß er rasch an Boden verlor. Er empfand wirkliches Mitleid mit diesem Mädchen und wurde plötzlich von einem überwältigenden Schuldgefühl übermannt. Er wußte nicht, wie er mit ihr reden sollte, wollte aber ihr Vertrauen gewinnen, sie überzeugen, vor sich selbst rechtfertigen, was er ihr antat. An diesem Abend, während er wartete, bis Michèle von der Oper zurückkam, hatte er eine Stunde mit Louise Lemaire verbracht. Sie hatte ihm Michèles Unglücksgeschichte erzählt und ihm beschrieben, auf welch grausige Weise ihre Angehörigen den Tod gefunden hatten. Die gräßliche Schilderung hatte ihn bis in die Tiefen seines Herzens erschüttert. Zum erstenmal in seinem Leben war er auf eine schreckliche menschliche Tragödie gestoßen und wußte nicht, wie er sich mit ihr auseinandersetzen sollte. Dieses Mädchen unterschied sich so total von den Gaunern und Prostituierten, die er geschickt manipulierte, ihnen entweder drohte, bis sie sich unterwarfen oder sie mit Geld lockte. Sie war ein Mädchen aus gutem Haus, gebrochen von einem teuflischen Schicksal – und nun war er im Begriff, sie noch einmal zu zerbrechen. Zum allerersten Mal brachte er es nicht fertig, distanziert und objektiv zu bleiben, nüchtern seine Züge auszuhecken, Menschen in seinem listigen Spiel zu benutzen wie Schachfiguren. In diesem Augenblick, Angesicht zu Angesicht mit diesem ungewöhnlichen Mädchen, das in unermeßliche, hoffnungslose Verzweiflung gestürzt worden war, empfand er Abscheu vor sich selbst. Und ganz unvermittelt wurde ihm klar, daß er ihr nur mit Offenheit begegnen konnte.

»Wissen Sie, wer ich bin?« fragte er.

Sie schaute ihn ein wenig überrascht an. »Nein . . . irgendwer von der Résistance, denke ich.«

Er sah ihr fest in die Augen. »Ich bin ein Dieb, Schwindler und Hochstapler«, sagte er langsam. »Die Gestapo fahndet nicht nach mir, weil ich ein Freiheitskämpfer bin, sondern weil ich ihr Gold gestohlen habe. Nun stehe ich im Auftrag des britischen Geheimdienstes – aber nicht aus Liebe zu Frankreich, sondern für Geld. Allerdings bin ich verraten worden. Da mir die Résistance nicht helfen wollte, setze ich in meiner Operation Kriminelle und Huren ein und bezahle sie dafür. Moralisch gesehen habe ich kein Recht, Sie um Hilfe zu bitten. Ich kann weder Ihre Liebe zu Ihrem Land, noch Ihren Haß gegen die Deutschen oder Ihren Rachedurst wachrufen. Aber mir bleibt keine andere Wahl. Eine Hure nützt mir für mein Unternehmen nichts. Ich brauche ein Mädchen Ihrer Klasse, Ihrer Schönheit. Sie würden es nicht für Geld und nicht aus Patriotismus tun – auf jeden Fall nicht in Verbindung mit mir. Deshalb mußte ich Sie erpressen. Mag sein, daß Sie mir nicht glauben, aber ich verachte mich deshalb selbst.«

Ihre Augen hatten sich vor Erstaunen geweitet. »Das kann ich einfach nicht glauben«, murmelte sie.

Er holte tief Luft. »Es ist aber die Wahrheit.«

»Sie sagten, Sie seien ein Dieb?« fragte sie neugierig.

»Ja, unter anderem.« Er wechselte das Thema. »Nun möchte ich Ihnen von der Operation erzählen.«

Sie hob die Hand. »Später.« Ihre Stimme klang unsicher, hatte einen schüchternen Ton. »Ich würde gerne . . . erzählen Sie mir mehr über sich selbst.«

Nun war es an ihm, überrascht die Augenbrauen zusammenzuziehen.

»Wollen Sie das wirklich hören?«

Sie nickte.

Er begann weit in der Vergangenheit, mit seiner Jugend. Anfangs war er verkrampft, rastlos, zapplig und suchte nach Worten, beruhigte sich aber langsam, bis seine Geschichte leicht dahinfloß. Er beschrieb seine Eltern, seine Jugendjahre, den Tod seines Vaters, seine Flucht, seine Abenteuer und Coups. Noch nie zuvor hatte er sich so weit offengelegt, niemals gewagt, den Schutzschild aus Schweigen und Heimlichkeit zu senken, der zu einem wesentlichen Bestandteil seines Charakters geworden war. In jener Nacht jedoch, in dem kleinen, dunklen Zimmer eines einsamen, verlassenen jüdischen Mädchens, sprach er für Stunden und verschwieg nichts. Michèle unterbrach seine Schilderung nur selten mit Fragen. Als er geendet hatte, brach schon fast der Tag an. Ein beklommenes Schweigen legte sich über den Raum, und er stand auf, um zu gehen. Sie blieb auf ihrem Bett sitzen, reglos und äußerlich gelassen.

»Für einen Augenblick hatten Sie mich weit von hier entführt«, murmelte sie schließlich. »Sie ließen mich diesen Alptraum vergessen. Mir war, als würde ich weit weggeschleudert, auf einen anderen Planeten, in eine Fantasiewelt.« Ihre Stimme klang traurig und verträumt. Er sah sie verlegen an.

»Sie müssen sich heute abend mit ihm treffen.«

Sie sagte kein Wort.

Auf eine plötzliche Eingebung hin streckte er die Hand aus und strich ihr zärtlich mit den Fingerspitzen übers Gesicht. »Es ist bald vorbei«, sagte er besänftigend. »Alles wird wieder gut. Bitte glauben Sie mir.« Sie drückte spontan seine Hand gegen ihr Gesicht, und er spürte ihre Tränen brennend heiß auf seiner Haut.

Er öffnete die Tür.

»Warten Sie«, rief Michèle hinter ihm her. Er blieb mit der Hand auf dem Türknopf stehen.

»Sagen Sie«, begann sie ihre recht seltsame Frage, »haben Sie jemals einen Menschen getötet?«

Er schüttelte den Kopf. »Niemals.«

Er hatte den flüchtigen Eindruck, ein schwaches Lächeln auf ihren Lippen gesehen zu haben. »Vielleicht sind Sie doch nicht so schlecht«, flüsterte sie.

Sie verspeisten bei *Maxim* ein vorzügliches *dîner au champagne,* tanzten zu den Geigen des Zigeunerorchesters, und am Ende lud er sie ein, mit in seine Wohnung in der avenue Foch zu kommen, um »die wunderschöne Aussicht über den Bois de Boulogne zu bewundern«. Sie war einverstanden, und von Beck hatte das Gefühl, daß sie zu bereitwillig nachgab. Als er sein Glas auf dem kleinen schmiedeeisernen Balkontisch abstellte und sie an sich zog, zitterte Michèle ein wenig, erhob aber keinen Einspruch. Er küßte sie leidenschaftlich, und sie erwiderte seinen Kuß. Ihm war schwindlig vor Erregung und Verlangen. Er führte sie hinein, zog sie mit bebenden Händen aus, warf sie auf sein breites Bett und stürzte sich mit unbezähmbarer Gier auf sie.

Später in der Nacht jedoch, als sie unruhig in seinem Bett schlief, ging er auf Zehenspitzen ins Wohnzimmer, durchsuchte ihre Handtasche und prüfte sorgfältig ihre Papiere. Dann wählte er Brandners Nummer und gab ihm eingehende Anweisungen. Eine Stunde später rief Brandner zurück. Von Beck lauschte gespannt. »Genau wie ich dachte«, murmelte er und legte auf.

Am nächsten Morgen kam er flott in sein Büro marschiert, wo sich sein ad-hoc-Komitee zur regelmäßigen Besprechung eingefunden hatte. Er sah erregt und fast glücklich aus. »Sagte ich nicht, daß wir wieder vom Baron hören würden?« verkündete er triumphierend. »Nun, er hat getan, was ich erwartete und Kontakt aufgenommen.«

Er berichtete seinen verblüfften Zuhörern von dem Mädchen. »Sie war zu willig, und ihre Papiere sind falsch«, erklärte er. »Brandner ließ sie vergangene Nacht vom Zentralarchiv der Préfecture de Police überprüfen. Damit hatte ich gerechnet. Sehen Sie, dies ist einer der klassischen Schachzüge des Barons – er schleust seine Agentin in mein Schlafzimmer ein. Wirklich sehr gerissen, aber da wir jetzt Bescheid wissen, können wir mitspielen. Mein Plan ist bereit.«

Von Beck beschloß die Konferenz mit einem Lächeln. Insgeheim aber war ihm zum Weinen zumute.

IV Die Enigma

23.–28. Mai 1944

Der massige Tambourmajor – Stahlhelm stramm unterm kantigen Kinn verschnallt, feldgraue Uniform frisch gebügelt, Knöpfe und Koppelschloß auf Hochglanz poliert, hohe Stiefel glänzend wie schwarze Spiegel – stieß mit steinerner Miene seinen Stab vorwärts und hoch zum strahlend blauen Himmel. Hinter ihm rührten drei Trommler mit blankpolierten weißen Schlegeln ihre flachen Trommeln. Die Militärkapelle stimmte die Eröffnungstakte von ›Preußens Gloria‹ an und begann in Dreierreihen hinter dem Tambourmajor ihre tägliche Parade um den Arc-de-Triomphe herum und die Champs-Elysées hinunter. Hinter der Kapelle, angeführt von einem Hauptmann auf einem rotbraunen Hengst, donnerten die zweihundertfünfzig Mann vom 1. Sicherungsregiment der Pariser Garnison in tadellosem Stechschritt über den Asphalt der Avenue. Es war Punkt zwölf Uhr, und das Knallen der Nagelstiefel auf ihrer liebsten Avenue erinnerte die Pariser daran, daß sie einen weiteren Tag der Erniedrigung und Niederlage zu ertragen hatten.

Wie auf einen unausgesprochenen, geheimen Befehl hin leerte sich die gewöhnlich bevölkerte Straße beim Herannahen der grauen, von Stahlhelmen und fest gepackten Karabinern überragten Masse. Nur wenige Passanten waren auf den Gehsteigen verblieben, starrten die deutschen Soldaten in verdrossener Feindseligkeit an. Der Baron, der sich die Prade versonnen betrachtete, lehnte Ecke Champs-Elysées und avenue Montaigne an einem Baum. »Die Schweine!« hörte er eine vertraute Stimme zischen. Er drehte sich überrascht um. Hinter ihm stand Bruno Morel, Kopf vorgebeugt, Fäuste in ohnmächtigem Zorn geballt, Haß strömte aus jeder Pore seines gewaltigen Körpers. Belvoir wollte gerade zu einer sardonischen Bemerkung ansetzen, erinnerte sich aber an Brunos zornige Reaktion, als er sich vor einigen Wochen über seinen Patriotismus lustig gemacht hatte, und schwieg. »Sicher glaubst du, daß ich langsam sentimental werde«, sagte der ehemalige Legionär mit gedämpfter Stimme. »Erinnerst du dich noch an Renée, meine kleine *danseuse* aus den Folies Bergère? Sie hatte einen Bruder, François, einen Jungen von achtzehn Jahren. Die Gestapo griff ihn aufs gratewohl von der Straße auf und hielt ihn einen Monat im Gefängnis von Fresnes als Geisel fest. Ein deutscher Soldat war in der Nähe von Notre-Dame vom Widerstand erschossen worden, und die Deutschen nahmen Rache, indem sie zwanzig Geiseln ermordeten. Heute früh brachten sie François in die Gestapo-Todeskammern im Keller des Luftfahrtministeriums und knallten ihn ab wie einen Hund. Gottverfluchte Schweine! Einen achtzehnjährigen Jungen, der keinem etwas zuleide getan hatte!«

Der Baron legte seinem Freund mitfühlend eine Hand auf die Schulter. Bruno hob seinen Blick. Seine Stimme klang plötzlich matt und alt. »Wir stehen im Krieg, Baron. Wir können ihm nicht entkommen. Eine Zeitlang versuchten wir, es auf die leichte Weise zu nehmen, so wie im Frieden. Dann aber trifft dieser Krieg ganz plötzlich auch dich, und das tut weh. Ich kann dir nur eines sagen: Ich will dir helfen, diese verdammte Enigma zu stehlen, auch wenn du mir keinen Sou dafür gibst. Inzwischen habe ich selbst eine Rechnung mit den *boches* zu begleichen.«

Vor einem eleganten Antiquitätenladen in der rue La

Boëtie blieben sie stehen. Im Schaufenster standen nebeneinander ein exquisiter Rokokoschreibtisch, ein Empire-Toilettentisch und ein Schrank, verziert mit Intarsienarbeiten aus Messing und Schildpatt, Kennzeichen des berühmten Kunsttischlers aus dem siebzehnten Jahrhundert, André-Charles Boulle. Bruno hatte seine Ruhe wiedergefunden. »Sind sie nicht prachtvoll?« meinte er. »Antikmöbel, jedes Stück beim Verkauf von einem Zertifikat begleitet, das Alter und Echtheit bescheinigt. Echtheit, meine Fresse! Das älteste Möbelstück in diesem Laden ist die Registrierkasse. Alles, aber auch alles andere ist Talmi!«

»Ja«, gluckste Belvoir, »aber das wirst du ihm niemals nachweisen können.«

»Der Mann hat Klasse, das steht fest«, stimmte Bruno zu und öffnete die Ladentür. Eine reizende Pariserin in mittleren Jahren, adrett gekleidet und frisiert, sehr respektabel aussehend, bedachte sie mit einem hinreißenden Lächeln. *»Messieurs?«* zwitscherte sie. »Was kann ich für Sie tun? Sind Sie an etwas Speziellem interessiert? Gerade ist ein entzückendes Eßzimmer eingetroffen, und . . .«

»Schenken Sie sich den Zirkus, *mignonne*«, warf Bruno grob dazwischen. »Diesen Mumpitz können Sie sich für die echten Einfaltspinsel aufheben. Wir wollen Eugène sprechen.«

»Eugène? Tja, ich weiß nicht so recht . . . ich meine, mit wem habe ich die Ehre . . .« Die Verkäuferin rückte nervös ihr Chignon zurecht und rang um die Wiederherstellung ihrer erschütterten Würde. Bruno und der Baron gingen an ihr vorbei in die große Werkstatt hinter dem Verkaufsraum, wo ein schlanker, drahtiger alter Mann mit einem widerspenstigen Wust weißer Haare sorgfältig einen runden Teetisch mit der letzten Schicht rötlichbraunen Lacks versah. »Ah, Bruno!« murmelte er, ohne sich umzudrehen. »Setzen Sie meiner Yvonne nicht zu hart zu, das Mädchen tut sein Bestes. Moment, ich kümmere mich gleich um Sie, sowie ich mit diesem wunderschönen, unvergleichlichen Stück aus dem siebzehnten Jahrhundert fertig bin.« Er trat zurück, um sein Werk besser ins Auge fassen zu können. »Ist es nicht göttlich?« fragte er.

»Besser als das Original, davon bin ich überzeugt«, witzelte der Baron.

Eugène wandte sich um und nahm ihn in Augenschein. Der Baron trug den Schnurrbart und die Brille, die zu seiner derzeitigen Verkleidung paßten. Nachdem der alte Mann ihn mißtrauisch gemustert hatte, schlich sich ein listiger Ausdruck in seinen Blick. »Wenn ich kein feines Gehör besäße und nicht gewußt hätte, daß Sie heute kommen, *mon cher baron*, hätte ich Sie niemals erkannt. Sie sind fast so echt wie meine Möbel.« Er mußte herzlich über seinen eigenen Witz lachen.

»Vergeuden wir keine Zeit, Eugène«, mahnte der Baron. Unter seinem Hemd zog er einige mit Skizzen und Planzeichnungen bedeckte Papiere hervor. »Hier ist der Plan des . . . Stücks, das Sie für mich kopieren sollen.« Er breitete die Papiere auf dem Boden aus, und die drei Männer gingen ringsum in die Knie. Eugène rückte den Kneifer auf seiner Nasenspitze zurecht und sah sich die Blaupausen eingehend an. »Was ist denn das?« fragte er verwundert. »So etwas habe ich noch nie gesehen.«

Der Baron ignorierte diese Frage. »Hier haben Sie die exakten Maße«, meinte er energisch. »Für das Gehäuse sollten Sie Eichenholz von gewöhnlicher Qualität verwenden und es dunkelbraun beizen.« Er wies auf eine Truhe in der Ecke der Werkstatt. »Genau wie diese da.« Dann fuhr er fort: »Das Tastenfeld können Sie einer deutschen Knaur-Schreibmaschine entnehmen. Lösen Sie aber die

Tasten von den Hebeln und bringen Sie sie auf kleinen Aluminiumzylindern an, Durchmesser rund drei Millimeter. Kabel, Stecker und Steckdosen müssen deutscher Herkunft sein und dem bei der Wehrmacht verwendeten Einheitstyp entsprechen. Die drei Rotoren oben auf dem Gerät sind aus Stahl.« Er sprach weiter, wies den alten Handwerksmeister systematisch auf die verschiedenen Bauteile des Geräts hin und beschrieb eingehend ihre Abmessungen und Positionen.

»Machen Sie sich denn keine Notizen?« fragte Bruno.

»Nein, das ist nicht notwendig.« Der Fälscher grinste und tippte sich mit dem ausgestreckten Zeigefinger an die Stirn. »Das wird alles hier drin festgehalten.«

Nachdem der Baron seine Instruktionen beendet hatte, fragte Eugène vorsichtig: »Wann soll es fertig sein?«

»Mal sehen«, meinte Belvoir gedehnt. »Heute und morgen brauchen Sie für die Materialbeschaffung; drei oder vier Tage, um die Maschine zu bauen, einen weiteren Tag, bis die Beize trocken ist. Sagen wir Donnerstag? Den dreißigsten Mai?«

Der alte Mann nickte. »Einverstanden. Es wird Sie aber den doppelten Preis kosten. Dieser Auftrag fällt nicht in mein Fach.«

»Einverstanden«, sagte der Baron.

»Fünfzigtausend Francs«, erklärte der Alte leise. »Plus Materialkosten.«

»Ich lasse Ihnen zwanzigtausend hier, Rest bei Ablieferung.«

Der Baron wandte sich zum Gehen. »Augenblick noch«, bemerkte Eugène. »Dem Plan zufolge ist hier an der linken Seite des Gehäuses eine kleine Namensplakette befestigt. Was soll daraufstehen?«

»Stempeln Sie einen Zoll hohe Frakturlettern auf«, erwiderte der Baron. »Schwarz auf Grau, Wehrmachts-Einheitsschrift. Die Aufschrift lautet ›Enigma‹.«

Das durchdringende Läuten des Telefons weckte von Beck und Michèle. Nach ihrer zweiten gemeinsam verbrachten Nacht war sie auf sein Drängen hin in seine Wohnung gezogen und somit ganz offen zu seiner Mätresse geworden. Auf diese Weise hatte der merkwürdige Abschnitt seines Lebens begonnen, in dem sich kurze Phasen sexueller Ekstase, die an Tollheit grenzten, mit Stunden unerträglicher Qual und Pein abwechselten. Er wußte, daß er wie wahnsinnig in sie verliebt war, ohne etwas dagegen tun zu können, und durchlebte seine langen Tage besessen von dem Bild ihres vollkommenen nackten Körpers, der auf seinem breiten Bett lag und auf ihn wartete. Es war jedoch nicht nur Michèles Körper, der ihn zum Wahnsinn trieb. Zu seiner Bestürzung hatte er in ihr ein äußerst sensibles, hochintelligentes menschliches Wesen entdeckt. Wenn sie ihre sexuelle Begierde gestillt hatten und nebeneinanderlagen, unterhielten sie sich, oftmals bis zum Morgengrauen. Anfangs nur zögernd, öffnete er Michèle langsam die privatesten, intimsten Winkel seiner Seele, erzählte ihr von seinen Jugendträumen, legte ihr seine romantischen Neigungen offen, ließ sie in seine geheime Welt eindringen. Er fand bei ihr Wärme und Verständnis, womit er anfangs nicht gerechnet hatte. Sie stellten beide fest, daß ihr Geschmack für Musik, Literatur und Theater übereinstimmte. Manchmal empfand er eine tiefe seelische Einheit mit ihr, die ihm echt und wirklich vorkam.

Und dennoch, es gelang ihm nicht, auch nicht für einen Augenblick, das grausame Bewußtsein abzuschütteln, daß Michèle, das einzige Mädchen, das er jemals geliebt hatte, eine Spionin war, eine Feindin. Manchmal nannte er sie Carmen. Sie glaubte, daß er ihr diesen Spitznamen zur Erinnerung an die Nacht, in der sie einander begegnet waren, gegeben hatte. Der wahre Anlaß jedoch war, daß er sie in seiner romantischen

Fantasie als moderne Reinkarnation von Bizets Carmen ansah: Die bestrickende Frau, die, von einem Soldaten geliebt, selbst einem anderen gehörte – dem Stierkämpfer, dem Abenteurer. Deshalb wurde sie am Ende von dem Soldaten erschlagen. Und dieser Soldat war er! Die Vorstellung, daß sie von seinen Händen sterben mußte, verfolgte ihn. Er wurde zwischen nie gestilltem sexuellen Verlangen und einem überwältigenden Pflichtgefühl, der Aufgabe, die er zu erfüllen hatte, hin- und hergerissen. Das sich daraus ergebende grausame und unerträgliche Leiden machte ihm das Leben zur Hölle, ließ seine Haut fahl, seinen Blick gehetzt werden und trieb ihn an die letzten Grenzen des Irrsinns.

Er sprang beim ersten Läuten des Telefons aus dem Bett und vergaß dabei für keinen Augenblick, daß er selbst um den Anruf gebeten hatte. Er stieß eine Reihe von Verwünschungen aus. »Wie spät ist es?« stöhnte er gereizt und langte nach dem Hörer, ohne auf die Antwot des schläfrigen Mädchens zu warten. »Von Beck«, meldete er sich ärgerlich und lauschte dann eine Zeitlang. »Schon gut, ich komme vorbei.« Er legte auf Michèle sah ihn erstaunt an. »Es ist gerade erst halb sieben«, sagte sie.

»Tut mir leid.« Er begann sich rasch anzuziehen. »Ich muß für ein paar Minuten ins Büro, es ist gleich um die Ecke. Ich bin bald wieder zurück, dann können wir zusammen frühstücken.« Er gab Michèle einen flüchtigen Kuß auf ihren entblößten Hals und sog für eine Sekunde den Duft ihrer Haut ein. Sie lächelte verschlafen und kuschelte sich wieder unter die Decke.

Sowie er jedoch die Tür zugeschlagen hatte, sprang sie aus dem Bett. Ohne sich ihrer Nacktheit bewußt zu sein, eilte sie ins Wohnzimmer. Auf dem Tisch lag seine schwarzlederne Aktentasche. Sie öffnete sie rasch und blätterte die darin liegenden Aktenbündel durch. Dank ihrer österreichischen Mutter beherrschte sie deutsch recht gut. Schon auf einen oberflächlichen Blick hin erkannte sie die Wichtigkeit der Dokumente.

Die dritte Akte war die richtige. »87. Panzerdivision – Begleitschutz Enigma« lautete die Aufschrift in der Ecke. Sie schlug den Aktendeckel auf und sah sich die Dokumente eingehend an. Der Kopie eines dringenden Marschbefehls zufolge sollte die Division von ihrem derzeitigen Standort in Nancy nach Boulogne an der Kanalküste verlegt und am 2. Juni in vierzehn Sonderzüge verladen werden. Der Transport des Divisionsstabs sollte in einem Nachtzug erfolgen, der am 1. Juli um 22.00 Uhr in Nancy abging und im Verlauf der achtstündigen Fahrt Bar-le-Duc, Laon, Saint-Quentin und Amiens berührte. Die vier Waggons in der Mitte des Zuges waren für die Nachrichtenabteilung reserviert. Die Enigma sollte, bewacht von bewaffneten Posten, im zweiten Nachrichtenwaggon transportiert werden. Es folgten präzise Angaben über Geschwindigkeit des Zuges, Zwischenaufenthalte, Anzahl der mitfahrenden Soldaten. Michèle suchte fieberhaft in ihrer Handtasche und holte eine Miniaturkamera heraus. Obwohl ihre Hände zitterten, gelang es ihr, die wichtigsten Dokumente der Akte zu fotografieren. Nachdem sie ihre Arbeit getan hatte, steckte sie die Akte zurück in Rudis Tasche und ließ die Schlösser zuschnappen. Noch immer nackt hastete sie in die Küche, stellte den Wasserkessel auf, röstete Toast und briet zwei Spielgeleier.

Als Rudi von Beck in seine Wohnung zurückkehrte, stand zu seiner Freude das Frühstück bereit. Dann aber durchfuhr ihn ein brennender Schmerz, als er bemerkte, daß der dünne Faden, den er am Abend zuvor unter eines der Schlösser seiner Aktentasche geschoben hatte, fehlte.

Seine geliebte Spionin hatte den Köder geschluckt.

Das Messinggeläut von Saint-Augustin schlug melodisch vier Uhr am Nachmittag, als Michèle aus der Metrostation bei La Madeleine kam. Sie ging an der klassizistischen, im Stil eines griechischen Tempels erbauten Kirche vorbei und eilte zielstrebig zur Ostseite der eleganten rue Tronchet. Die Boutiquen, die die neueste Sommermode zur Schau stellten, würdigte sie keines Blickes und schenkte auch den gierigen Blicken der Männer auf der Straße und ihren angestrengten Versuchen, ihre Aufmerksamkeit zu erregen, keine Beachtung. Vor einer Glastür, deren schwerem kupfernem Griff kunstvoll die Gestalt eines nackten Frauenkörpers gegeben worden war, blieb sie stehen. Eingraviert in das grünliche Glas stand in goldenen Kursivlettern der diskrete Hinweis: »Amédée – *Salon de Beauté* – Termine nur nach Vereinbarung.« Sie trat ein. Eine umfängliche Blondine von knapp vierzig Jahren, die ein langes Kleid aus grüner Rohseide trug, kam ihr entgegen. Sie lächelte Michèle an, ließ zwei Reihen makelloser Zähne sehen und gab somit auf ihre eigene Weise zu verstehen, daß sie vor nicht allzulanger Zeit eine höchst attraktive Frau gewesen war. »Madame?« fragte sie liebreizend.

»Lemaire. Michèle Lemaire.«

Die blonde Salonbesitzerin konsultierte den kleinen, ledergebundenen Terminkalender, den sie in der linken Hand hatte. »*Ah, oui,* Mademoiselle Lemaire. Körpermassage und Frisieren. Würden Sie bitte mitkommen?«

Michèle folgte ihr durch eine Reihe weitläufiger, mit kostspieligen Möbeln, Teppichen und Gemälden ausgestatteter Räume. Im Großteil der Räume warteten gepflegte Damen, bis sie an die Reihe kamen, oder ruhten sich von einer Sitzung bei Masseur oder Kosmetikerin aus. Der letzte Raum war leer. Die blonde Frau zog einen Brokatvorhang beiseite, und eine schmale Tür kam zum Vorschein. Sie schloß sie auf und reichte Michèle den Schlüssel. »Seine Sie vorsichtig«, murmelte sie, und ihr Gesicht war plötzlich ernst und besorgt.

Michèle öffnete die Tür und trat in einen gepflasterten Hinterhof. Ein erbärmlicher kleiner Baum rang im ewigen Schatten, den die umstehenden hohen, geschwärzten Häuser in den Hof warfen, ums Überleben. Michèle überquerte die Freifläche und drehte den billigen Blechknopf einer altersschwachen Tür in der gegenüberliegenden Hauswand. Durch einen schmalen, dunklen Korridor erreichte sie die Hintertreppe und stieg in den zweiten Stock. Die Tür zu ihrer Rechten war unverschlossen. Sie durchquerte eine winzige Küche und betrat ein riesiges Wohnzimmer, in dem in Gruppen verteilt tiefe, bequeme Sofas und Clubsessel standen. Die Vorhänge waren zugezogen, und der Raum lag im Halbdunkel, abgesehen von dem schwachen, warmen Licht einer einzigen Lampe, die auf einem Ecktisch stand, gekrönt von einem glockenförmigen Schirm aus braunem Samt.

Aus der gegenüberliegenden Ecke, der dunkelsten im Raum, trat der Baron auf sie zu. »Ist alles in Ordnung?« fragte er rasch.

Sie nickte.

»Hat niemand Sie kommen gesehen?«

»Natürlich die Frau im Schönheitssalon.«

»Die ist in Ordnung.« Er bemühte sich um ein Lächeln. »Sie steht in meiner Schuld. Sie war nämlich nicht schon immer die eleganteste Kosmetikerin von Paris, verstehen Sie, was ich meine?«

Eine Art kalter Spannung lag in der Luft. Die Vertrautheit, die in jener Nacht in ihrem Zimmer, vor einer Ewigkeit, zwischen ihnen aufgekommen war, schien verflogen zu sein. Michèle öffnete ihre Handtasche und nahm die kleine Kamera heraus, die er ihr gegeben hatte. »Der Film ist drin«, meinte sie gelassen. »Ich glaube, ich habe, was Sie brauchen. Am späten Abend des ersten

Juni geht per Sonderzug eine Enigma-Maschine ab.«

»Am ersten Juni. Perfekt.« Seine Augen nahmen einen distanzierten Ausdruck an, seine Gedanken trieben weit weg. Einige Minuten später schaute er sie an. »Noch einen Augenblick, dann gehen Sie wieder zurück, und zwar auf dem Weg, auf dem Sie hierherkamen. Lassen Sie sich frisieren. Ich nehme den anderen Ausgang zur rue Vignon. So, und jetzt begeben Sie sich zurück in von Becks Wohnung. Am zweiten Juni – vergessen Sie das nicht – verlassen Sie sofort sein Haus, sowie er ausgegangen ist. Kommen Sie umgehend zum Schönheitssalon. Amédée wird sich um Sie kümmern. Damit wäre Ihr Auftrag abgeschlossen. Sie werden von Beck niemals wiedersehen.«

»Und Louise?« fragte sie leise.

»Louise sehen Sie nach dem Krieg wieder. Ihrer Sicherheit zuliebe sollte sie Sie jetzt lieber nicht kennen.«

Sie nickte gefügig. Ihre Gesten waren irgendwie leblos, roboterhaft. Er trat näher zu ihr. Ihre Augen waren stumpf, bar jeden Ausdrucks. Er strich ihr sanft übers Gesicht. »Ist es denn so schwer?« fragte er mitfühlend.

Eine Sekunde lang blieb sie still, totenstill stehen; und dann brach ganz plötzlich ein tiefes Schluchzen, schrill und gequält wie das wilde Heulen eines Tieres, aus ihr hervor. Sie vergrub weinend das Gesicht in den Händen und bebte am ganzen Körper. Er zog sie sanft an sich, versuchte sie zu beruhigen, war verwirrt von diesem Ausbruch überwältigenden Kummers. Sie klammerte sich verzweifelt an ihn, suchte an seiner Schulter Zuflucht, bot ein Bild tiefster Qual und Niedergeschlagenheit. Er führte sie zu seinem Sofa und setzte sich neben sie, strich ihr übers Haar, flüsterte ihr albern ins Ohr: »Es wird schon alles gut, Sie werden schon sehen, in drei Tagen ist alles vorbei.« Er versuchte aufzustehen, aber sie klammerte sich an ihn. »Halt' mich fest«, murmelte sie, »laß mich nicht allein, laß mich bitte nicht allein.«

Er hielt sie fest umschlungen und tätschelte zärtlich ihr tränenzerfurchtes Gesicht. Lange Minuten verstrichen, ehe ihr Schluchzen verebbte. Seine Lippen strichen über ihre Wange. Sie hob begierig das Gesicht. Er küßte sie noch einmal, sanft, auf ihre weichen, bebenden Lippen. Sie hatte die Augen geschlossen und erwiderte seinen Kuß mit plötzlicher Leidenschaft. Das Feuer sprang auf seinen Mund über und breitete sich in seinem Körper aus. Ihr Atem kam stoßweise, ihre Lippen fuhren über sein Gesicht, ihre fordernden Hände krallten sich in seinen Rücken und sein Genick, zogen ihn näher. Er spürte, daß er die Selbstbeherschung verlor; eine Woge zunehmenden Verlangens fegte durch seinen angespannten Körper. Sie sanken einander keuchend in die Arme, umarmten sich in sengender Trance, tauchten in totale Vergessenheit. Hastig rissen sie sich die Kleider herunter; ihre Leiber verschmolzen in einem ekstatischen Wirbel und erreichten gemeinsam einen explosiven Höhepunkt, der sie matt und erschöpft zurückließ.

Lange Zeit später, als sie sich in wohliger Hochstimmung an ihn schmiegte, murmelte sie: »Du warst überrascht. Du wolltest nicht, daß das passiert.«

»Nein«, gestand er. »Ich versuchte, mich zu beherrschen. Ich fand, daß ich kein Recht dazu hatte, nach dem . . .«

». . . nach dem, was du mir angetan hast«, beendete sie seinen Satz und fügte mit entwaffnender Offenheit hinzu: »Aber *ich* hatte das Recht dazu. Ich hatte endlich einmal das Recht, ein Mensch zu sein und keine Marionette, die Befehle ausführt.«

»Und ich war zufällig greifbar«, erwiderte er zu rasch und bereute es sofort. »Entschuldige«, platzte er heraus.

Sie biß sich auf die Lippe, und in ihre Augen war

wieder der verletzte Ausdruck getreten. »Du bist grausam«, sagte sie. »Ich wollte dich haben, ich war wild auf dich. Warum, weiß ich auch nicht. Vielleicht . . . weil du der einzige Mensch bist, der mich aus dem Alptraum meines Lebens entführen kann, wenn auch nur für kurze Zeit. In jener Nacht in meiner Wohnung hast du mich einen Augenblick lang glauben gemacht, daß es eine andere Welt geben kann, in der ein Mädchen wie ich höchstens Gefahr läuft, von einem Schurken wie dir ausgeraubt oder verführt zu werden. Verstehst du das nicht? Durch dich konnte ich der Gegenwart entfliehen, durch dich konnte ich lächeln und den entsetzlichen Wahnsinn, der mich umgibt, vergessen.«

Er küßte sie sanft. »Ich fand dich anziehend, vom ersten Moment an, als ich dich sah, wagte aber nicht, auch nur zu hoffen, daß du mich an dich heranlassen würdest. Michèle, du bist eine außergewöhnliche Frau.«

Zum erstenmal tanzten goldene Lachfunken in ihren tiefblauen Augen. Dann, ganz unvermittelt, umwölkte sich ihr Gesicht, und sie kehrte in die Wirklichkeit zurück. »Weißt du«, sie sah weg. »Von Beck ist nämlich nicht so ein mörderischer Nazi. Er ist ein guter Mensch.« Sie erschauerte. »Viel zu gut. Ich fürchte mich davor, zu lange bei ihm zu bleiben.«

Er sah sie scharf an. »Was soll das heißen?«

»Francis, er ist gut zu mir«, flüsterte sie in stiller Verzweiflung. »Ich bin ihm nicht gleichgültig. Gestern nacht wurde mir plötzlich klar, daß ich auf ihn wartete. Ich habe Angst. Ich will nicht, daß es so weit kommt. Ich will nicht an ihm hängen! Verstehst du mich? Ich will ihn nie mehr wiedersehen.«

Er spürte einen unerwarteten Eifersuchtsstich. »Du wirst ihn nie mehr sehen!« stieß er ungestüm hervor. »In drei Tagen ist alles vorbei.« Er zog sie fest und liebevoll an sich, überrascht von der plötzlichen Versprechung, die so spontan aus der Tiefe seines Herzens kam: »Was auch geschieht, wo immer du auch sein magst, ich komme dich holen, wenn alles vorbei ist.«

31. Mai 1944

Am frühen Morgen des 31. Mai wurden zwei Versammlungen abgehalten. Die erste fand im *Rendez-vous des amoureux* statt, der Villa am Marneufer, die der Baron inzwischen ausschließlich für seine Verhandlungen mit den Kommunisten benutzte. Fünfzehn Widerstandskämpfer, vorwiegend Führer von *maquis*-Einheiten in ganz Frankreich, kamen auf verschiedenen Routen zu der entscheidenden Besprechung am Vorabend der Enigma-Operation. Unter ihnen erkannte der Baron drei Teilnehmer seines ersten Treffens mit den Kommunisten: Den Einsatzleiter Maurice und die beiden jungen Führer, den habichtsnasigen, fanatischen Raymond und den hochgewachsenen, gebieterischen Henri. Beim Eintreten schüttelte Henri ihm kräftig die Hand und sagte: »Ich bin für den Angriff verantwortlich. Hoffentlich kommen wir gut miteinander aus.«

Nun hatten sie sich im Wohnzimmer verteilt, einige saßen auf Sofas und Sesseln, andere auf dem blankpolierten Parkett. Die meisten hatten zerknitterte, altmodische Kleider an, einige wenige waren in grober Bauerntracht gekommen. Alle trugen Pistolen und Revolver, die sie nach dem Betreten des Hauses nicht zu verbergen versuchten. Belvoir war davon überzeugt, daß sich in den Wagen, die sie hierhergebracht hatten, Karabiner, Handgranaten und Maschinenpistolen stapelten. Diese Männer wußten, daß sie keine Überlebenschance hatten, wenn man sie gefangennahm, und waren daher entschlossen, bis zum letzten Atemzug zu kämpfen. Sie waren in Herkunft und Körperbau verschieden, hatten aber eines gemeinsam: Den unbeugsamen, beherzten Ausdruck tapferer Männer, die täglich ihr Leben aufs Spiel setzten, ständig mit der Gefahr leben und sich einer noblen Sache verschrieben haben.

Belvoir rollte eine große Karte von Frankreich auf und hängte sie der Versammlung gegenüber an die Wand. Henri eröffnete die Besprechung: »Genossen, wir sind hier zusammengekommen, um eines der bedeutendsten Unternehmen des Krieges vorzubereiten. Morgen nacht, wie ich euch bereits bei der letzten Einsatzbesprechung sagte, werden wir einen schwer bewachten deutschen Zug angreifen. Wir müssen eine Maschine erbeuten – die Enigma –, die sich in diesem Zug befinden wird, und dann den Zug in die Luft sprengen. Die Maschine ist für die alliierten Kriegsanstrengungen von entscheidender Bedeutung. Jeder von euch wird mit zwanzig seiner besten Männer an der Operation teilnehmen. Insgesamt werden wir daher rund dreihundert Mann stark sein.«

»Das ist eine ganze Menge«, protestierte ein kleinwüchsiger, schwarzäugiger Mann im abgehackten, silbenschluckenden Dialekt der Auvergne. »Wozu brauchen wir so viele Leute? Als ich vor zwei Monaten bei Chamalières den Clermont-Ferrand-Zug angriff, gelang es mir, eine und eine halbe Milliarde Francs zu erbeuten! Damit waren unsere Finanzprobleme fürs nächste Jahr gelöst. Und wißt ihr, wie viele Leute ich bei mir hatte? Sieben!«

Henri warf ihm einen mörderischen Blick zu. »Wir wissen alle, daß du ein großer Held bist, François, aber der kleine Unterschied besteht darin, daß du einen Zivilzug angegriffen hast und das Geld von normalen Polizisten bewacht wurde. Hier müssen wir einen deutschen Militärzug stürmen, in dem der Stab einer Panzerdivision transportiert wird. Ich gestehe zu, daß sich die Zugbesatzung vorwiegend aus Schreibern und nicht aus Kampftruppen zusammensetzen wird, kann euch aber versprechen, daß wir uns diesmal auf ein ziemliches Gefecht gefaßt machen müssen.« Er ließ seinen eiskalten Blick über die Zuhörerschaft gleiten. »Weitere gute Ratschläge?« fragte er angriffslustig. Niemand sagte ein Wort.

»Vorzüglich«, meinte Henri. »Es werden also dreihundert Kämpfer eingesetzt. So, und jetzt zur Sache.«

Der Baron ließ bei den Männern eine Übersetzung der Dokumente umgehen, die Michèle vor drei Tagen fotografiert hatte. Während sie lasen, zeichnete Henri eine schematische Skizze des Zugs auf ein altes Tafelstück und markierte die Position des Wagens, der die Enigma enthielt, mit einem Pfeil. Der Baron stand auf und trat vor die Frankreichkarte. »Wir müssen nun den Ort wählen, an dem wir uns in den Hinterhalt legen«, sagte er. »So, hier haben wir die Fahrtroute des Zuges.« Seine Hand folgte der gewundenen Eisenbahnstrecke, die von Nancy im Nordosten Frankreichs den Rhein entlang nach Norden führte, in südwestlicher Richtung bis Bar-le-Duc am Rhein-Marne-Kanal, sich dann nach Nordwest wandte, Paris über Reims, Laon und Saint-Quentin umging, bei Amiens aufs Tal der Somme traf und sie in Abbeville wieder verließ, um einen Kurs parallel zur Kanalküste und hoch nach Boulogne einzuschlagen.

»Laßt uns zuerst alle Gebiete ausschließen, in denen wir nichts unternehmen können«, meinte Maurice. Der rosige Marseiller trat vor die Karte und schlug plötzlich einen neuen Ton an, der Sachverstand und Autorität verriet. »Wir sind uns, glaube ich, alle darüber einig, daß es zwischen Nancy und Bar-le-Duc nicht geht. Erstens, weil dieser Streckenabschnitt zu dicht an den starken Truppenkonzentrationen entlang der deutschen Grenze vorbeiführt. Zweitens, weil es zu früh am Abend sein wird und die Zugwachen noch aufmerksam und auf dem Posten sind. Aus ähnlichen Gründen können wir den Angriff auch nicht auf der letzten Etappe der Fahrt durchführen.« Sein stummliger Zeigefinger wies auf den schmalen Küstenlandstrich, der sich von Amiens bis zum Ärmelkanal erstreckte. »Wie wir alle wissen, wimmelt es an der Kanalküste von deutschen Einheiten, die wegen der Gefahr einer alliierten Landung in stetiger Alarmbereitschaft sind. Wenn wir den Zug dort angreifen, wird binnen Minuten Verstärkung zur Stelle sein. Zudem erreicht der Zug diesen Winkel Frankreichs bei Morgengrauen, und einen Sturmangriff bei Tag muß ich unbedingt ausschließen.«

»Bleibt uns also nur der Mittelabschnitt zwischen Bar-le-Duc und Amiens«, bemerkte Henri.

»Nicht ganz«, erwiderte Maurice und runzelte die Stirn. »Ich würde den Zug unter keinen Umständen in der Nähe von Reims angreifen. Diese Strecke ist sehr belebt, und es herrscht eine Menge Militärverkehr, besonders nachts.«

»Das gleiche gilt auch für Amiens«, mischte sich ein junger, dürrer Bretone mit durchdringenden schwarzen Augen ein.

Maurice nickte. »Demnach bleiben uns drei mögliche Punkte, an denen wir den Zug aufhalten können: Im Marnetal zwischen Bar-le-Duc und Vitry-le-François; in der Nordebene, wenige Kilometer vor Laon; und an dem Abschnitt, wo der Schienenstrang sich zwischen Saint-Quentin und Amiens dem Ufer der Somme nähert.«

»Was schlägst du vor?« fragte Henri gespannt.

Maurice lächelte. »Ich habe meine eigenen Vorstellungen, würde aber vorher gerne von euch selbst hören, Genossen, wo ihr den größten Vorteil für uns seht. Berücksichtigen müßt ihr die Anwesenheit feindlicher

Truppen in der Gegend, die Beschaffenheit des Terrains und ob es uns möglich ist, dreihundert Mann binnen vierundzwanzig Stunden dorthinzubringen und sicherzustellen, daß nach dem Überfall Fluchtwege offenstehen.«

Henri wandte sich an seine Genossen und lächelte. »Laßt uns die Stimme des Volkes hören.« Die Diskussion begann.

Während die *maquisards* in der Villa des Barons eifrig debattierten, war in Rudolf von Becks Dienstzimmer im Otto-Gebäude eine weitere Besprechung im Gange. Die beiden Konferenzen waren einander verblüffend ähnlich. Das Hauptthema, das in von Becks Komitee diskutiert wurde, war mit dem Gegenstand identisch, über den der Baron genau um die gleiche Zeit mit seinen Freunden debattierte: Der bevorstehende Überfall auf den Zug, in dem die Enigma transportiert wurde. In von Becks Büro, ebenso wie im Wohnzimmer des Barons, stellte eine grobe Skizze auf einer Tafel den Stabszug der 87. Panzerdivision dar; an der Wand hing eine Karte von Frankreich, und ein junger Leutnant vom OB West zeichnete mit Tusche die Route ein, die der Zug auf seiner Fahrt quer durch Nordfrankreich zwischen Nancy und Boulogne einschlagen würde. An der heutigen Besprechung nahmen auch einige Stabsoffiziere vom OB West teil, dazu ein Oberst der Fallschirmjäger, dessen Uniform nach der langen Nachtfahrt von der Normandie noch immer zerknittert war.

Von Beck eröffnete die Besprechung, indem er an die Teilnehmer Kopien von Dokumenten ausgab, die sich auf den Transport der 87. Panzerdivision und ihres Enigma-Geräts bezogen. Er erläuterte energisch die Lage. »Wie Sie fast alle wissen, rechneten wir in den vergangenen Wochen mit dem Versuch eines britischen

Agenten, ein Enigma-Gerät in seinen Besitz zu bringen und es nach England zu schmuggeln. Der britische Agent wird in seinen Anstrengungen zweifellos von französischen Terroristen unterstützt werden. Ich glaube nicht, mich über die Wichtigkeit dieses Geräts oder über die katastrophalen Folgen, falls die Briten es erbeuten sollten, verbreiten zu müssen. Fest steht, daß sie im Hinblick auf die bevorstehende Invasion Frankreichs verzweifelt versuchen, es in die Hände zu bekommen.«

Er räusperte sich. »Der britische Agent versuchte sich Informationen über die Enigma-Geräte in Frankreich zu verschaffen, indem er einen Komplizen in meine allernächste Umgebung einschleuste.«

Helmut Müller, Vertreter der Gestapo, grinste spöttisch. Von Beck fixierte ihn mit einem grimmigen Blick, ehe er fortfuhr: »Da ich genaue Kenntnis von diesem Plan hatte, entfernte ich mich vorgestern zu passender Zeit aus meiner Wohnung, um dem Infiltrator Gelegenheit zu geben, meine Akten zu durchsuchen und die Dokumente zu finden, die Sie jetzt in den Händen halten.«

Einer der Offiziere stieß einen Ruf des Erstaunens aus. Andere schauten von Beck überrascht an. Nur die ständigen Mitglieder des Komitees wahrten äußerlich Fassung. Sie waren mit den verschlagenen Kriegslisten ihres Vorsitzenden vertraut.

Von Beck lächelte den Militärs zu. »Die Dokumente, die Sie in den Händen halten, sind falsch«, eröffnete er. »Gefälscht wurden sie auf meinen Befehl hin nur zu einem Zweck: Den britischen Agenten, einen Gauner namens Belvoir, mitsamt allen seinen Komplizen in eine tödliche Falle zu locken.«

Er wartete, bis sich das erregte Gemurmel im Raum gelegt hatte und sprach dann weiter: »Auf Wahrheit beruht in diesen Dokumenten lediglich die Tatsache, daß morgen abend um zehn Uhr ein Sonderzug von Nancy abgehen und auf der vor Ihnen liegenden Route nach Boulogne fahren wird. Die Enigma wird sich aber nicht in diesem Zug befinden. Statt dessen wird der Zug fünfhundert bestens ausgebildete SS-Soldaten transportieren, die bereit sind, jeden Angriff zurückzuschlagen. Standartenführer Liszt, dessen Befehl die Zugbesatzung untersteht, wird Ihnen weitere Einzelheiten aufführen.«

Der Standartenführer, dessen Rang in der SS dem eines Obersten der Wehrmacht entsprach, war ein untersetzter Schwabe mit einem vorstehenden Kinn und einem zwingenden Blick. Er ging auf die Skizze des Zuges zu und griff unterwegs nach einem langen, glänzend weißen Zeigestock, der an einer Wand gelehnt hatte. Er zeigte auf die Tafel. »Wie Sie sehen, setzt sich der Zug aus zehn Wagen zusammen. Die vier Waggons in der Mitte, die angeblich die Enigma und ihre Begleitmannschaft enthalten, bleiben völlig leer. Wir vermuten, daß französische Terroristen und britische Agenten den Zug aus dem Hinterhalt angreifen und ihre Attacke auf diese vier Waggons konzentrieren werden; aus diesem Grund lassen wir sie unbesetzt, um unnötige Verluste zu vermeiden. Sie dienen lediglich als Köder und Angriffsziel, nichts weiter. Meine fünfhundert Mann befinden sich in den sechs restlichen Wagen. Zehn Soldaten, bewaffnet mit einem MG-vierunddreißig, Handgranaten und Schmeißer-Maschinenpistolen, fahren auf Lokomotive und Tender mit. Zwei ähnliche Sondertrupps decken das Zugende.

Die Hauptmasse meiner Truppen«, fuhr er fort, »wird in zwei Gruppen aufgeteilt. Eine, ausgerüstet mit Maschinengewehren und Handgranaten, wird die Fahrgastabteile besetzen. Sowie der Terroristenangriff beginnt, werden sie aus allen Fenstern und auf beiden Seiten des Zugs ein mörderisches Feuer eröffnen. Die anderen Männer – rund dreihundert, in Trupps zu je fünfzig auf die Waggons verteilt – springen aus dem Zug, sowie er zum Stillstand gekommen ist, und binden die Feindkräfte im Nahkampf. Selbstverständlich tragen auch sie Schmeißer-MP und MG und darüber hinaus zwanzig leichte 80mm-Mörser. Wie Sie sehen, meine Herren«, erklärte er mit einem grausamen Lächeln, »wird dieser Zug eine tödliche Maschine sein.« Er ging zurück auf seinen Platz.

»Hierbei handelt es sich allerdings nur um einen Teil des Plans«, bemerkte von Beck rasch. »Ich bezweifle nicht, daß Liszt und seine Standarte in der Lage sind, jeglichen Angriff auf den Zug zurückzuschlagen und dem Gegner schwere Verluste zuzufügen. Mir geht es aber um mehr: Ich will die Terroristen, die den Zug angreifen, total vernichten. Ich will Belvoirs Leiche sehen. Erst dann kann ich glauben, daß seine Mission gescheitert ist. Wenn ich die Ausrottung der angreifenden Verbände sicherstellen will, muß ich sie umzingeln und jeden Fluchtversuch vereiteln. Wenn sie den Zug anhalten und angreifen, müssen wir ihnen mit starken Kräften in den Rücken fallen und sie im Kreuzfeuer festnageln, so daß ihnen keine Überlebenschance bleibt.«

»Und wie wollen Sie das bewerkstelligen?« fragte der Standartenführer verwundert.

»Indem ich den genauen Punkt errate, an dem sie den Zug angreifen werden – und ihnen dort eine Falle stelle«, erwiderte von Beck. »Und das ist der Hauptgrund, weshalb ich diese Konferenz einberufen habe.«

»Von Mutmaßungen halte ich nicht viel«, grollte Standartenführer Liszt.

Von Becks Backenmuskeln spannten sich, aber es gelang ihm, sein Lächeln beizubehalten. »Nennen wir es eine Mutmaßung, die auf gründlicher Kenntnis der herrschenden Umstände beruht«, versetzte er. »Außerdem können wir einen der besten Fachleute zu Rate ziehen. Oberst Mannheim, würden Sie uns bitte aufklären?«

Der Fallschirmjägeroberst, ein hagerer Mann mit braunen Haaren, schritt zur Karte. Er sprach hastig, verschluckte Silben, seine Hände und sein Körper waren unablässig in Bewegung. »Wir sollten versuchen, uns in die Lage des Feindes zu versetzen, seine Ziele, die Grenzen seiner Möglichkeiten und die Probleme analysieren, die sich ihm hinsichtlich Logistik, Taktik, Aufmarsch- und Rückzugsweg stellen. Wenn wir alle diese Gesichtspunkte systematisch untersuchen, sollten wir meiner Ansicht nach in der Lage sein, die verschiedenen Möglichkeiten, die sich dem Gegner bieten, zunehmend einzuengen und zu handfesten Schlußfolgerungen zu gelangen. Genau das beabsichtige ich jetzt.« Er hatte eine hohe, schrille Stimme, machte aber im großen und ganzen einen zuverlässigen, äußerst sachkundigen Eindruck.

»Bitte fahren Sie fort.« Von Beck nickte verbindlich.

Der Oberst stellte sich vor der Karte auf und legte in einer etwas theatralischen Geste beide Handflächen mit gespreizten Fingern auf die Randstreifen der Karte, wo die westlichen und östlichen Grenzgebiete Frankreichs dargestellt waren.

»Hier werden sie nicht angreifen«, erklärte er mit Bestimmtheit. »Erster Grund: zu starke deutsche Truppenkonzentrationen in Elsaß-Lothringen im Osten und an der Kanalküste im Westen. Zweiter Grund: Bei diesem Sturmangriff müssen mehrere hundert Leute eingesetzt werden. In keinem Gebiet Frankreichs können sie über eine ausreichende Anzahl von Terroristen für eine Operation dieses Ausmaßes verfügen. Aus diesem Grund müssen sie ihre Kräfte aus dem ganzen Land zusammenziehen, und hauptsächlich aus den Gebieten südlich von Paris, wo die großen Banden operieren. Sie werden den Ort wählen, an den sie ihre Männer am leichtesten hinbringen können, und von dem aus sie in der Lage sind, sich in raschem Rückzug in verschiedene Richtungen zu zerstreuen.« Seine geschäftigen Hände vollführten zuckend eine fächerförmige Bewegung und kamen auf der Kartenmitte zur Ruhe. »Daher ist unsere erste Schlußfolgerung, daß sie auf dem Mittelabschnitt, irgendwo zwischen Amiens und Bar-le-Duc angreifen werden.«

Er machte eine Pause, holte tief Luft und fuhr dann fort: »Zweite Annahme: Aus Gründen, die auf der Hand liegen, werden sie die großen Städte und ihre unmittelbare Umgebung meiden. Somit können wir Reims, Laon, Saint-Quentin und Amiens ausschließen. Dritte Annahme: Sie brauchen ein Gelände, in dem sie erst im letzten Augenblick entdeckt werden können.«

»Gebirge«, warf Standartenführer Liszt rasch ein.

»Nein«, gab Mannheim zurück. »Gebirgslandschaft ist ideal für kleine Kampfverbände, die zuschlagen, sich zurückziehen und dann in den Schluchten verschwinden. Aber für einen Verband dieser Stärke – ich schätze zwei- bis fünfhundert Leute – könnte das Gebirge zur Falle werden. Fünfhundert Mann kann man nicht so einfach plötzlich verschwinden lassen. Sie brauchen ein Gelände, in dem sie nicht gesehen werden können, aus dem sie aber mit Leichtigkeit entfliehen können, über Feldwege oder sogar Landstraßen, wenn sie schnell genug sind. Was mir vorschwebt, ist Waldland. Flaches, waldbestandenes Land, so weit wie möglich von den großen Städten entfernt, mit gut erreichbaren Feldwegen und Nebenstraßen. Nun lassen Sie uns einmal sehen, welche Gebiete entlang der Eisenbahnstrecke diesen Anforderungen entsprechen.« Er wandte sich zur Karte und wies mit raschen, entschiedenen Gesten auf drei Punkte: »Vitry-le-François – ein zehn Kilometer langer

Streckenabschnitt; südöstlich von Laon – fünfzehn Kilometer; Nesle, zwischen Saint-Quentin und Amiens – zehn Kilometer.« Er drehte sich selbstzufrieden um. »Wenn wir versuchen, das noch weiter einzuengen . . .«

»Ich finde, daß wir hier abbrechen sollten, Oberst Mannheim«, unterbrach von Beck und hob die Hand. »Wir sollten unser Glück nicht überbeanspruchen. Ich schlage vor, daß wir unsere Fallen an allen drei Orten stellen. Sie teilen Ihre Brigade in drei ungefähr gleich starke Einsatzgruppen auf, die heute nacht in den fraglichen Gebieten in Stellung gehen. Dort sollten sie den ganzen Tag über rund zwanzig Kilometer von der Bahnstrecke entfernt in Tarnung bleiben. Sie dürfen auf keinen Fall ausgemacht werden. Jegliche Aufklärungsarbeit entlang der Strecke muß von Zivilisten übernommen werden. Unser Monsieur Moreau von der Miliz wird Sie mit Leuten versorgen, die sich als Arbeiter oder Bauern verkleidet in der Nähe der Schienen bewegen können. Ich rechne damit, daß diese Beobachtungsposten bis zum späten Abend jegliche ungewöhnliche Vorgänge wahrgenommen haben, so daß wir mit einiger Sicherheit sagen können, wo der Angriff stattfinden wird. Die in dem fraglichen Gebiet eingesetzte Einheit wird die Terroristen äußerst behutsam umzingeln und ihren Rückzugsweg völlig abriegeln, so daß sie sich nach Beginn des Angriffs auf beiden Seiten des Schienenstrangs zwischen Zug und Wald festgenagelt finden. Lassen Sie niemanden entkommen. Irgendwelche Fragen?«

Da niemand Fragen hatte, wurde die Besprechung vertagt. Standartenführer Liszt und Oberst Mannheim blieben zurück, um zusammen mit von Beck die Einzelheiten der Operation auszuarbeiten. Liszt sah von Beck scharf und aufmerksam an. »Diese Idee, sie von beiden Seiten her in die Zange zu nehmen . . .«, murmelte er langsam, wobei sich ein durchtriebener Ausdruck über sein Gesicht legte. »Das beweist, daß Sie ein sehr blutdürstiger Mann sind, Herr Oberst.«

Das Eigenschaftswort traf ihn wie ein Schlag ins Gesicht – blutdürstig. Er wollte gerade Einwand erheben, erkannte dann aber plötzlich, daß der Mann recht hatte. Er wollte sie alle töten, die ganze Gruppe vernichten, und ganz besonders einen Mann. Ihn wollte er um jeden Preis tot sehen, und er wußte auch, weshalb. Nicht wegen der Enigma, sondern wegen dieser Frau, die in seinem Bett schlief, die ihn zum Wahnsinn trieb – ihm aber nicht gehörte und auch nie gehören würde, denn sie war die Geliebte des Abenteurers Belvoir.

»Belvoir muß sterben!« stieß er zwischen zusammengebissenen Zähnen hervor.

Dreißig Kilometer entfernt fand auch das Treffen in der Villa des Barons ein Ende. Die *maquisards* beschlossen einstimmig, den Zug im dichten Wald südöstlich von Laon anzugreifen.

Beim Verlassen von *Le rendez-vous des amoureux* zog Henri seine Genossen Maurice und Raymond beiseite.

»Ihr wißt, was ihr zu tun habt«, sagte er leise. »Euer Auftrag lautet, die Enigma nach dem Angriff nach Rouen zu bringen und dort bei den Leuten zu verstecken, bis unser russischer Freund in der Schweiz uns Anweisungen gibt, was wir damit anfangen sollen. Ihr habt drei Autos, guten Geleitschutz und erstklassige Papiere.«

Maurice sah ihn erstaunt an. »Ich dachte, wir hätten versprochen, die Maschine dem Baron zu übergeben.«

Henri lächelte niederträchtig. »Er wird sie niemals zu Gesicht bekommen, *mon petit* Maurice. Er spielt bei diesem Unternehmen keine Rolle mehr. Unsere Anweisungen kommen aus Moskau, nicht aus London.«

Dann drehte er sich um und winkte dem Baron, der

vor der Haustür stand, herzlich zu. Belvoir lächelte und winkte zurück. *»Adieu«,* murmelte er langsam. Er wußte, daß er diese Leute nie wiedersehen würde.

Später an diesem Vormittag machte Belvoir auf seinem Weg zum Otto-Komplex einmal Station. Er steuerte Brunos Citroën in den düsteren Arbeitervorort Pantin, nicht weit von den Schlachthäusern der Porte de la Villette, wo Tag für Tag die Rinder zu Hunderten dem ewigen, unstillbaren Hunger von Paris geopfert wurden. Er erreichte den schmalen Canal-de-L'Ourcq, dessen dunkles, schlammiges Wasser still ruhte und nur selten aufgewühlt wurde, wenn ein langer, niedriger Lastkahn vorbeikam, beladen mit Sand oder Zement und vorangestakt von einem schwieligen, strengen Schiffer. 47, Quai de l'Oise war ein dunkelbraunes, zweistöckiges Gebäude, das seine Front dem Kanal zuwandte. Belvoir ließ den Wagen in einiger Entfernung stehen und ging am Kanalufer entlang, überquerte dann die Straße und stieg verstohlen in den zweiten Stock. Er klopfte an die einzige Tür des Treppenabsatzes.

Er hörte ein Quietschen, als bewegte sich hinter der Tür jemand und hielte dabei den Atem an. Er hatte keine Zeit zu vergeuden. »Mach auf, Julot!« rief er ungeduldig. »Ich bin's, der Baron!«

Ein langer Augenblick verstrich, ehe die Tür sich einen Spalt weit öffnete. Ein mißtrauisches, blutunterlaufenes Auge lugte ihn argwöhnisch an.

»Das ist nicht der Baron. Wer zum Teufel sind Sie?« fragte der Mann heiser.

Der Baron stieß die Tür auf, worauf sich der gebeugte Mann mit dem langen schwarzen Bart hastig zurückzog. »Und ob ich der Baron bin«, meinte er lässig. »Du kennst meine Stimme und kannst sehen, daß das nur eine Verkleidung ist.« Der Mann, der Julot hieß, untersuchte ihn eingehend und betastete seinen Bart.

»Dein Bart gefällt mir nicht«, fuhr der Baron fort. »Schau, *mon petit* Julot, ein Bart ist etwas, an das sich die Leute erinnern«, klärte er ihn geduldig auf. »Und in unserer Branche wollen wir doch nicht zu viel Aufmerksamkeit auf uns ziehen, oder? Falls dieser prachtvolle Bart also echt sein sollte – er sieht jedenfalls so aus –, rate ich dir dringend, ihn entweder abzurasieren oder dir einen anderen Beruf zu suchen.«

»Den hab' ich mir im Knast wachsen lassen«, verteidigte Julot sich murmelnd.

»Ja, ich habe von Bruno gehört, daß du gerade ein Jahr abgerissen hast.« Belvoir nickte und seufzte. »Und du weißt ganz genau, daß das ganz allein deine Schuld war. Wie oft habe ich dir gesagt, daß Sprengstoff eindeutig aus der Mode gekommen ist? Wenn du schon so gerne schränkst, solltest du dir wenigstens reinere Methoden einfallen lassen – knack' die Kombination oder mach' Nachschlüssel. Sprengstoff macht viel zu viel Krach, ist viel zu indiskret . . .« Beim Reden schritt der Baron durch das unaufgeräumte Zimmer, trat angewidert nach alten Schuhen, Pantoffeln und schmutzigen Socken, bückte sich, um ein zusammengeknülltes Stück Unterwäsche aufzuheben und es beiseite zu legen. Er griff nach einer halbvollen Falsche Wein und roch in düsterer Vorahnung am Hals. »Hab ich mir's doch gedacht«, kommentierte er betrübt. »Miserabel.« Julot folgte seinen Bewegungen mit einem stumpfen Starren. Schließlich drehte der Baron sich um und sah ihn an. »Gut, du wolltest nicht auf meinen Rat hören, als ich ihn dir anbot. Das ist deine Angelegenheit. Da du aber mit Sprengstoff zu tun hast, kannst du dich nützlich machen. Ich habe einen kleinen Auftrag für dich.«

»Was für einen Auftrag?« fragte Julot unsicher.

Der Baron erklärte ihm ausführlich, was er wollte. »Bruno kommt morgen früh vorbei, um das Zeug abzuholen, klar?« Er gab dem Ex-Sträfling einen Klaps auf den Rücken und drückte ihm ein paar Scheine in die Hand. »Aber ehe du anfängst, läßt du dich erst einmal rasieren, besorgst dir saubere Kleider und, Himmel noch mal, einen anständigen Wein.«

Er eilte die Treppe hinunter, stieg in Brunos Wagen und meldete sich zwanzig Minuten darauf im Otto-Gebäude zur Nachmittagsschicht. Nachdem er dem Wachtposten vom Dienst seinen Passierschein gezeigt hatte, gesellte er sich zu einer Gruppe von Arbeitern, die Holzkisten und Pappkartons in den Keller transportierten.

Am späten Nachmittag, als er gerade einen schweren Kasten schleppte, stieß er mit einem deutschen Offizier zusammen, der auf dem Weg nach draußen rasch die weitläufige Halle durchquerte.

Er lächelte den großen blonden Deutschen einfältig an.

»'tschuldigen Sie mir bitte«, bat er murmelnd mit einem erbärmlichen französischen Akzent um Vergebung.

Von Beck eilte an ihm vorbei und dachte einen Moment lang, daß ihm das Lächeln dieses Franzosen nicht gefiel.

2. Juni 1944, 2.50–4.05 Uhr

Am 2. Juni um 2.50 Uhr drückte Hauptscharführer Egon Wepler, Hauptfeldwebel in der SS, seine halbgerauchte Zigarette aus und verwahrte sie sorgfältig in der flachen Blechschachtel, die er immer in der linken Brusttasche seiner Feldjacke trug. Durchs Rückfenster des Führerstands der Lokomotive bedeutete er seinen Männern, die auf dem Kohlen- und Wassertender saßen, seinem Beispiel zu folgen. Es dauerte ein, zwei Minuten, bis sie seine Gesten bemerkten. Die Nacht war stockfinster, und der blasse Mond, der den Zug auf dem ersten Teil der Strecke von Nancy begleitet hatte, war längst hinter dichten schwarzen Wolkenmassen verschwunden. Selbst wenn der Himmel sternklar wäre, sann er, würde das kaum einen Unterschied machen. Die letzten Stunden vor dem Morgengrauen waren immer die dunkelsten und gefährlichsten. Er wandte sich an den französischen Lokomotivführer und seinen Heizer, die geschäftig Kohle in die hell glühende Feuerung schaufelten und dabei aussahen wie zwei Teufel, die das Höllenfeuer schürten. »He, Sie da!« rief er in schlechtem, abgehacktem Französisch. »Sie fahren jetzt gleichmäßig sechzig, verstanden? Keinen Kilometer mehr!« Der Lokomotivführer nickte bedächtig und warf einen Blick auf den Tachographen. Er zuckte die Achseln. Die Lokomotive der Baureihe 241-P war ein Monstrum, das einhundertdreißig Tonnen wog, dreitausenddreihundert PS entwikkeln und mit Leichtigkeit eine Geschwindigkeit von hundert Kilometern in der Stunde erreichen konnte. Aber die *boches* mußten ihre guten Gründe haben, sagte er sich; die Fracht, die in diesem Zug transportiert wurde, war gewiß wertvoll und erforderte außergewöhnliche Sicherheitsvorkehrungen. Im Lauf der vier langen, bitter demütigenden Jahre, die er als Lokomotivführer deutscher Militärzüge verbracht hatte, war er noch nie Führer eines so scharf bewachten Transports gewesen. Er fuhr sich über sein gerötetes, ruß- und schweißverschmiertes Gesicht und wandte seine Aufmerksamkeit wieder der Feuerung zu.

Egon Wepler klopfte auf die Schulter seines Kameraden, des jungen Rottenführers Stark, der bestätigend nickte; dann stieg der Hauptscharführer auf den Kohlenhaufen am Ende des Führerstandes, packte die Kante des

Kabinendaches und zog seinen massiven Körper hoch aufs Dach. Eiskalter, schrill pfeifender Wind peitschte ihm Gesicht und Brust und führte dichten, übelriechenden Rauch mit sich, den der nur wenige Meter vor ihm aufragende Doppelschornstein ausstieß. Weppler geriet unter der Wucht des Fahrtwindes bedenklich ins Wanken, hustete, um seine schmerzenden Lungen von dem Übelkeit erregenden Rauch zu befreien, und warf sich flach auf das kalte, klebrige Dach des Führerstands. Er machte sich breit, um dem Fahrtwind den geringstmöglichen Widerstand zu bieten und verankerte seine gespreizten Beine an der rückwärtigen Dachkante. Dann rückte er eine Schutzbrille in seinem Gesicht zurecht, die seine Augen vor dem Rauch und Hagel von Rußpartikeln im Fahrtwind bewahrte.

Stark, der ihn von der Tür des Führerstands aus genau im Auge behalten hatte, reichte ihm das MG-34 und die Munitionskiste. Wepler brachte die Waffe auf ihrem Zweibein in Stellung, schob den Patronengurt in die längliche Kammer und ließ die Abdeckung einschnappen. Dann hakte er sich vorsichtig vier Handgranaten mit hölzernen Griffen vom Koppel und legte sie vor sich hin, klemmte sie fest in dem schmalen Spalt zwischen Maschinengewehrlauf und Munitionskiste ein. Auf diese Weise sorgte er dafür, daß sie sich nicht von der Stelle rührten. Bei der Vorstellung, daß eine auf dem leicht gewölbten Dach ins Rollen geraten, vom Zug fallen und beim Aufprall explodieren könnte, bekam er eine Gänsehaut.

Alle diese Vorkehrungen hatte er schon einmal getroffen, als der Zug die erste Gefahrenzone bei Vitry-le-François durchfuhr. Es hatte sich jedoch nichts ereignet, und er war um 23.30 Uhr in den Führerstand zurückgekehrt, um sich dort friedlich auszuruhen, bis sie den dichten Eichenwald von Laon erreichten, was vor wenigen Minuten geschehen war. Sie waren um 2.35 Uhr in Reims abgefahren und sollten laut Fahrplan um 3.25 Uhr in Laon eintreffen. Die Terroristen lauerten ihnen entweder in diesem finsteren Wald auf oder hinter Saint-Quentin, sechzig Kilometer und eine Fahrstunde entfernt. Er hatte jedoch die seltsame Vorahnung, daß der Angriff hier stattfinden würde, auf der Geraden, die vor ihnen lag. Er riß sich zusammen und starrte wachsam nach vorne, wo die starke, wie ein kaltes Zyklopenauge an der Stirn der Lokomotive befestigte Lampe einen blendend weißen Lichtstrahl auf den Schienenstrang warf.

Knapp hundertfünfzig Meter hinter ihm, im neunten Wagen des Zuges, schaute SS-Standartenführer Liszt auf seine Uhr und wandte sich zum zweitenmal seit Vitry-le-François an seinen Einsatzleiter. »Geben Sie Alarm!« Niemand stieß in die Trompete, niemand rührte die Trommeln. Wenige Soldaten eilten schweigend durch die langen Gänge des Zuges, rüttelten ihre schlafenden Kameraden wach, flüsterten den Offizieren den Befehl zu. Die Wagen waren in totale Finsternis getaucht. Die schlaftrunkenen Soldaten brauchten das Doppelte der üblichen Zeit, um sich bei den Maschinengewehren in den Abteilen zu versammeln oder sich in langen Reihen in den Mittelgang zu hocken, bereit, rasch aus den Türen zu stürzen. Diese Verzögerung jedoch hatte der eiskalte Verstand des Standartenführers, der wie eine Rechenmaschine arbeitete, von vornherein einkalkuliert. Seine Männer waren um Punkt 2.50 Uhr einsatzbereit.

Wenige Kilometer weiter westlich betrat in diesem Augenblick Oberst Mannheim, der Kommandeur der Fallschirmjägerbrigade, den in einem verlassenen Gehöft acht Kilometer von der Bahnlinie versteckten Gefechtsstand seines tausend Mann starken Bataillons. Er war gerade erst von seinem rückwärtigen Befehlsstand in

Creil am Stadtrand von Paris eingetroffen, der ungefähr gleich weit von den drei Gefahrenzonen entfernt lag. Dort war er bis zum letzten Augenblick geblieben, bereit, sofort in das Gebiet zu fahren, in dem der Angriff stattfand. Am frühen Abend hatte ein zunehmender Strom von Hinweisen aus verschiedenen Quellen erkennen lassen, daß bei Laon ungewöhnliche Betriebsamkeit ausgemacht worden war. Er hatte es jedoch vorgezogen, zu warten, bis der Zug Vitry-le-François passiert hatte, ehe er in seinen Wagen sprang. Nun beugte er sich in dem feuchten Keller des Bauernhauses, in dem sein Führungsstab operierte, über eine große, mit durchsichtigem Zelluloid bedeckte Karte des Gebiets. Auf das Zelluloid hatte sein Einsatzleiter mit rotem Fettstift eine große Ellipse gezeichnet. Mannheim preßte das Zelluloid auf die Karte. Die Ellipse umgab einen annähernd einen Kilometer langen Abschnitt der Gleisstrecke an einer Stelle, wo sie sich mit einem Feldweg kreuzte. Auf diesem Streckenabschnitt verliefen die Gleise in Ost-West-Richtung.

Er wies auf die rote Ellipse. »Hier haben wir also unsere Front.«

»Jawohl!« bestätigte der junge Einsatzleiter und sprudelte aufgeregt hervor: »Wir haben sie total eingekesselt, Herr Oberst. Wir sahen sie kommen und zu beiden Seiten der Bahnstrecke in Stellung gehen. Ihre Hauptmacht ist um den Bahnübergang des Feldweges konzentriert. Mag sein, daß sie ihn als Rückzugsweg benutzen wollen. Wir ließen sie durch unsere Linien. Sie schöpften keinen Verdacht. Major Krüger hat an der Nordseite einen Nebengefechtsstand eingerichtet« – er wies auf ein kleines Quadrat am äußersten Ende der Ellipse – »und wir haben gerade unseren Leuten den gemeinsamen Befehl zum Vorrücken gegen die Bahnstrecke erteilt. Die Terroristen müssen den Zug jetzt jeden Augenblick angreifen – und sie sind total eingekesselt. Alles genau nach Plan.«

Mannheim nickte kalt. »Und die Mörser?« fragte er.

»In Stellung und auf die feindlichen Konzentrationen nördlich und südlich der Gleise gerichtet.«

»Bestens.« Der Oberst lächelte trocken. »Dann wollen wir mal losziehen und uns den Rummel ansehen.«

In einer dichten Gruppe junger Bäume am Rand des Feldwegs, kaum hundert Meter vom Bahnübergang entfernt, stand Henri und überprüfte seine Thompson-Maschinenpistole. Der Kommunistenführer war gerade von einer letzten Inspektionsrunde zurückgekehrt. Seine Männer waren bereit. Er hatte sich bis zur kleinsten Einzelheit an Maurices systematische Planung gehalten. Eine aus zehn Männer bestehende Abteilung, die am westlichen Ende seines Abschnitts in Stellung gegangen war, hatte die Aufgabe, die Gleise zu sprengen und den Zug zum Stehen zu bringen. Ein ähnlicher Trupp würde das Zugende angreifen. Zwischen diesen beiden Abteilungen lagen entlang des Gleisabschnitts, auf dem der Zug eingeschlossen werden sollte, einhundertsechzig Leute in Stellung, die ihn mit Handgranaten und automatischem Feuer zu durchsieben hatten. Nach kurzer Vorbereitung würden die Maschinengewehre ihr Feuer auf die drei ersten und die drei letzten Waggons konzentrieren und die vier Waggons der Nachrichtenabteilung in der Mitte des Zuges verschonen. Anschließend würde er persönlich an der Spitze von hundert Kämpfern den Sturmangriff auf den Zug leiten.

Hinter ihm raschelte Laub. Er fuhr herum. Raymond und Maurice, seine engsten Adjutanten, gingen mit ihren Waffen in der Hand neben ihm in die Hocke. »Die Männer sind bereit«, flüsterte Raymond und wies auf die nicht erkennbare dunkle Masse, die fünfzig Meter hinter ihnen auf der Lauer lag. »Wir haben die Waffen ein letztes Mal überprüft. Diese Thompsons, die wir vor drei Monaten aus England bekamen, sind erstklassig.«

Henri nickte. »Du weißt, was du zu tun hast«, flüsterte er eindringlich. »Deine Aufgabe ist die entscheidendste der ganzen Operation. Raymond, du mußt als erster vor deinen Leuten in den Enigma-Wagen eindringen. Wieviele Männer hast du für den Durchbruch?«

»Zwölf.«

»Gut. Ich bleibe dicht hinter euch. Du bist mit deiner Gruppe dafür verantwortlich, daß alle Insassen getötet werden. Niemand darf überleben. Niemand darf verraten, daß die Enigma gestohlen wurde.«

»Ja, das wissen wir«, erwiderte Raymond. »Wir haben das mehrmals geprobt.«

Henri wandte sich an den Marseiller. »Maurice, du greifst sofort ein, nachdem die Deutschen erledigt sind. Deine Pioniere sprengen eine Öffnung in die nördliche Seitenwand des Wagens. In diesem Augenblick schnappst du dir mit Raymond die Maschine, läßt alles stehen und liegen und verschwindest. Vergiß nicht, ihr dürft euch keine Sekunde länger aufhalten. Ihr springt über die Schienen, tragt die Enigma zum Fluchtwagen – und macht euch aus dem Staub, so schnell ihr könnt. Um den Rest braucht ihr euch keine Gedanken zu machen. Das mache ich.«

Er verfiel in Schweigen. Der Plan mußte einfach gelingen. Er schätzte, daß Raymond und Maurice fünf Minuten nach Beginn des Angriffs im Wagen sitzen und die Enigma sicher im Kofferraum liegen haben würden. Das Fluchtfahrzeug, eine deutsche Stabslimousine, war gestern früh in Arras gestohlen worden. Nun wartete es neben dem Feldweg auf der anderen Seite des Schienenstrangs, verborgen im Schatten eines Baums, und der Fahrer und ein Beifahrer trugen bereits deutsche Uniformen. Sie hatten alle erforderlichen Papiere, ordnungsgemäß unterschrieben und abgestempelt. Niemand würde wahrnehmen, daß sie gefälscht waren. Nur noch drei Stunden, dann stand die Enigma in einem sicheren Versteck in Rouen. Er selbst plante, nur noch ein paar Minuten länger zu bleiben, um die völlige Zerstörung des Enigma-Waggons zu überwachen, damit niemand bei der Untersuchung der ausgeglühten Wagentrümmer bemerken konnte, daß die Enigma fehlte. Und dann würde er den raschen Rückzug seiner Männer über gehörig erprobte Fluchtwege leiten.

Von weither grollte gedämpfter Donner, irgendwo im Osten, und das Rumpeln klang zunehmend näher und lauter. Er sah auf seine Armbanduhr. Es war 2.55 Uhr. Er zitterte vor Erwartung und wandte sich an seine beiden Adjutanten. »Sie kommen«, flüsterte er.

Hauptscharführer Wepler lebte nicht lange genug, um sein MG-34 benutzen zu können. Er beobachtete noch immer aufmerksam den Schienenstrang vor sich, als eine gewaltige Explosion die riesige Lokomotive hochschleuderte und mit einen ohrenbetäubenden Krachen wieder zu Boden warf. Wepler wurde hoch in die Luft katapultiert und landete links von dem zertrümmerten stählernen Ungeheuer mit einem gräßlichen dumpfen Schlag auf dem Rücken. Er brach sich das Genick und war bereits tot, als neben ihm ein untersetzter *maquisard* auftauchte und seine Brust mit Kugeln durchsiebte.

Die Druckwelle der starken Sprengladung hatte die Lokomotive in einen verbogenen schwarzen Kadaver verwandelt. Aber das Ungeheuer starb nur langsam und schien einen grausigen Todeskampf zu leiden. Die Lokomotive lag auf der rechten Seite quer über den gesprengten Gleisen. Die Explosion hatte die Kuppelstangen zerschmettert, die die gewaltigen Treibräder verbanden, und die linken Räder, ungezügelt von Reibung, Gewicht, Kurbeln und Stangen, drehten sich rasend schnell in der Luft –, wie im Versuch, den Zug noch einmal zu ziehen. Die Feuerung glühte noch immer hell, der Doppelschornstein stieß seinen schwarzen Rauch aus, während kochendes Wasser in winzigen Geisern aus dem leckgeschlagenen Kessel spritzte, ihn in eine zischende Dampfwolke hüllte, die wie ein nebliger fliegender Teppich über der Lokomotive waberte. An einer Stelle wurde der Dunst vom starken Strahl der wie durch ein Wunder unversehrten Stirnlampe durchbohrt, die in steilem Winkel gen Himmel leuchtete. Und gleich dem Todesschrei eines vorzeitlichen Ungeheuers pfiff die blockierte Dampfpfeife schrill, bis ihr heller, wimmernder Ton langsam verebbte, als der Druck im Dampfkessel nach und nach abfiel.

Das nervenzerreißende Kreischen der Pfeife untermalte schaurig den Lärm der grimmigen Schlacht, die den gelähmten Zug umtobte. Die Explosion, von der die Lokomotive vom Rest des Zuges gerissen worden war, hatte die Waggons zwar nicht umgeworfen, aber gewaltig durchgeschüttelt und die Verteidiger für ein, zwei Minuten völlig kampfunfähig gemacht. Henris Partisanen begannen ihren Sturmangriff mit tödlicher Präzision. Die Maschinengewehre zu beiden Seiten des Zuges bellten in rasendem Stakkato auf, und ein Hagel von Geschossen traf die Wagen, zerschmetterte Fenster, säte in den schmalen Gängen Tod und Verderben, Kugeln surrten in den Abteilen herum wie zornige, todbringende Bienen. Mehrere *maquisards,* ungeachtet der Gefahr, von ihren eigenen Kameraden getroffen zu werden, sprangen vorwärts und warfen Handgranaten in die Fenster der Abteile. Einige setzten zum erstenmal eine Waffe ein, mit deren Hilfe der deutsche Angriff in Stalingrad aufgehalten worden war: Sie schleuderten Flaschen, die eine selbstgebraute Mixtur aus Schwefelsäure und Kaliumchlorat enthielten und den Spitznamen »Molotow-Cocktails« trugen, nach den offenen Türen und Fenstern. Die Flaschen explodierten in grellgelben Feuerbällen und setzten alles in ihrer Umgebung in Brand. Einer dieser Cocktails zerbarst im neunten Wagen, genau vor den Füßen des SS-Standartenführers Liszt. Im Bruchteil einer Sekunde verwandelte sich der Nazi-Offizier in eine lodernde Fackel. Seine gräßlichen, unmenschlichen Schreie hallten durch den Wagen, während der Gestank seines verbrennenden Fleisches sich unter seinen entsetzten Stabsoffizieren verbreitete. Er starb schreiend unter Höllenqualen, sein verkrümmter Körper war versengt und schwarz, seine Lippen weit zurückgezogen, sein Mund mit gefletschten Zähnen auf fürchterliche Weise aufgerissen. Ein ähnliches Schicksal erwartete die ersten Soldaten, die versuchten, durch die Türen aus dem Zug zu springen. Die Molotow-Cocktails explodierten in den offenen Türen und verwandelten sie in Wände undurchdringlichen Feuers. Während der ersten Minuten des Angriffs starben Dutzende von SS-Männern eines entsetzlichen Todes, wurden von Kugeln getroffen, von Handgranaten zerrissen, bis zur Unkenntlichkeit verbrannt, von dem teuflischen Gebräu in den Molotow-Cocktails. Der Ausgang der Schlacht schien gewiß zu sein.

Und dann wurde der erste schwarze MG-Lauf durch ein Abteilfenster geschoben, dann ein zweiter, dritter, vierter; bald spuckten überall entlang des Zuges Dutzende in einem verzweifelten Gegenstoß Feuer. Die MG-Nester der *maquisards,* die offen im flachen Gelände lagen und nicht mit Sandsäcken oder Gräben geschützt worden waren, gerieten unter schweres, gezieltes Feuer. In einem Waggon erscholl ein Ruf, der bald überall im Zug wiederholt wurde: »Rauchbomben raus!« Binnen weniger Sekunden wurden Dutzende dieser Granaten aus den Fenstern geworfen und hüllten den Zug rasch in eine undurchdringliche schwarze Rauchwolke. SS-Soldaten nutzten die wenigen Augenblicke, in denen das Feuer der Franzosen seine Präzision verlor, voll aus, sprangen fieberhaft aus den Waggons, stürmten vorwärts und begannen ihren Gegenangriff. Die schmalen Geländestreifen beiderseits des Schienenstranges wurden zu einem blutigen Schlachtfeld, auf dem sich Franzosen und Deutsche ein erbittertes Gefecht lieferten, einander zuerst mit automatischem Feuer und Handgranaten bekämpften und bald mit gezogenen Messern, Gewehrkolben und sogar mit bloßen Händen, die nach der Kehle des Gegners krallten, aufeinander losgingen.

Henri führte seine Männer durch den Wirrwarr sich windender, in wildem Kampf verstrickter Leiber. Weder die sich lichtenden Reihen seiner Gruppe noch die Schmerzens- und flehenden Hilfeschreie konnten ihn von seinem Ziel, die Enigma zu erbeuten, abbringen. Wie die meisten seiner Männer war er von dem plötzlichen Gegenstoß wie betäubt, denn er hatte nur mit einem Zug voller Schreiber, Stabsoffiziere und Funker gerechnet. Er beabsichtigte, seine Männer später neu zu gruppieren und sie zu einem letzten, entscheidenden Sturmangriff gegen den Feind zu führen. Zuerst aber mußte er seine Aufgabe erfüllen.

Die Hauptmasse seiner Gruppe erreichte den Enigma-Wagen rasch. Er stand sonderbar still und dunkel da. »Raymond!« rief Henri drängend. Sein Genosse sprang auf die erste Stufe des Wagens. *»Après moi!«* brüllte er und verschwand im Wageninnern, rasch gefolgt von einer Handvoll Partisanen. Maurice hockte neben den hölzernen Stufen des Waggons, umgeben von seinen Pionieren. Henri setzte rasch einige seiner Männer in Marsch, um einen möglichen deutschen Gegenangriff an den Flanken abzuwehren.

Ganz plötzlich tauchte Raymond in der Tür auf. Seine Miene verriet ein Gemisch aus Bestürzung und Verwirrung. »Henri!« schrie er. »Der Wagen ist leer! Da ist nichts drin!«

»Was?« brüllte Henri ungläubig. Raymond nickte langsam. In diesem Augenblick sprang ein SS-Soldat mitten unter die *maquisards* und schoß den Inhalt des Magazins seiner Schmeißer auf Raymond ab, der in der Wagentür stand und ein vorzügliches Ziel bot. Raymond hielt sich den Bauch und stürzte kopfüber zwischen seine Genossen. Maurice hechtete instinktiv auf den Deutschen los, und die beiden Männer fielen zu Boden. Eine Sekunde später stand der Marseiller langsam auf und zog sein blutiges Messer aus der durchschnittenen Kehle des Deutschen. Henri würdigte ihn keines Bliickes. Er schaute wie vom Donner gerührt in die schwarze Türöffnung. Einer von Raymonds Männern steckte den Kopf heraus. »Henri, hier ist keine Maschine!« rief er.

»Vielleicht ist sie in einem anderen Wagen«, erwiderte Henri unsicher. Aber seine Männer kamen bereits zutiefst verwirrt von den benachbarten Waggons zurückgehastet. »Nichts!« meldeten sie, einer nach dem anderen. »Noch nicht einmal ein einziger verdammter *boche*!« fluchte ein Partisan.

Und plötzlich stand Maurice wieder neben ihm, zerrte an seinem Ärmel und schrie mit schreckerfüllter Stimme: »Henri, schau! Hinter uns!« Henri fuhr rasch herum. Vom Wald her, beleuchtet von den zahlreichen Feuern, die entlang des ganzen Zuges loderten, näherte sich eine Linie von Soldaten in Stahlhelmen und Kampfanzügen. Sie hatten ihre Schmeißer-MPi dicht vor die Brust gepreßt und gaben kurze Feuerstöße auf die *maquisards* ab. Einige Partisanen, die zur Bedienungsmannschaft der Maschinengewehre gehörten, waren bereits aufgesprungen und rannten in panischer Flucht auf den Zug zu; andere bemühten sich erfolglos, ihre Waffen in die entgegengesetzte Richtung zu kehren.

»Fallschirmjäger!« rief Henri und stieß eine Verwünschung aus. Er schätzte die Lage rasch ab. Seine Männer waren eingeschlossen zwischen den Soldaten, die aus dem Zug strömten, und den Fallschirmjägern, die aus dem Wald auftauchten. In diesem Augenblick gab es wenige Meter links von ihm eine Detonation. »Mörser!« schrie Maurice. »Sie beschießen uns mit Mörsern!« Henri erkannte, daß keine Zeit zu verlieren war. »Roger! François! Frédo!« befahl er seine Adjutanten zu sich. »Laut zu unseren Leuten. Sie sollen sich sofort absetzen und uns folgen. Wir wollen versuchen, die andere Seite des Zuges zu erreichen, zu den anderen zu stoßen und durch die Wälder zu fliehen. *Allez, vite!*« Seine Männer schwärmten zwischen die kämpfenden Gruppen aus und brüllten Henris Befehl. Er wandte sich an Maurice. »Los geht's!«

Sie bückten sich und krochen unter Puffern und Wagenkupplung hindurch zur anderen Seite der Gleise, dicht gefolgt von ihren Männern. Maurice tauchte als erster auf der anderen Seite auf. *»Mon Dieu!«* stieß er verzweifelt hervor. Henri kniete sich sprachlos neben ihn. Vor ihnen kam eine zweite Fallschirmjägerlinie aus dem Wald. »Wir sind völlig eingeschlossen«, sagte er mit erstickter, gebrochener Stimme und gestand sich zum erstenmal die Niederlage ein.

Als er sich jedoch zu seinen Männern umwandte, die sich hinter ihm zusammendrängten, war er wieder der entschlossene, unerschütterliche Führer. »Uns bleibt nur noch eine Chance«, erklärte er nüchtern. »Eine Frontalattacke in dem konzentrierten Versuch, ihre Linie zu durchbrechen. Macht eure Waffen bereit. Ich führe den Angriff. Wenn ich aufspringe, folgt ihr mir alle. Feuert unentwegt. Männer mit Handgranaten links und rechts von mir.« Er sprang vorwärts, hob seine Waffe und rief heiser: *»En avant!«* Mit wildem Schlachtgeschrei warfen sich seine Männer den vorrückenden Fallschirmjägern entgegen.

Ihre Lage war aussichtslos. Maschinengewehre eröffneten aus allen Richtungen ein mörderisches Kreuzfeuer und nagelten sie am Boden fest. Von allen Seiten her näherten sich SS und Fallschirmjäger, rückten im Schutz eines Kugelhagels vor, vernichteten systematisch die letzten Widerstandsnester der überlebenden Partisanen. Maurice, dessen Brust von mehereren Kugeln zerrissen worden war, starb langsam. »Henri, das Auto«, krächzte er, und ein dünnes Blutrinnsal sickerte ihm aus dem Mundwinkel. »Geh zum Auto!«

Henri wußte, daß er das Fluchtfahrzeug nie erreichen würde. Instinktiv hastete er zurück zu der schützenden Masse des Zuges. Ein unerträglicher Schmerz durchfuhr ihn, als sein linker Arm und sein linkes Bein von Kugeln durchschlagen wurden, aber es gelang ihm, die letzten Meter zurückzulegen und sich unter den Zug zu werfen. Unter Schmerzen zog er sich auf die Achse unter einem der Wagen und klammerte sich an ihr fest, hakte seine Beine über den Radkranz. Er wußte nicht, daß er zu jenem Wagen zurückgekehrt war, der das Ziel der ganzen Operation dargestellt hatte. Und dort klammerte er sich verzweifelt unterm Fahrgestell des Enigma-Waggons fest, biß vor Schmerz, Enttäuschung und Haß die Zähne zusammen und mußte mit ansehen, wie seine letzten Genossen hingeschlachtet wurden. In diesem entsetzlichen Augenblick konnte er nicht wissen, daß außer ihm nur vier *maquisards* das Massaker im Wald von Laon überleben würden.

Um 3.45 Uhr ging in Rudolf von Becks Wohnung das Telefon. Er griff hastig nach dem Hörer. Er hatte die ganze Nacht über nicht geschlafen, unbeweglich in seinem Bett gelegen und auf diesen Anruf gewartet. Michèle atmete neben ihm gleichmäßig, vielleicht zu gleichmäßig. Er bezweifelte, daß sie Ruhe gefunden hatte.

»Von Beck«, meldete er sich.

Es gab starke Nebengeräusche in der Leitung, dann wies sich eine weit entfernte Stimme als Offizier aus Oberst Mannheims Stab aus. Mit einer Stimme, in der Triumph mitschwang, meldete der Fallschirmjäger den vollen Erfolg der Operation. Die Terroristenbande war, wie er sagte, bei Laon völlig aufgerieben worden.

In von Becks Gesicht blühte ein breites Lächeln auf. »Und Belvoir?« fragte er ungeduldig. »Haben Sie ihn bereits gefunden?« Nach einer Pause fügte er hinzu: »Macht nichts, ich bin schon unterwegs.«

Er sprang auf und zog sich rasch an, ohne das Bett hinter sich auch nur eines Blickes zu würdigen. Erst als er fertig war und seine adrette, frischgebügelte Uniform anhatte, drehte er sich um und sah Michèle an, die sprachlos mit zitternden nackten Schultern und schreckgeweiteten Augen im Bett saß.

»Tut mir leid«, sagte er, und trotz aller Anstrengung bebte seine Stimme vor Schmerz. »Wir stehen im Krieg. Du hättest dich nicht hineinziehen lassen sollen. Draußen warten zwei meiner Leute mit dem Befehl, dich zu verhaften. Würdest du dich bitte anziehen?«

Er ging zur Tür. Etwas zwang ihn, sich noch einmal umzudrehen.

»Ich habe dich geliebt, Michèle«, flüsterte er der reglosen Gestalt zu, die ihn im Zwielicht des Morgengrauens aus brennenden blauen Augen anstarrte.

Er hastete die Treppe hinunter. Schneider war über dem Lenkrad des Horch eingeschlafen. Er rüttelte ihn an der Schulter und bemühte sich um ein Lächeln. »Nach

Laon!« befahl er mit klarer, lauter Stimme und versuchte, ihr einen vergnügten, zufriedenen Klang zu verleihen.

2. Juni 1944, 4.05–6.35 Uhr

Vom Fahrersitz seines schwarzen Citroëns aus, der auf der anderen Seite der friedlichen avenue Foch parkte, beobachtete Bruno Morel gelassen von Becks Abfahrt. Er sah auf die Uhr. Es war 4.05 Uhr, gerade fünf Minuten nach dem provisorisch festgelegten Zeitpunkt, zu dem die Aktion anlaufen sollte. Er stieg aus dem Auto und ging zu einer öffentlichen Fernsprechszelle. Dort wählte er die Notrufnummer der Préfecture de Police. »Hallo«, sagte eine verschlafene Stimme langsam und deutlich. »Polizei.«

»Hier spricht die Stimme der Résistance«, erklärte Bruno ohne Hast. »Wir möchten Ihnen mitteilen, daß im Otto-Gebäude, dreiundzwanzig square du Bois de Boulogne, hochexplosive Bomben gelegt worden sind. Die erste wird um vier Uhr fünfzehn losgehen, die anderen in Zeitabständen von jeweils zehn Minuten. *Vive la France!*« Er knallte den Hörer auf den Haken, bestieg seinen Wagen und fuhr weg. Fünf Minuten darauf, als er die verlassenen Champs-Elysés hinunterrollte, hörte er schrilles Sirenenjaulen und sah drei Polizeifahrzeuge, die in die entgegengesetzte Richtung jagten.

Um 4.15 Uhr zerschmetterte eine Explosion ein Büro im ersten Stock des Otto-Gebäudes. Während Streifenwagen der Polizei und motorisierte Feldgendarmen – Militärpolizisten der Wehrmacht – auf den kleinen Platz zustrebten, hetzten von panischem Schrecken ergriffen Soldaten und Wächter, viele noch in Unterhosen, in heillosem Durcheinander aus dem Haus. Die Polizei umstellte rasch das Gebäude und riegelte die schmale Zufahrtsstraße zum Platz ab.

In der kleinen Wohnung von Jean Rigaud, dem Chef des Sprengkommandos der Pariser Polizei, ging das Telefon. »Bombenalarm!« rief der diensthabende Beamte in der Préfecture drängend. »Dreiundzwanzig square du Bois de Boulogne. Bringen Sie den gepanzerten Kastenwagen und die Entschärfungsgeräte mit. Die Explosionen haben bereits eingesetzt.«

»J'arrive«, erwiderte Francis de Belvoir und legte gelassen den Hörer auf die Gabel. Auf diesen Anruf wartete er seit 3.30 Uhr, nachdem er in Rigauds Wohnung in der rue Madame eingedrungen war und Jean Rigaud und seine Frau mit Leichtigkeit überwältigt hatte. Nun lagen die beiden sicher gefesselt und geknebelt auf dem Bett. Die letzte halbe Stunde hatte Belvoir damit verbracht, seiner neuen Verkleidung den letzten Schliff zu geben. Er hatte Rigaud im Lauf der vergangenen zwei Wochen aufmerksam beobachtet und sorgfältig eine Verkleidung vorbereitet, in der er dem Polizeioffizier ähnlich sah. Nun warf er einen letzten Blick auf sein Spiegelbild: rötlichblondes Haar, ein sorgfältig gestutzter Bart und ein Schnurrbart. Die Ähnlichkeit war nur oberflächlich, wie er sich kritisch eingestand. Andererseits aber nahm er an, daß in der panischen und konfusen Atmosphäre, die auf dem square du Bois de Boulogne herrschte, niemand dem Gesicht des Sprengstoffexperten der Polizei genauere Beachtung schenken würde.

Belvoir schlüpfte rasch in Rigauds Overall, setzte seine Polizeimütze auf und ging aus der Wohnung. Der gepanzerte Polizei-Kastenwagen stand gleich vor dem Haus auf einem eigens reservierten Parkplatz. Belvoir hatte das Haus kaum verlassen, als auch schon der schwarze Citroën sanft neben ihm zum Stehen kam. Bruno stellte seinen Wagen vor dem Polizeifahrzeug ab und stieg eilig aus. Beim Aussteigen zerrte er an den Knöpfen seines teuren Kamelhaarmantels. Er zog ihn rasch aus und warf ihn auf die Vordersitze des Citroën. Unter dem Mantel trug auch er einen Polizeioverall. Er öffnete den Kofferraum des Citroën, nahm eine Polizeimütze heraus und setzte sie auf. Gemeinsam mit Belvoir hob er behutsam einen großen quadratischen Gegenstand aus dem Kofferraum und trug ihn zu dem Polizeifahrzeug. Außerdem luden die beiden Männer einige kleinere Päckchen in den dunkelblauen Kastenwagen um. Sie klappten den großen, stahlgepanzerten Behälter auf, der zum Transport scharfer Bomben und Sprengstoffe diente, und legten die Gegenstände hinein. Die ganze Umladeaktion nahm weniger als eine Minute in Anspruch. Belvoir ließ den Motor an, drückte auf den Sirenenknopf, und der Wagen jagte im grauen Licht der Pariser Morgendämmerung los.

Sie hatten den Otto-Komplex nach weniger als zehn Minuten erreicht. Die Polizeibeamten, die die Straßensperre an der Zufahrt zum Platz bemannten, erkannten den Wagen und winkten ihn drängend durch. Der Baron hielt den Kastenwagen genau vor dem Eingang des Otto-Gebäudes an. Französische Polizisten, einige deutsche Feldgendarmen und eine Menge Soldaten standen verwirrt auf dem gegenüberliegenden Gehsteig und starrten gespannt das massive Gebäude an. Aus einem zerschmetterten Fenster im ersten Stock kam eine schwarze Rauchwolke. Glassplitter lagen auf dem menschenleeren Gehsteig.

»He, Sie da, Moment mal!« rief ihnen ein großer, gebeugter Hauptmann der Polizei zu. »Warten Sie!«

»Wir müssen hinein, wir sind *l'équipe anti-démolition*«, rief Belvoir zurück.

Der Beamte kam rasch über die Straße. Er wies auf

seine Armbanduhr. »Warten Sie«, wiederholte er nachdrücklich. »Die nächste Explosion ist in einer Minute fällig. Anschließend gehen Sie sofort hinein. Sie haben zehn Minuten Zeit.«

Er hatte kaum ausgeredet, als eine Explosion das Gebäude erschütterte. Sie war diesmal so stark, daß der Großteil der Fensterscheiben im ersten Stock zersplitterte und klirrend auf den Gehsteig fiel. Aus einem Fenster quoll eine neue Rauchwolke.

»So, jetzt können Sie reingehen«, sagte der Hauptmann.

Bruno und Belvoir, die ihren schweren Behälter trugen, hasteten hinein. Als sie allein in der Halle standen, sagte der Baron: »Rasch jetzt, wir haben knapp zehn Minuten Zeit. Wo hast du die anderen Bomben gelegt?«

»Vier weitere im ersten Stock, zwei im zweiten«, antwortete Bruno.

Sie öffneten den Stahlbehälter, legten die kleinen Päckchen beiseite und packten den großen quadratischen Gegenstand aus, den Bruno in seinem Wagen mitgebracht hatte.

Und da stand sie und sah aus wie das Original: Die Enigma-Kopie.

Rudolf von Beck saß in seinem Horch, der durch die leeren Straßen von Paris raste, und starrte reglos geradeaus. Sein Gesicht war grimmig und verkniffen, von den Winkeln seines fest zusammengepreßten Mundes zogen sich zwei bittere Furchen nach unten. Er konnte Michèles gequältes Gesicht und ihre entsetzten Augen einfach nicht aus seiner Vorstellung vertreiben. Er versuchte, sich zusammenzureißen und seiner Gefühle wieder Herr zu werden. Gefühlsduselei kann ich mir nicht leisten, sagte er sich nachdenklich. Er war Soldat und hatte eine Aufgabe zu erfüllen. Sie war eine Spionin, und daran konnte er nichts ändern. Er bemühte sich, die Abwehrmechanismen in Gang zu bringen, die in seinem Unterbewußtsein schlummerten, um sich selbst davon zu überzeugen, daß er nichts zu bereuen hatte. Er hatte Erfolg gehabt, die Enigma war gerettet worden, er hatte seinen gefährlichen Gegenspieler in eine Todesfalle gelockt und vernichtet. Er hatte allen Grund, mit sich zufrieden zu sein.

Bei der Porte de la Chapelle, an der Nordausfahrt von Paris, entdeckte er ein geöffnetes »Spezial-Café«, in dem ein deutscher Offizier eine anständige Mahlzeit bekommen konnte. Die Aussicht auf einen starken *café-filtre* und frische *croissants-au-beurre* war verlockend. Essen und Trinken würden ihm Auftrieb geben, was er bitter nötig hatte. Er befahl Schneider, den Wagen anzuhalten. Er betrat das Lokal, ging an die Messingtheke und bestellte sein Frühstück. Vier Subalternoffiziere, die neben der Theke fröhlich geschwatzt hatten, nahmen Haltung an, grüßten und verzogen sich dann eilig. Er erwiderte geistesabwesend ihren Gruß und biß hungrig in den knusprigen, goldenen *croissant*. Auf der Theke stand ein altmodisches Telefon. Er beschloß, sein Büro anzurufen; Brandner hatte dort Dienst und hielt ständig die Verbindung mit Oberst Mannheims Befehlstand aufrecht. Vielleicht war die Leiche des Barons bereits identifiziert worden. Eine gute Nachricht konnte er jetzt gebrauchen.

Er wählte die Nummer seines Büros, aber es meldete sich niemand. Er versuchte es über die andere Leitung, ebenfalls erfolglos. Er fluchte still in sich hinein und wurde zunehmend gereizter. Wo zum Teufel war Brandner? Zu diesem entscheidenden Zeitpunkt durfte er das Büro nicht verlassen. Wütend wählte er die Nummer des Abwehr-Hauptquartiers im Hotel *Lutetia*. Es war möglich, daß der diensthabende Offizier den Grund für Brandners Abwesenheit kannte.

Diesmal wurde am anderen Ende sofort abgehoben. Er nannte seinen Namen und stellte seine Frage. Was er hörte, ließ ihm das Blut in den Adern erstarren. Er stürzte aus dem Café und sprang in den Wagen. »Zurück!« brüllte er den verblüfften Schneider an. »Zurück ins Büro!« Während der Wagen durch die Straßen röhrte, knöpfte er den steifen Kragen der Uniformjacke auf und wischte sich fieberhaft über die schweißnasse Stirn. Er versuchte sich einzureden, daß das nur ein Zufall war, nicht mehr. In seinem Herzen jedoch spürte er bereits die Bitterkeit der Niederlage.

Bruno und Belvoir eilten zur Nachrichtenzentrale der Abwehr-Abteilung im zweiten Stock des Otto-Gebäudes. Der Raum war leer, verlassen wie alle anderen Büros. Die Fernschreiber allerdings ratterten nach wie vor geschäftig, druckten eingehende Nachrichten auf langsam kreisende Papierrollen aus. Bruno und Belvoir vertauschten rasch die Enigma-Kopie mit dem Original. Sie nahmen das echte Gerät und trugen es behutsam hinunter. Nur für einen kurzen Moment ruhte der Blick des Barons auf der Maschine, die vor ihm stand – diesem Gegenstand aus Holz, Draht und Stahl, der schon so viele Menschenleben gekostet hatte. Und das war noch nicht zu Ende.

»Jetzt hängt alles von dir ab, Bruno«, sagte der Baron. »Du weißt, was du zu tun hast.«

Der mächtige Mann lächelte listig. Der Baron ließ ihn stehen und rannte wieder die Treppen hoch in den zweiten Stock. Als er erneut in der Nachrichtenzentrale stand, packte er sorgfältig nacheinander die Päckchen aus, die er mitgebracht hatte. Es waren kleine, starke, mit sehr knapp eingestellten Zeitzündern ausgerüstete Bomben. Vier davon verteilte er im Raum und schob eine unter die falsche Enigma. Auf dem Weg nach unten legte er drei weitere Bomben in anderen Büros. Ein letztes Päckchen gleicher Größe lag in dem Stahlbehälter. Er öffnete es.

Innerhalb einer Minute stand Bruno neben ihm. »Alles klar«, meldete er.

»So, und jetzt nichts wie raus hier.«

Die beiden Männer schleiften den Stahlbehälter auf dem Boden hinter sich her, zu erschöpft, um ihn zu tragen. Der Polizeihauptmann seufzte erleichtert, als er sie sah, sein Blick aber blieb besorgt.

»Hatten Sie Erfolg?«

Belvoir schüttelte den Kopf. »Wir können nichts ausrichten«, keuchte er atemlos. »Das ganze Haus starrt nur so vor Sprengstoff.« Er wandte sich ab und schleifte zusammen mit Bruno den Stahlbehälter weiter zum Kastenwagen.

Ganz plötzlich kam hinter ihnen mit durchdringendem Reifengequietsche ein Wehrmachtshorch zum Stehen. Oberst von Beck sprang heraus. Sein Haar war wirr, sein Gesicht angespannt.

»Was geht hier vor?« rief er und musterte die Umstehenden zornig. Eine weitere Explosion hallte durch das Gebäude. Der Polizeihauptmann zog hilflos die Schultern hoch. Nach zwei langen Schritten stand von Beck neben ihm. »Hat irgend jemand nach Beginn der Explosion das Gebäude betreten oder verlassen?« fragte er rasch.

»Nur die Spezialisten vom Sprengkommando«, erwiderte der Polizeibeamte.

»Wo sind sie?« bellte von Beck. Der aufgeschreckte Beamte nickte in die Richtung des Polizei-Kastenwagens. Gefolgt von den erstaunten Blicken der Soldaten und Polizisten, die sich auf dem Platz eingefunden hatten wirbelte von Beck herum und rannte auf die beiden Sprengstoffexperten zu, die gerade behutsam den Stahlbehälter in das Fahrzeug hoben. »Keine Bewegung!« brüllte er. »Was haben Sie in diesem Behälter?«

Der größere der beiden Polizisten starrte ihn erschrokken an. »Das ist der Bombenbehälter, Herr Oberst«, erwiderte er, leistete aber dennoch von Becks Befehl Folge und setzte den schweren Metallkasten auf dem Gehsteig ab.

»Aufmachen!« schnauzte von Beck und packte den Griff des Deckels.

»Das würde ich an Ihrer Stelle nicht tun, Herr Oberst.« Der große, kräftige Mann sah ihn entsetzt an. »Da ist eine scharfe Bombe drin.«

»Aufmachen!« herrschte von Beck.

Der zweite Polizist, ein jüngerer Mann mit einem rotblonden Bart, beugte sich über den Behälter und löste gehorsam die Verschlüsse des schweren Deckels. »Was ist da drin?« fragte von Beck beharrlich. »Ich will das sehen.«

Auf die Stirn des Sprengstoffexperten waren Schweißperlen getreten. Er sah kurz in von Becks zorniges Gesicht, langte dann langsam in den Stahlbehälter. Als er seine Hand zurückzog, hielt sie ein Bündel Dynamitstangen, verbunden mit einem billigen Wecker, der gleichmäßig tickte. Von Beck spähte über seine Schulter hinweg in den Behälter.

Er war leer.

Er zögerte eine Sekunde lang, seufzte dann. »Na gut«, murmelte er geschlagen. »Sie können gehen.«

Für nicht mehr als eine Sekunde hielten die grauen Augen des Sprengstoffexperten seinem Blick mit einem sonderbar herausfordernden Ausdruck stand, dann legte er die Bombe mit einem Seufzer der Erleichterung zurück in den Behälter und ließ die Verschlüsse des Deckels zuschnappen. Beide Männer hoben den Behälter rasch in den Laderaum des Kastenwagens und stiegen dann ins Fahrerhaus. Belvoir bedachte Bruno mit einem merkwürdigen Lächeln, legte den Gang ein und fuhr weg.

Von Beck starrte ihnen unsicher hinterher. War ihm

dieser junge Sprengstoffexperte nicht irgendwie bekannt vorgekommen? Eine Reihe von Explosionen ließ seinen Gedankenfaden abreißen. Er schaute zum Haus. Dichter schwarzer Rauch brach aus zwei Fenstern hervor, die sich am äußersten linken Ende des zweiten Stocks befanden.

»Verdammt noch mal!« stieß er hervor. »Die Nachrichtenzentrale!«

Ungeachtet der Gefahr rannte er in das menschenleere Gebäude und nahm zwei Treppenstufen auf einmal, erreichte den zweiten Stock und jagte zur Abwehr-Abteilung. Links von ihm wurde eines der Büros von einer weiteren Explosion erschüttert, aber er drehte sich noch nicht einmal um. Er eilte in die Nachrichtenzentrale. Alles war völlig zerstört. Funkgeräte, Morsesender und -empfänger und Fernschreiber lagen überall in Stücke zerbrochen zwischen den Trümmern der Einrichtung, halbverbrannten Papieren und Putzbrocken herum. Mitten im Zimmer lagen die Überreste der Enigma – verkohlte Holzstücke, verbogene Walzen, Spiralfedern, zerbrochene Schreibtasten. Er ging langsam hinein und nahm ein kurzes Stück ausgeglühten Drahts aus den Trümmern der zerstörten Maschine. Er blieb unbeweglich stehen, drückte fest darauf und sah zu, wie es zwischen seinen Fingern zerbröckelte.

Der Kastenwagen hatte kaum zweihundert Meter zurückgelegt, als er gezwungen wurde, von einer Straßensperre, die die Zufahrt zum Platz blockierte, abzubremsen und anzuhalten. Bruno steckte den Kopf aus dem Seitenfenster des Fahrerhauses. »Räumt diese verdammte Sperre aus dem Weg!« schrie er. »Wir haben scharfe Bomben dabei.« Drei Polizisten machten sich hastig daran, die mit den Lettern PP – was Préfecture de Police bedeutete – beschrifteten Barrieren beiseite zu schieben, während ein vierter, ein kleiner, dicker Mann mit heiteren schwarzen Augen, auf den Kastenwagen zukam und hineinspähte. »Ist das nicht Jeans Wagen?« rief er fröhlich. »*Salut,* Jean!«

Belvoir machte eine vage Handbewegung und stieß Bruno seinen Ellbogen in die Rippen. »Um Gottes willen, sag ihnen, sie sollen sich beeilen!« flüsterte er drängend. Der pummlige Polizist aber hatte den Wagen bereits erreicht und streckte zur Begrüßung eine Hand aus. »*ça va,* Jean? Wie geht's dem Frauchen?« Belvoir bemühte sich verzweifelt, dem Blick des älteren Mannes auszuweichen und murmelte ein paar undeutliche Worte, gab dabei vor, sich mit der linken Hand im Gesicht zu kratzen. Plötzlich stieß der Polizist einen Ruf der Überraschung aus. »He, das ist ja gar nicht Jean! Wer sind Sie?«

Nun durfte er keine Sekunde länger zögern. Er knallte den rechten Fuß aufs Fahrpedal, und der Kastenwagen schoß vorwärts, ließ die letzte Holzbarriere zersplittern, die noch die Straße versperrte. Sie jagten nach rechts und dann die avenue Foch hoch. Er konnte noch immer die aufgeregten Rufe des ältlichen Polizisten hören: »Das ist nicht Jean Rigaud! Haltet ihn auf! Anhalten!«

»Merde!« rief Bruno aus. Er schaute in den Außenspiegel. Hinter ihnen tauchten plötzlich drei schwarze Punkte auf, die im Spiegel rasch größer wurden, als sich der Vorsprung des Kastenwagens verringerte. »Keine Dreckskerle«, murmelte er. »Deutsche Feldgendarmen auf Motorrädern.« Belvoir setzte die Sirene in Gang, während Bruno unter seinen Overall griff und eine schwere Pistole hervorzog. Es war eine deutsche Mauser 7.63, fast dreißig Zentimeter lang, mit einem dicken runden Knauf. Er ließ das rundliche Zehnermagazin vor dem Abzugsbügel einschnappen, so daß die riesige Pistole einer kleinen Maschinenpistole ähelte. »Du hast gesagt, du würdest niemals ein Schießeisen benutzen«, schnauzte er Belvoir aufgebracht an. »Jetzt wollen wir

mal sehen, was du mit bloßen Fäusten gegen diese Mörder ausrichtest.« Belvoir überhörte die Bemerkung. Sein Gesicht war grimmig, seine Augen wachsam, als er den Wagen in dem vergeblichen Versuch, die Verfolger abzuschütteln, durch das Labyrinth enger Seitenstraßen zwischen den Champs-Elysées und der Seine steuerte.

»Du mußt den boulevard Montmartre erreichen«, sagte Bruno rasch. »Laß' diesen Kasten vor dem Eingang zur Passage des Panoramas stehen. Das ist eine überdachte Einkaufsstraße, in die Autos nicht hineinkommen. Wir rennen durch die Passage und verlassen sie durch den Ausgang zur rue Saint-Marc. Dort steht ein anderer Wagen für uns bereit, ein brauner Panhard.« Belvoir nickte. Der Kastenwagen raste durch die engen Straßen, scheuchte die wenigen frühmorgendlichen Spaziergänger von den Gehsteigen, stieß gelegentlich gegen eine Mülltonne oder den auf der Straße abgestellten Karren eines Gemüsehändlers. Bruno lud seine Mauser. »Noch zwei *boches*«, meldete er nach einem Blick in den Außenspiegel finster. Einer der Feldgendarmen, der mit seinem von Stahlhelm und schwarzer Motorradbrille geschützten Gesicht und der quer über der Brust hängenden Schmeißer aussah wie ein Todesbote, kam näher. Bruno verfolgte aufmerksam seine Bewegungen. Plötzlich zuckte die rechte Hand des Deutschen an sein Koppel. »Das Schwein will eine Handgranate werfen«, zischte Bruno. In einer raschen, geschickten Bewegung steckte er seinen ganzen massigen Oberkörper aus dem Seitenfenster, wandte sich nach hinten, packte die Mauser mit beiden Händen und zielte stetig. Die Waffe bellte zweimal auf. Die Hand des Deutschen erstarrte mitten in der Luft, und als sein Motorrad sich überschlug, rollte die Handgranate aufs Pflaster und explodierte. Eine gewaltige Flamme hüllte den Feldgendarmen ein. Bruno kehrte auf seinen Platz zurück. »Einer weniger«, bemerkte er nüchtern. Der Kastenwagen und seine Verfolger kamen mit Sirenengeheul und Motorengedröhn auf die place de la Concorde. Zwei schwarze Citroëns, die an der Mauer der Tuilerien gelauert hatten, beteiligten sich plötzlich an dem Rennen, indem sie versuchten, den Kastenwagen mitten auf dem riesigen Platz einzukeilen. »Gestapo«, brummte Bruno, während Belvoir das Fahrzeug geschickt auf den Gehsteig steuerte, der den Obelisken der Kleopatra umgab, und so dem improvisierten Hinterhalt auswich. Erneut stürzte sich Belvoir mit dem Kastenwagen in das Gewirr kleiner Straßen hinter dem Palais Royal und brauste schließlich durch die von schwarzen Mauern gesäumte rue Richelieu und in den Boulevard Montmartre. Bruno wies nach rechts. *»Les Panoramas«,* verkündete er. Belvoir fiel auf, daß die gedeckte Passage breit genug war, um einen Gestapo-Citroën hindurch und hinter zwei zu Fuß flüchtenden Männern herjagen zu lassen. Im letzten Augenblick, bevor sie den gewölbten Eingang zu *Les Panoramas* erreichten, riß er scharf das Steuer herum, lenkte den Kastenwagen auf den breiten Gehsteig des Boulevards, wandte sich dann wieder nach rechts, rammte frontal die linke Säule des riesigen Portals und hatte so den Zugang zur Passage völlig blockiert. Bruno und Belvoir sprangen aus dem lahmgelegten Kastenwagen und stürzten in die weite, glasgedeckte Passage. Es war noch früh am Morgen; die Passage lag verlassen da, abgesehen von dem üblichen Chlochard, der mit seiner leeren Weinflasche in einem Ladeneingang schlief. Sie jagten an geschlossenen Boutiquen, Buchhandlungen und Herrenausstattern vorbei. Ihre hastigen Schritte und das rauhe Keuchen aus ihren schmerzenden Lungen hallten in der leeren Passage wider.

Plötzlich aber dröhnte ein anderes Geräusch durch die Passage – Schüsse. Belvoir schaute zurück. Die Gestapo war schneller gewesen als die Feldgendarmen. Vier Männer in Zivil, denen die Regenmäntel lose um die Schultern schwangen, kamen rasch auf sie zugerannt, riefen und schossen. Zwei kamen näher, und dem Baron klang das Pfeifen ihrer Kugeln verhängnisvoll in den Ohren. »Die halten wir auf«, krächzte Bruno, warf sich nach rechts, rollte am Boden und kam auf einem Knie hockend wieder hoch. Er zielte mit der Mauser und schoß zweimal. Der Mann- der ihnen am nächsten war, taumelte und griff sich mit beiden Händen instinktiv in die Leistengegend. »Gut«, sagte Bruno. Genau in diesem Augenblick gab der zweite Gestapo-Agent in rascher Folge drei Schüsse ab. Der ehemalige Legionär schwankte leicht und wandte sich zu Belvoir. In seinen Augen stand ein Ausdruck unendlicher Bestürzung. Der Baron hechtete ungeachtet der Schüsse auf seinen Freund zu. Er packte die gewaltige Masse seiner Schultern und versuchte ihm aufzuhelfen. Und dann sah er die kleinen, versengten Löcher im Overall, seine Finger berührten die klebrige warme Flüssigkeit, die aus Brunos Brust sickerte, und er hörte seinen Freund heiser flüstern: »Mit mir ist's aus, Baron.«

Langsam und friedlich stürzte der mächtige Mann, erst auf die Ellbogen, dann auf den Rücken. Belvoir hockte sich neben ihn, überrascht und unfähig, den Verlust seines Freundes einzugestehen. Neben ihm schlug eine Kugel auf den Gehsteig und prallte mit einem durchdringenden, lauten Surren ab. Das Geräusch versetzte ihn zruück in die Wirklichkeit. Er sah, wie der zweite Gestapo-Agent, kaum noch zwanzig Meter entfernt, seine Waffe hob. Plötzlich entsann er sich der Worte, die Bruno vor nur einer Woche auf den Champs-Elysées gesprochen hatte: »Wir stehen im Krieg, Baron. Wir können ihm nicht entkommen.« Und dann packte er mit wilder Entschlossenheit die Waffe seines Freundes, zielte sorgfältig und konzentriert und schoß zum ersten Mal in seinem Leben einen Feind tot.

»Adieu, ami«, sagte er, warf die Pistole weg und floh.

Der braune Panhard wartete hinter der Passage, der Zündschlüssel steckte im Schloß. Als seine Verfolger die rue Saint-Marc erreichten, war er bereits um die nächste Straßenecke gebogen und in den krummen Straßen des Börsenviertels verschwunden.

Bruno Morel lag am Boden, und sein Leben zerrann langsam. Die Feldgendarmen und Gestapo-Agenten umstanden ihn, ohne ihn zu berühren. Alle sahen ein, daß es zu spät war. Seine Augen waren geschlossen. Todesblässe legte sich über sein Gesicht.

Ein weiteres Militärfahrzeug hielt vor der Passage. Von Beck drängte sich durch die kleine Menschenansammlung und kniete neben dem Sterbenden nieder. Er war äußerst aufgewühlt. »Wer sind Sie?« fragte er mit leiser, kaum hörbarer Stimme auf französisch. »Was ist aus dem Baron geworden? Was haben Sie im Otto-Gebäude gemacht?« wiederholte seine Fragen zwei-, dreimal hintereinander, konnte aber nicht beurteilen, ob der sterbende Mann ihn verstand. Dann aber schlug er langsam die Augen auf und schaute ihn an. »Wer sind Sie?« fragte von Beck erneut. »Der Baron, wo ist der Baron?«

Der Mann begann mühsam zu flüstern. »Ich bin Sergeant Bruno Morel, Erstes Regiment, Fremdenlegion.« Sein Flüstern wurde sehr leise. Von Beck legte sein Ohr an die Lippen des Sterbenden. Sie bewegten sich in dem angestrengten Versuch, etwas hervorzubringen. »Sagen Sie es!« forderte von Beck eindringlich. »Sprechen Sie es aus!«

Er hätte schwören können, daß ein stolzer Unterton in der tiefen Stimme mitschwang, daß ein Glitzern des Triumphes in den Augen des gewaltigen Mannes aufleuchtete, als er schließlich wisperte: *»Vive la France!«*

Bruno Morel war tot.

V Das Opfer

2. Juni 1944, 6.00 Uhr–3. Juni 1944, 4.00 Uhr

Bis sechs Uhr am Morgen war Paris hermetisch abgeriegelt worden. Auf allen Ausfallstraßen der Hauptstadt waren Straßensperren errichtet worden. Agenten von Gestapo, Abwehr, SD und die französische Polizei überprüften gründlich jeden Personenwagen und Autobus. In den Bahnhöfen sahen sich Polizeikommandos die Papiere jedes einzelnen Reisenden genau an. Selbst die Seine blieb nicht verschont. Eine Motorbarkasse der Préfecture de Police stoppte systematisch jeden Lastkahn, der auf dem Fluß trieb, und diensteifrige Beamte durchsuchten jeden Winkel, stocherten mit spitzen Stahlspießen in Sand-, Zement- oder Kohleladungen herum. Der Baron mußte gefaßt werden.

Im Gare de l'Est, dem Ostbahnhof von Paris, inspizierte der SD die Papiere eines französischen Sergeanten der LVF – der verhaßten *Légion des Volontaires Français.* Die LVF war eine fünftausend Mann starke Militäreinheit, die sich aus Kollaboteuren zusammensetzte. Alle Soldaten waren Freiwillige, die zur Wehrmacht gegangen waren, um die »Rote Gefahr« zu bekämpfen. Sie trugen deutsche Uniformen; rund fünfzehnhundert fochten an der Ostfront auf russischem Boden. So wie bei Miliz, Otto-Trupps und anderen prodeutschen Organisationen rekrutierten sich auch die Anhänger der LVF vorwiegend aus dem Abschaum der französischen Gesellschaft. In Frankreich wurden die Soldaten der LVF als verachtenswürdige Lakeien der Deutschen angesehen, was wohl erklären mochte, weshalb der Polizeibeamte, der die Papiere des Sergeanten überprüfte, auf den Boden spuckte. Der Sergeant jedoch, der eine makellose deutsche Uniform trug und das Eiserne Kreuz an der Brust trug, reagierte nicht. Er zeigte gelassen seine Papiere vor, die bescheinigten, daß er einen sechstägigen Urlaub in Paris verbracht hatte und nun über Deutschland zurück an die Front fuhr. Den Agenten, die sein Gepäck durchsuchten, sah er mit leicht amüsierter Miene zu. Nachdem man ihn endlich abgefertigt hatte, ging er zielstrebig auf einen Zweiter-Klasse-Waggon für Unteroffiziere zu. Der Wagen gehörte zum Berlin-Expreß, der um 7.25 Uhr abging.

Den Gehsteig vor dem Hauptgebäude der Organisation Otto hatte man bereits reingefegt, und eine große Zahl von Arbeitern war eifrig damit beschäftigt, die Schäden im Innern zu beheben, als Rudolf von Beck kurz nach acht Uhr eintrat. Brandner erwartete ihn in der Halle, die von den Explosionen unversehrt geblieben war. Beim Anblick seines Vorgesetzten seufzte der junge Hauptmann erleichtert auf. »Ich versuche schon seit sechs Uhr, Sie zu erreichen, Herr Oberst«, meldete er. »Die Telefone gehen unaufhörlich, und auf Ihrem Schreibtisch türmen sich die Telegramme.«

»Na und? Ich hatte zu tun«, erwiderte von Beck kurz angebunden. »Ich habe eine Rundfahrt zu Straßensperren und Sicherheitsorganen gemacht. Ich wollte mich selbst davon überzeugen, daß man sich wirklich Mühe gibt, den Baron zu fassen.«

»Und, wenn ich mir die Frage erlauben darf . . .« setzte Brandner respektvoll an.

Von Becks Gesicht verzog sich zu einer skeptischen Grimasse. »Sie geben sich Mühe«, sagte er düster, »aber sie werden ihn nicht erwischen. Er ist viel zu gerissen.

Mittlerweile kann er schon Hunderte von Kilometern von Paris entfernt sein.« Plötzlich fiel ihm etwas ein. »Haben Sie sich mit Mannheims Hauptquartier in Verbindung gesetzt?«

Brandner nickte grimmig.

»Los, heraus damit!« fuhr von Beck ungeduldig auf. »Hat man dort irgend etwas gefunden?«

»Nein, Herr Oberst«, stammelte Brandner. Noch nie hatte er den Oberst in einer so schlechten Laune erlebt. »Sie hatten recht. In Laon wurden die Leichen aller Terroristen überprüft. Der Baron war nicht darunter.«

»Selbstverständlich nicht.« Von Beck zuckte die Achseln und steckte sich mit raschen, nervösen Bewegungen eine Zigarette an. »Er war nämlich hier, verkleidet als Sprengstoffexperte der Polizei, zusammen mit Morel. Ich habe ihn selbst gesehen, aber nicht erkannt.«

»Sind Sie ganz sicher, Herr Oberst? Vielleicht . . .«

»Kein Vielleicht.« Von Beck schnitt ihm scharf das Wort ab und ging rasch zur Treppe. »Vor fünfzehn Minuten habe ich mit eigenen Augen den Sprengstoffexperten der Polizei gesehen, den echten Jean Rigaud. Er war im Laufe der Nacht gefesselt und geknebelt worden – von Belvoir, der sich in Rigauds Wohnung verkleidete. Rigaud erkannte Belvoir auf einem Foto wieder.« Er rannte zwischen eilenden Arbeitern hindurch die Treppe hinauf, dicht gefolgt von Brandner. »Verflucht nochmal. Wir haben ihn in Laon gesucht, dabei war er hier, mitten in diesem Haus, und gab sich als Sprengstoffexperte der Polizei aus. Mir ist aber immer noch nicht klar, was zum Teufel er hier eigentlich tat.«

»Die Bomben, Herr Oberst . . .«

»Die Bomben! Die Bomben!« murmelte von Beck spöttisch. »Nach diesem Mann wird von der deutschen und französischen Polizei, von der Abwehr und der Gestapo und von wem sonst noch gefahndet. Und Sie glauben, daß er sich in die Höhle des Löwen begibt, um ein paar Bomben zu legen? Das hätte jeder dilettantische Widerständler fertiggebracht. Er muß einen anderen Grund gehabt haben.«

»Schade, daß Morel starb, bevor er reden konnte.«

»Morel hätte ohnhin nicht geredet«, schnauzte von Beck. Sie hatten den zweiten Stock erreicht. Arbeiter trugen Möbelstücke aus den beschädigten Büros. Im ersten Zimmer zur Linken waren bereits zwei Maurer an der Arbeit, die geringfügige Wandschäden behoben. »Wie ich sehe, wird hier rasche Arbeit geleistet.«

»Zu hart brauchen sie sich ja nicht ins Zeug zu legen, Herr Oberst. Es gibt nicht viel zu tun.«

Von Beck blieb wie angewurzelt stehen. »Was wollen Sie damit sagen, nicht viel? Die Polizei sagt, sie hätte achtzehn Explosionen gezählt. Die Nachrichtenzentrale habe ich selbst gesehen. Sie ist so gut wie ruiniert.«

»Gewiß, Herr Oberst. Ernster Schaden ist aber nur dort entstanden, in der Nachrichtenzentrale. In allen anderen Büros ist der Schaden oberflächlich. Die meisten Bomben müssen recht klein gewesen sein. Die Organisation Otto hat bereits wieder planmäßigen Dienst aufgenommen. In einer halben Stunde setzen Wareneingang und Versand wieder ein.«

Von Beck erstarrte, seine Hand blieb auf dem Knopf seiner Bürotür liegen. »Sagten Sie, der Schaden sei nur minimal gewesen?«

Brandner nickte eifrig. »Jawohl, Herr Oberst. Es hat den Anschein, als sollten die Bomben keinen Schaden anrichten, sondern nur alles aus dem Gebäude vertreiben und Morel und . . . und Belvoir Gelegenheit geben, sich zehn Minuten lang hier aufzuhalten – allein.«

»Und im Lauf dieser zehn Minuten sprengten sie die Nachrichtenzentrale in die Luft«, flüsterte Beck. »Teufel noch mal, wozu?«

Sein Dienstzimmer war verschont geblieben. Hier war keine Bombe detoniert. Von Beck fragte sich verdrießlich, ob der Baron ihm wohl eine besondere Gefälligkeit erwiesen hatte. Er ging an den Tisch und sah die Nachrichten und Telegramme durch. Seine Lippen verzogen sich zu einem Lächeln. Alles Glückwünsche. Glückwünsche zu seiner brillanten Operation bei Laon, wo eine riesige Terroristenbande völlig vernichtet und das Enigma-Gerät gerettet worden war. Von Becks Bitterkeit nahm zu, als er sich die Unterschriften der Telegramme genauer ansah: Die Kommandeure von SS, SD und Miliz, selbst Kurt Limmer, dieser Schlächter von der Gestapo. Alle diese Mörder und Folterknechte waren jetzt stolz auf ihn! Und da hatten sie auch recht, mußte er sich grimmig eingestehen, denn er war derjenige gewesen, der diese heimtückische Operation veranlaßt hatte – um die Enigma zu retten, vorwiegend aber, um den Baron zu töten. Und doch, der Baron war lebendig und wohlauf, und die achtundzwanzigste Enigma, Canaris' geheime Maschine, war in Stücke gerissen worden. Was war geschehen? Wo hatte er einen Fehler begangen? Eines der Telegramme war lakonisch: »Herzlichen Glückwunsch, Rudi.« Und die Unterschrift: »Canaris.« Er stieß eine unterdrückte Verwünschung aus. Canaris wußte noch nicht, daß ihre private Maschine, die unter anderem den Erfolg ihrer Verschwörung gegen Hitler garantierte, zerstört worden war. Aber wie war es soweit gekommen? Woher hatte Belvoir erfahren, daß es diese Maschine überhaupt gab? Und warum hatte er sie gesprengt? Das Ganze wollte einfach keinen Sinn ergeben!

Und dann erinnerte er sich an Canaris' Worte, als er ihm im *La Duchesse* Lebewohl gesagt hatte. »Unsere Arbeit ist ein Spiel voller Listen und Ränke, bei dem man nie sicher sein kann, wer am Ende wen überlistet.«

Hatte der Baron ihn überlistet? War das möglich?

Rasch öffnete er die beiden Verbindungstüren und betrat die Nachrichtenzentrale, die ein Bild totaler Verwüstung bot. Auf seinen ausdrücklichen Befehl hin war sie versiegelt worden. Kein Mensch durfte je dahinterkommen, daß die Abwehr eine nicht erfaßte Enigma benutzt hatte. Nun ging er zu dem verborgenen Tisch, auf dem die Enigma gestanden hatte. Er kniete nieder und sammelte sorgfältig Holzstücke, Drähte, einige Schreibtasten und einen verformten elektrischen Rotor auf. Er trug die Trümmer in sein Zimmer und steckte sie in eine große Papiertüte. Dann ging er die Treppe hinunter und winkte Schneider herbei, der im Schatten einer Kastanie fröhlich mit einer kichernden deutschen Sekretärin schwatzte.

»Bedauere, Sie stören zu müssen«, meinte er, »aber ich muß ins Hotel *Lutetia.*«

Schneider warf ihm einen überraschten Blick zu. Noch nie hatte er seinen Chef so unglücklich gesehen. »Jawohl, Herr Oberst«, rief er und eilte los, um den Schlag des Horch aufzureißen.

Das Laboratorium der Abwehr befand sich im fünften Stock des luxuriösen Hotel *Lutetia,* das alle anderen Zweige des deutschen Nachrichtendienstes beherbergte. Ein älterer, weißhaariger Mann in einem weißen Kittel leerte den Inhalt der Papiertüte auf einen mit peinlich sauberem Wachstuch bedeckten Tisch. Er lauschte aufmerksam von Becks Anweisungen. »Das bereitet keine Schwierigkeiten«, meinte er schließlich. »Sollen wir Ihnen den Befund telefonisch durchgeben?«

»Nein«, erwiderte von Beck. »Ich warte darauf. Diese Sache ist von größter Dringlichkeit.«

»Es wird aber eine Zeitlang dauern«, wandte der Labortechniker beunruhigt ein.

»Macht nichts«, erwiderte von Beck. »Ich bleibe im

Haus und komme in einer halben Stunde bei Ihnen vorbei.«

Er marschierte rasch hinaus und stieg hinunter in den dritten Stock. Er ging um die Ecke und den ganzen langen teppichbelegten Korridor entlang. Durch geschlossene Türen drang schwach das Klappern von Schreibmaschinen. Ein oder zwei Offiziere, die vorbeigeeilt kamen, schlugen ihm auf den Rücken und gratulierten ihm zu seinem Erfolg. Jeder Glückwunsch war ihm wie ein Stich ins Herz. Himmel, wovon hatten die schon eine Ahnung? War ihnen eigentlich klar, daß er versagt hatte, was seine Hauptaufgabe anging – Belvoir zu vernichten? Wie konnten sie wissen, daß es ihm nicht gelungen war, die wichtigste aller Enigmas zu schützen? Und konnte irgend jemand auch nur ahnen, welche Qualen er litt, wenn er daran dachte, daß die Frau, die er liebte, kaum fünfzig Meter weit von ihm gefangen saß, weil sie als britische Spionin verhaftet worden war?

Er konnte sein Herz rascher schlagen spüren, als er dem bewaffneten Posten, dessen Tisch den Zugang zum Westflügel des Gebäudes versperrte, seinen Sonderausweis zeigte. An den ersten fünf Türen zu seiner Rechten ging er vorbei; das waren Quartiere für Deckagenten, die nach Paris kamen, um Bericht zu erstatten und hier in Schutzisolierung gehalten wurden, weit entfernt von indiskreten Blicken. Die nächsten zehn Türen sahen anders aus. Die ursprünglichen Türen der Hotelzimmer waren ausgehängt und durch mit Spezialschlössern versehenen Stahltüren ersetzt worden. Auch die Fenster hatte man entfernt und dann zwischen Eisengittern wieder eingebaut. Es war zwar ein Privatgefängnis, aber trotzdem ein Gefängnis, das der Abwehr zur Inhaftierung ausländischer Spione diente, die verhört werden sollten. Und hier, hinter einer dieser Türen, war Michèle.

Er winkte einem Wärter, der ihm mit seinem Schlüsselbund folgte. Noch nie in seinem Leben hatte er sich in einem solchen seelischen Aufruhr befunden. Sein Herz hämmerte jetzt, sein Mund war trocken, seine Hände und seine Stirn waren schweißnaß. Wie sollte er Michèle jetzt begegnen? Wie würde sie ihn anschauen, wenn er ihre Zelle betrat, ein deutscher Vernehmungsoffizier, der kam, um seine französische Gefangene zu verhören? Was sollte er sie fragen? «Wo ist dein Geliebter? Was plante er? Was tat er im Otto-Gebäude?« Oder vielleicht »Hast du mich geliebt, Michèle?« Er bekam eine Gänsehaut. Wie konnte er ihr gegenübertreten und eingestehen, daß er sie wissentlich ausgenutzt hatte, so wie sie ihn?

Er trat vor die Tür und schaute durch das Guckloch, anfangs noch zögernd; das Mädchen, das drinnen saß, schien so nahe zu sein. Ihre Augen waren auf die Tür geheftet, als schaute sie durch sie hindurch und ihm direkt ins Gesicht. Er spähte noch einmal hinein. Sie saß so da, wie er sie in seinem Zimmer zurückgelassen hatte: unbeweglich, merkwürdig gefaßt, starrte aus hellen Augen blind vor sich hin. In diesen Augen war etwas Hartes, Verzweifeltes, Entrücktes. Und in diesem Augenblick erkannte er mit völliger Gewißheit, daß sie niemals mit ihm sprechen, ihn niemals ansehen, sondern nur verachten würde wegen der elenden Rolle, die zu spielen er gewählt hatte: Der Vernehmungsbeamte der Polizei, Inbegriff brutaler Macht; der Feind, der kommt, um sie dazu zu überreden, ihren Geliebten und ihr Land zu verraten. Und was sollte er tun, wenn sie sich weigerte, mit ihm zu sprechen? Ihr drohen? Die Gestapo rufen? Der Schmerz war unerträglich. Wie sehnte er sich danach, sie zu berühren, sie lächeln zu sehen, wie wünschte er sich, mit ihr zu sprechen, zu einer anderen Zeit an einem anderen Ort mit ihr zusammenzusein, einfach wie zwei menschliche Wesen, die einander lieben und aus ihrem Bewußtsein die Tatsache tilgen konnten, daß er ein Deutscher war und sie eine Französin, der Folter und dem Tod bestimmt.

Etwas schnürte ihm die Kehle zusammen, seine Augen wurden feucht. Er biß die Zähne zusammmen und drehte sich um. Der Wärter stand geduldig da, bereit, seinen Schlüssel ins Schloß zu stecken. Von Beck schüttelte den Kopf. »Nein«, sagte er leise, »ich habe es mir anders überlegt. Ich will die Gefangene jetzt nicht sehen.«

Und als er zurück durch den verlassenen Korridor schritt, wurde ihm klar, daß er sie niemals wiedersehen würde.

»Genau, was Sie vermuteten, Herr Oberst«, erklärte der Labortechniker eifrig. »Es war eine Imitation. Hübsch gebaut, aus dem gleichen Holz, mit Tasten, die von einer normalen Schreibmaschine stammen, Kabel, Walzen und Stecker so geformt, daß sie den echten Bauteilen der Enigma ähneln. Im großen und ganzen aber handelte es sich um eine sehr unvollkommene Imitation, die keiner näheren Überprüfung standhalten konnte.«

»Würden Sie sagen, daß sie eigens gebaut wurde, um Trümmer zu liefern, die aussehen, als stammten sie von einer echten Enigma?«

Der weißhaarige Deutsche dachte über die Frage nach, ehe er antwortete. »Ja«, meinte er schließlich, »da könnten Sie recht haben. Das komplette Gerät hätte uns natürlich keinen Augenblick lang getäuscht, die verkohlten Trümmer jedoch könnten jedermann zu der Annahme verleiten, daß es sich bei ihnen um die Überreste einer echten Enigma handelt.«

»Haben Sie vielen Dank.« Von Beck gab ihm die Hand und eilte davon. Ein weiterer Teil hatte sich in das Zusammenspiel gefügt, aber er konnte noch immer kein

Bild erkennen. Belvoir und Morel hatten zweifellos in der Nachrichtenzentrale die echte Enigma mit ihrer Kopie vertauscht und diese anschließend in Stücke gesprengt. Was aber hatten sie mit der echten Enigma angefangen? Aus dem Gebäude hatten sie sie nicht gebracht, aber sie war trotzdem verschwunden. Wo war sie? Ein entsetzlicher Verdacht nagte in ihm: Konnte es Belvoir gelungen sein, die achtundzwanzigste Enigma zu stehlen? Aber wie?

Als er zurück in sein Büro kam, erwartete Brandner ihn dort mit einem schludrig gekleideten Leutnant, der nervöse Hände und spärliche, fettige Haare hatte. Von Beck sah einen Adjutanten fragend an.

»Dies ist Leutnant Kreski von der Personalabteilung der Organisation Otto«, erklärte Brandner. »Er kennt Morel; er war nämlich hier angestellt.«

Kreskis unterwürfiges Verhalten war irgendwie widerlich. Er schlug die Hacken zusammen, machte einen tiefen Diener, zog mit einem schmierigen Lächeln ein Foto aus der dünnen Akte, die er in der Hand hatte, und reichte es von Beck.

Von Beck betrachtete sich das breite Gesicht, die Boxernase und das leicht sarkastische Lächeln. Er setzte sich an seinen Schreibtisch und steckte eine Zigarette an. »Ja«, sagte er, »das ist der Mann. Hat er irgendwelche Vorstrafen?«

Diese Frage wurde von Brandner beantwortet. »Ein ellenlanges Strafregister, Herr Oberst. Ich habe mich bei der Polizei danach erkundigt. Bruno Morel war ein wohlbekannter Verbrecher. Auf meine Veranlassung hin hat die Polizei seit heute früh alle ihre Informationen eingehend über Morel befragt. Die Hinweise gehen zwar noch ein, die wichtigste Auskunft aber ist, daß Morel eng mit dem Baron befreundet war, der ihm einmal das Leben gerettet hatte.« Rasch fügte er hinzu: »Ich weiß, daß das nicht in Belvoirs Akte stand, Herr Oberst. Man hielt diese Beziehung recht geheim. Die Leute hatten Angst vor Morel. Erst nach seinem Tod begann sie zu reden.«

Von Beck schlug wütend auf den Tisch. »Und sowas nennt sich Polizei! Wenn wir nur über Morel Bescheid gewußt hätten, wäre uns der Baron schon vor Wochen ins Netz gegangen! Und diese Idioten hatten keinen blassen Schimmer! Der einzige Hinweis, der in ihrer verdammten Akte fehlte, war der allerwichtigste!« Er sprang auf und durchmaß mit langen Schritten den Raum.

Als er sich schließlich beruhigt hatte, wandte er sich an Kreski.

»Er hat also hier gearbeitet, sagten Sie?«

»Jawohl, Herr Oberst. Und es mag für Sie von Belang sein, daß er vor ungefähr einem Monat, am vierten Mai, einen seiner Freunde für eine Stelle im Komplex empfahl. Der Mann hieß Duclos. Er ist heute nicht zum Dienst erschienen.«

Von Becks Verstand wertete die neuen Hinweise fieberhaft aus und stellte in einer Reihe von Folgerungen einen Zusammenhang her, der auf einen zwangsläufigen, katastrophalen logischen Schluß hinzielte. »Haben Sie ein Bild von diesem Duclos?« fragte er rasch.

Erneut blitzt ein Lächeln in Kreskis farblosem Gesicht auf. »Jawohl, Herr Oberst.« Von Beck riß ihm das zweite Bild aus der ausgestreckten Hand und sah sich das dargestellte Gesicht genau an. Er versuchte, sich den Mann auf dem Foto ohne stahlgeränderte Brille und schwarzen Schnurrbart vorzustellen. Ja, das konnte Belvoir sein. »Das erklärt die achtundzwanzigste Enigma«, murmelte er in sich hinein.

Die beiden Subalternoffiziere schauten ihn fragend an.

»Lassen Sie mich allein!« fauchte er.

Die Abenddämmerung legte sich bereits über Paris, aber von Beck hatte sich nicht von seinem Platz gerührt. Stundenlang saß er allein da, tief in Gedanken versunken, weigerte sich, Telefongespräche und die Essenstabletts anzunehmen, die ihm eine besorgte Sekretärin aus der Kantine brachte. Er hatte das Gefühl, über alle wesentlichen Bestandteile zu verfügen, durchschaute aber den heimtückischen Plan seines Gegners noch immer nicht. Das Gebäude war jetzt verlassen; die Arbeiter hatten die Reparaturen um die Mittagszeit abgeschlossen, und in den verschiedenen Abteilungen der Organisation Otto wurde wieder normal Dienst getan. Nur die Nachrichtenzentrale war noch in ihrem Zustand völliger Verwüstung. Von Beck hatte sich an das nie endende gedämpfte Rattern der Maschinen gewöhnt; die Totenstille, die jetzt um ihn herum herrschte, rief ein merkwürdiges Gefühl der Unwirklichkeit in ihm wach.

Er versuchte, seine Gedanken einigermaßen zu ordnen. Er zweifelte inzwischen nicht mehr daran, daß der Baron ihn überlistet hatte; während er geglaubt hatte, den Baron zu überlisten, war er selbst vom Baron reingelegt worden. Belvoir mußte erfahren haben, daß er seine Akte gelesen hatte und mit seinen Methoden vertraut war. Daher hatte er ihn glauben gemacht, daß er wieder seine typischen Methoden anwenden würde, während er schlau seinen heimtückischen Plan in Gang brachte. Belvoir wußte, daß von Beck mit der Einschleusung eines Agenten in seine nächste Umgebung rechnete, deshalb hatte er Michèle zu ihm geschickt. Inzwischen war klar, daß der Baron von Anfang an gewollt hatte, daß er Michèles Doppelrolle entdeckte, sie die falschen Dokumente sehen ließ und ihm eine Falle stellte. Das war ein groteskes Ablenkungsmanöver, denn er hatte kaltblütig ein ganzes Widerstandsnetz geopfert. Und die ganze Zeit über, während er, von Beck, geschäftig seinen Hinterhalt plante, hatte der Baron seinen wirklichen Coup vorbereitet. Er hatte die achtundzwanzigste Enigma entdeckt und sie gestohlen. Aber wie?

Das Geniale am Plan des Barons, wie von Beck bewundernd zugestand, war der Diebstahl der geheimen, nicht erfaßten Maschine. Weder von Beck noch Canaris konnten jemals offen eingestehen, daß diese Enigma entwendet worden war; sie konnten noch nicht einmal zugeben, daß sie überhaupt existiert hatte. Falls SS oder Gestapo herausfanden, daß Canaris eine eigene Enigma besessen hatte, würde das ihren Verdacht, daß er insgeheim gegen den Führer intrigierte, nur bestätigen. Das würde Canaris aufs Schafott bringen. Und ihn ebenfalls. Er konnte ihre Köpfe nur retten, indem er den Diebstahl der Enigma geheimhielt. Und sie fand.

Er mußte bitter lächeln, als er an den Baron dachte. Ja, dieser brillante Abenteurer war wirklich der Mann, zu dem er in seiner fernen Jugend hatte werden wollen. Er hatte den Fehler begangen, seine Schlauheit zu unterschätzen. Er hatte geglaubt, den Baron zu kennen. Nun, falls das zutraf, konnte er vielleicht erraten, wie er die Enigma aus Frankreich herausschaffen würde?

Belvoir hatte die Enigma nicht entfernt, ehe er sie durch die Kopie ersetzte. Demnach mußte das Gerät im Gebäude geblieben sein. Er mußte sie auf einem anderen Weg weggebracht haben. Aber wie? Niemand konnte mit einem so schweren Gegenstand an den Wachposten vorbei aus dem Haus marschieren. Es war unmöglich, etwas aus dem Komplex herauszutragen. Absolut unmöglich, es sei denn . . . Mitten in diesem Gedanken erstarrte er. Guter Gott, natürlich gab es eine Möglichkeit! Sie war so gewagt und doch – so simpel! Konnte das wahr sein? Er griff nach dem Telefon. Mit zitternden Fingern wählte er einige Nummern und stellte ein paar Fragen. Dann hastete er aus dem Haus, schüttelte Schneider wach, der ein Nickerchen gehalten hatte, und schrie wild: »Los, schnell zum Flughafen Bourget!«

Eine halbe Stunde später flog er in einer Sondermaschine ab. Unter ihm versank Paris in der Dunkelheit.

Es war Viertel vor vier Uhr früh, und im Berliner Bahnhof Zoo hatte ein Trupp Gepäckträger gerade den Sondergüterzug aus Paris entladen. Wehrmachtslaster wurden mit Verschlägen und Kisten beladen, auf denen »Organisation Otto« stand, und auf den Weg nach verschiedenen Bestimmungsorten in ganz Deutschland gebracht, um das Plündergut aus Frankreich zu verteilen. Bald war so gut wie niemand mehr im Bahnhof, abgesehen von vier älteren Soldaten, die einige am Gleis stehengebliebene Kisten bewachten. Die Nacht war kalt und feucht, ein dichter grauer Dunst lag über Berlin und ließ die schlafende Stadt unheimlich aussehen.

Schritte hallten über den Steinboden des verlassenen Lagerhauses. Drei Männer erschienen auf dem Bahnsteig. Zwei waren Gepäckträger. Der dritte war jünger, elegant gekleidet in schwarzem Anzug, spanischem Cape und breitkrempigem Hut. Er ging auf den aufsichtsführenden Feldwebel zu. »Ich bin der spanische Vizekonsul«, sagte er mit starkem Akzent. »Ich bin hier, um eine Kiste abzuholen, die uns aus Paris geschickt wurde.« Er überreichte dem Soldaten ein Bündel Papiere. Der Feldwebel las die amtlichen Formulare aufmerksam durch. Sie waren von der Otto-Verwaltung in Paris ausgestellt worden und bescheinigten, daß eine Kiste, die ein antikes Möbelstück enthielt, von General Horst Wulff, Militärkommandeur von Groß-Paris, an den Caudillo von Spanien, Generalissimo Franco, gesandt worden war – zum Zeichen ihrer Freundschaft und zur Erinnerung an ihre enge Zusammenarbeit im Spanischen Bürgerkrieg. Die Geschenksendung lief über Berlin, wie es die militärischen Dienstvorschriften verlangten.

Der Feldwebel prüfte die Nummer auf dem Gepäckschein. Der helle Lichtkreis aus seiner Taschenlampe tanzte kurz über den Stapel Kisten und ruhte dann auf einem mittelgroßen Kasten. »Das ist er«, sagte er. »Würden Sie bitte hier unterschreiben?«

Der Vizekonsul versah den Freigabeabschnitt mit einer schwungvollen Unterschrift. Die beiden Gepäckträger beugten sich über den Kasten.

»Einen Augenblick mal«, mischte sich eine neue Stimme ein. Ein Schatten löste sich von einer Steinsäule des Bahnsteigs und näherte sich langsam durch den sacht wabernden Dunst. Aus der undeutlichen Silhouette wurde nach und nach die hohe, aufrechte Gestalt eines deutschen Offiziers, der die Rangabzeichen eines Obersten auf den Schulterstücken trug. In der rechten Hand hatte er eine Maschinenpistole. »Ich bin Oberst von Beck von der Abwehr und habe einen Sonderauftrag«, sagte er leise. Dann richtete er die Waffe auf die kleine Menschengruppe. Mit der linken Hand hielt er dem Feldwebel kurz seine Papiere vors Gesicht, während er die anderen noch immer mit seiner Schmeißer in Schach hielt. In der gleichen leisen Stimme fuhr er fort: »Würden Sie mich bitte alle für einen Moment mit diesem Herren aus Spanien allein lassen?«

Die Soldaten und Gepäckträger gehorchten fügsam.

Ihre Schritte verhallten in der Ferne. Von weither zerriß das klagende Heulen einer Lokomotivpfeife die Nachtstille. Die beiden Männer standen bewegungslos da, vom Dunst eingehüllt, und sahen sich fest in die Augen.

»Endlich allein, Monsieur le Baron«, meinte von Beck spöttisch.

Der Baron verbeugte sich kalt. »Brillant kombiniert, Oberst.«

Von Beck nickte. »Jawohl. Es dauerte eine Zeitlang, bis mir klar wurde, daß Sie die Maschine nur aus Frankreich hinausschaffen konnten, indem Sie uns benutzten. Im Laufe der zehn Minuten, die Sie im Gebäude verbrachten, brauchten Sie die Enigma lediglich in eine Kiste zu packen, in den Lagerraum zu tragen und zu den Gütern zu stellen, die am gleichen Tag abgesandt werden sollten. Kiste und Dokumente hatten Sie schon zuvor hergerichtet. Sie waren doch mehrere Male im Otto-Gebäude, nicht wahr?«

Der Baron gab keine Antwort. Er sah sich um und rechnete sich seine Fluchtchancen aus. Und zum erstenmal in seinem Leben hatte er das Gefühl, daß es keinen Ausweg gab.

»Ich nehme an, Sie haben einen Sitz in der Maschine gebucht, die heute früh nach Madrid fliegt, und dieser Kasten ist bereits als Diplomatengepäck registriert. Ich vermute, daß Sie mit Hilfe einer ähnlichen Methode auch das Gold der Gestapo gestohlen haben.«

Der Baron blieb still. Sein Gesicht war ohne jeden Ausdruck.

»Tja, Baron, es tut mir zwar leid um Sie, aber hier scheint Ihr Weg ein Ende zu finden.« Von Beck konnte den triumphierenden Unterton seiner Stimme nicht unterdrücken.

Nun sprach Belvoir. »Wenn Sie etwas tun wollen, dann tun Sie es. Vergeuden wir doch nicht meine oder Ihre Zeit.«

Von Beck entsicherte seine Waffe und trat einen Schritt weiter auf den Baron zu. Belvoir nahm instinktiv seinen Hut ab und schaute seinen Gegenspieler an. Und so sah ihn der Oberst – als grauäugigen Abenteurer, gerissen, wagemutig, aber vor allem stolz. Er spürte das kalte Metall des Abzugs unter seinem gekrümmten Finger. Nun brauchte er nur ein Anzeichen von Schwäche, ein flehendes Wort, einen Funken von Panik in den grauen Augen, einen Fluchtversuch – damit das romantische Bild, das er in seiner Fantasie aufgebaut und hochgehalten hatte, das Bild des Mannes, zu dem zu werden er sich gesehnt hatte, ausgelöscht wurde. Belvoir aber rührte sich nicht, zuckte nicht mit der Wimper und bat nicht um Gnade.

Und von Beck brachte es nicht fertig, den Abzug zu drücken. Er wollte diesen Mann tot sehen, aber er konnte ihn nicht töten.

In ohnmächtigem Zorn, im allerletzten Augenblick, riß von Beck den Lauf der Waffe scharf zur Seite und drückte ab. Die Geschosse durchschlugen Holz und Pappe, zerstörten das Enigma-Gerät, durchlöcherten die empfindlichen Walzen, durchschnitten die dünnen Drähte, zerschmetterten das Tastenfeld, verwandelten das kostbare Geheimnis des Reiches in einen schwelenden Haufen nutzloser Trümmer.

»Das Mädchen wird nicht an die Gestapo ausgeliefert«, sagte er langsam.

Dann drehte er sich um und ging fort in den dichten weißen Nebel, ließ hinter sich den einzigen Mann zurück, den er nicht töten konnte, Francis de Belvoir.

5.–6. Juni 1944

»Ich nehme das Gespräch in meinem Büro an«, sagte General Bodley.

Er legte die Akte, die er zu Rate gezogen hatte, zurück in den Schrank, verschloß ihn, ging dann in sein Büro und schloß die Tür. Seine Sekretärin hatte Anweisung, sich niemals nach den Namen der Personen zu erkundigen, die den Chef der MI 6 über seinen Direktanschluß anriefen. Er nahm den Hörer ab. »Bodley«, meldete er sich zurückhaltend.

»Ich bin wieder in London und will Sie sehen.«

Er war eine Sekunde lang sprachlos, als er die tiefe Stimme mit dem leicht sarkastischen Unterton erkannte. »Wir hatten Sie für tot gehalten«, meinte er trocken. »Alle Verbindungen zu Ihnen waren abgerissen.«

»Bedaure, Sie enttäuschen zu müssen, aber ich bin noch immer recht lebendig.«

Bodley zögerte einen kurzen Augenblick lang. »Nun gut, treffen wir uns meinetwegen«, sagte er unsicher. »Im Moment habe ich aber entsetzlich zu tun. Sagen wir, in ein paar Tagen, einverstanden? Wo sind Sie? Wann sind Sie angekommen?«

Belvoir ignorierte die Fragen. »Ich will Sie heute sehen. Meine Mission ist fehlgeschlagen, und ich kann Ihnen auch sagen, weshalb. Sie haben einen Verräter in Ihrem Dienst, einen Doppelagenten. Ich wurde schon verraten, ehe ich auch nur einen Fuß auf französischen Boden gesetzt hatte. Die Deutschen wußten im voraus über alle meine Schritte Bescheid. Ich wurde beinahe erwischt, und zwar mehr als einmal.«

In der Leitung entstand ein langes Schweigen. »Nun gut«, sagte Bodley schließlich. »Können wir Sie um Punkt zehn Uhr an der Ecke Shaftesbury Avenue und Piccadilly Circus abholen?«

Es war die gleiche ungezeichnete Limousine, die er hier vor einer Ewigkeit verlassen hatte. Der Fahrer hielt den Wagen an, rührte sich aber nicht hinter dem Steuer hervor und starrte unverwandt geradeaus. Belvoir stieg ein. Der Fahrer sagte kein Wort, fuhr vorsichtig nach Norden und aus London hinaus. Die Fahrt dauerte über eine Stunde. Belvoir erkannte die sanft ansteigenden Chiltern-Hügel und die Kleinstadt Dunstable in Buckinghamshire, die das saftige Weideland und die üppigen Jagdgründe ankündigte, die sich zwischen Bicester und Bedford erstreckten. Sie durchfuhren die eintönigen Randgebiete von Bletchley, wo klotzig plumpe Fabrikschornsteine drohend über den häßlichen kleinen Reihenhäusern der Arbeiter aufragten. Belvoirs Augen entging nichts, und sein Gedächtnis war so gut wie eh und je. Er vermutete, daß der Wagen bald den Landsitz des Herzogs von Belford, Woburn Park, erreichen würde, sah aber plötzlich am Straßenrand ein unauffälliges Schild. Es lautete: Bletchley Park.

Die Limousine glitt über eine schmale Zufahrtsstraße in ein Gebiet, das einem Heerlager glich. Derart strenge Sicherheitsmaßnahmen hatte Belvoir in seinem ganzen Leben noch nicht gesehen. In regelmäßigen Abständen waren entlang der Zäune Wachtürme mit starken Scheinwerfern errichtet worden, deren starke Lichtbündel unaufhörlich über den schmalen, an den äußeren Zaun grenzenden Streifen Land glitten. Dreieckige Schilder, die am Stacheldraht hingen, warnten vor Minenfeldern. Am zweiten Zaun entlang patrouillierten Soldaten mit Wachhunden; der innere Zaun stand unter Strom. Der Wagen mußte an drei Straßensperren anhalten, ehe er schließlich freigegeben und in den Komplex eingelassen wurde.

Im klaren Mondlicht konnte Belvoir einige Holzhütten erkennen, die sich über einen recht vernachlässigten Rasen ausbreiteten. Der Wagen fuhr an ihnen vorbei und weiter die Einfahrt entlang, bis er vor einer hell erleuchteten viktorianischen Villa aus rotem Backstein zum Stehen kam. Es war ein ausgesprochen häßliches, zweigeschossiges Bauwerk mit zahlreichen Giebeln, hohen, massiven Schornsteinen und einer geschmacklos überladenen Fassade.

Belvoir stieg aus dem Wagen. Ein untersetzter,

schwergliedriger Staff Sergeant kam aus dem gewölbten Portal. »Mister Belvoir? Würden Sie mir bitte folgen?«

Bodley erwartete ihn in einem ovalen Salon, unpassenderweise mit uneleganten modernen Armsesseln, einem Stahltisch und einem dünnen, fadenscheinigen Teppich eingerichtet. Er trat auf ihn zu, um ihn zu begrüßen, adrett und aufrecht wie eh und je. Sein Schnauzbart war perfekt gestutzt, in den durchdringenden Augen glomm das kalte blaue Feuer. Er reichte ihm nicht die Hand.

»Das Haus gefällt Ihnen wahrscheinlich nicht«, sagte Bodley und bemühte sich um einen zwanglosen Ton. »Es ist wirklich ausgesprochen scheußlich. Eine dieser viktorianischen Monstrositäten, die wir bedauerlicherweise benutzen mußten, weil . . .«

»Ich bin nicht hierhergekommen, um mich mit Ihnen über die Architektur von Landsitzen zu unterhalten, General«, unterbrach Belvoir grob. »Wie Sie sich wahrscheinlich denken können, habe ich andere Dinge im Kopf.«

»Ah, ja«, erwiderte Bodley rasch. »Gewiß, selbstverständlich.« Belvoir erkannte plötzlich, daß Bodleys ungeschickte Ansätze zu belanglosem Geplauder nicht mehr waren als der verzweifelte Versuch, seine Nervosität zu verbergen.

»Ich nehme doch an, daß Sie sich noch an unser Telefongespräch von heute vormittag erinnern«, drängte Belvoir weiter.

»O ja«, meinte der Chef der MI 6. »Am Telefon konnte ich nicht mit Ihnen reden. Jetzt aber kann ich es Ihnen sagen. Sie hatten recht. Es gab hier in der Tat jemanden, der Sie verriet und bei den Deutschen demunzierte.«

»Sie haben ihn also erwischt!« rief Belvoir zornig aus. »Ich wußte doch, daß ich von einer sehr hochgestellten Person in London verraten wurde!«

»Ja.« Bodley war sehr blaß, sehr angespannt. »Wir haben ihn.«

»Und wer ist es? Jemand von der SOE?«

Bodleys Ausdruck blieb unverändert. »Er ist hier in diesem Haus. Ich will Sie zu ihm bringen.«

Er führte Belvoir durch ein Labyrinth von Korridoren, vorbei an Büros, in denen geschäftiges Treiben herrschte. Offiziere und Zivilisten gingen in den Zimmern ein und aus und redeten aufgeregt. Belvoir bekam ein paar Sätze mit, konnte aber nicht verstehen, worum es ging; die Unterhaltungen waren mit rätselhaften Decknamen durchsetzt. Er war aber ohnehin nicht in der Laune zum Lauschen. Sein Gesicht war tief gerötet, in seinem Herzen tobte tödliche Wut. Wie lange hatte er gewartet, welche Opfer hatte er für diesen Augenblick der Begegnung mit dem Verräter gebracht. Er hätte ihn am liebsten erwürgt, ihn für alle die gefolterten und ermordeten Franzosen zahlen lassen, für den Tod seines einzigen Freundes, für die Ausnutzung eines unschuldigen Mädchens, das jetzt in den Händen der Abwehr war.

Der Chef der MI 6 blieb vor einer geschlossenen Tür stehen. Er holte tief Atem. »Beruhigen Sie sich«, riet er, als hätte er Belvoirs Zorn gespürt. »Er ist hier drin.«

Er öffnete die Tür und trat ein, versperrte Belvoir für einen kurzen Augenblick die Sicht. Der Baron folgte ihm rasch. Der Raum war lediglich ein winziges Vestibül, völlig kahl und unmöbiliert, mit einer weiteren Tür am anderen Ende.

Er sah keinen Menschen.

Bodley drehte sich langsam zu ihm um. Seine Miene war unergründlich.

»So, hier haben Sie den Verräter«, sagte der Chef der MI 6. »Ich habe Sie bei den Deutschen denunziert.«

Belvoir stockte vor Erstaunen der Atem. »Sie?« Er riß schockiert und ungläubig die Augen auf. »Sie?« wiederholte er.

Bodley indes verhielt sich nicht wie ein Verräter. »Kommen Sie«, meinte er mit beruhigend sanfter Stimme. »Ich glaube, ich bin Ihnen eine Erklärung schuldig.«

Belvoir folgte ihm. In seinen Gedanken herrschte Aufruhr. Sie öffneten die zweite Tür des kleinen Vestibüls und betraten einen großen Saal. In ihm befand sich die größte Nachrichtenzentrale, die der Baron jemals gesehen hatte. Dutzende von Technikern, die meisten unter Kopfhörern, beugten sich über komplizierte Funkgeräte. Sie übertrugen die eingehenden Meldungen sorgfältig in Klarschrift. Zwischen den Tischen eilten Soldaten und Offiziere hin und her und trugen bündelweise Funksprüche. In zwei erhöhten Glaskabinen am Ende des Raums saßen hinter Reihen von Telefonen die Aufseher.

»Schauen Sie!« sagte Bodley und wies zur Mitte des Raumes.

Belvoir sah hin und erstarrte wie vom Donner gerührt.

Vor sich, auf einem alleinstehenden Tisch, sah er sie.

Die Enigma.

Vor ihr saß ein Offizier, tippte sanft auf dem Tastenfeld die verschiedenen Nachrichten ein, die sich rechts von ihm türmten. Und die entschlüsselten Botschaften kamen auf einem länglichen Bogen Papier aus der Maschine.

»Die Enigma«, sagte Belvoir ehrfürchtig und wiederholte den Namen immer wieder. Und dann, als sei er plötzlich aus einem Traum erwacht, jagte er zwischen den Soldaten hindurch, stieß jeden beiseite, der ihm im Weg stand, bis er das Dechiffriergerät erreichte. Er beugte sich darüber und untersuchte es mit ungläubigen Augen. Es konnte kein Zweifel bestehen. Die Kabel saßen in den Steckdosen, die gezahnten Scheiben drehten sich langsam, und auf der kleinen Namensplakette an der linken Gehäuseseite stand es klar und deutlich in

Frakturlettern: Enigma. Er fuhr mit den Fingerspitzen über die glatte Oberfläche des Holzes. Der Bedienungsoffizier, ein Leutnant, sah auf, warf ihm einen gleichgültigen Blick zu, zuckte die Achseln und tippte weiter.

Bodley berührte seine Schulter. »Kommen Sie, gehen wir nach draußen und unterhalten uns ein wenig.«

Er folgte dem General aus dem Raum und war nicht in der Lage, einen zusammenhängenden Gedanken zu fassen. Der General ging ihm voraus eine schmale Wendeltreppe hoch, bis sie den obersten Absatz erreicht hatten. Dicht bei der kleinen Nottür stand ein Sergeant Wache. »In Ordnung, Sergeant«, sagte Bodley. Sie gingen hinaus aufs Dach. Überall auf dem Dach, auf Giebeln und Kuppeln, glitzerte eine Vielzahl von Radioantennen im Mondlicht. Es gab Einrichtungen aller Arten – feingesponnene Netze aus dünnem Draht, große konkave Scheiben, die in verschiedene Richtungen wiesen, Stabantennen, die sanft im Nachtwind schwankten, bösartig aussehende rotweiße Pfosten, gekreuzt von krummen, mit Stahlspitzen versehenen Querstangen, die in der Dunkelheit drohend aufragten wie futuristische Totempfähle.

Bodley machte eine Geste zu dem stählernen Antennenwald hin. »Die größte Abhöranlage in der westlichen Hemisphäre«, meinte er mit einem trockenen Lachen. »Die Deutschen könnten so gut wie keinen Funkspruch absenden, der hier nicht abgefangen wird. Diese Geräte versetzen unsere Leute in die Lage, auch noch das schwächste Murmeln wahrzunehmen, das ein Sender auf dem Kontinent ausstrahlt.«

Belvoir hörte zu und bekam seine Reaktionen langsam wieder unter Kontrolle.

»Und der eine und einzige Zweck dieses Horchsystems«, fuhr der General fort, »ist die Speisung der Maschine. Dieser kleinen Maschine, die heute das bestgehütete Geheimnis dieses Landes ist. Der Enigma. Dank dieser Maschine werden wir den Krieg gewinnen.«

»Wollen Sie damit sagen, daß Sie die Enigma schon seit langer Zeit in Ihrem Besitz hatten?« fragte Belvoir erstaunt.

»Seit 1939, um ganz genau zu sein«, entgegnete Bodley im Plauderton. »Möchten Sie eine Tasse Tee?«

Der einzigartige Vorzug des Speisezimmers, das nun als Offiziersmesse diente, war seine weitläufige Veranda, die Aussicht über den Park bot. Die Nacht war frisch, aber nicht kalt, und die Landluft trug sanft wohlriechende Frühlingsdüfte heran. General Bodley stellte seine leere Tasse behutsam auf der Steinbrüstung ab.

»Die Enigma wurde den Deutschen von einigen polnischen Agenten gestohlen«, erklärte der Chef der MI 6 leise. »Sie kochten sich einen äußerst komplizierten Plan und führten ihn auf bemerkenswerte Weise aus. Sie täuschten bei Danzig einen Autounfall vor, bei dem eine Enigma der Wehrmacht angeblich zerstört wurde. Die Deutschen, die die Maschine gerade erst einzusetzen begonnen hatten, schöpften nie den Verdacht, daß das Gerät in Wirklichkeit gestohlen worden war. Einer unserer Leute nahm die Enigma in Warschau von den Polen entgegen, und es gelang ihm, sie gerade eine Woche vor Ausbruch des Weltkriegs hier in dieses Land zu bringen.«

»Und Sie haben sie seitdem benutzt«, warf Belvoir ein.

»Ja, und mit enormem Erfolg. Seit fast fünf Jahren entschlüsseln wir die streng geheimen Nachrichten des deutschen Oberkommandos. Wir nennen die so erlangten Informationen das Ultra-Geheimnis. Und ich kann Ihnen verraten, daß es sich tatsächlich um eine ultrageheime Waffe handelt. Dank der Enigma empfingen wir Görings Einsatzbefehle an die Luftwaffe – und gewannen die Luftschlacht um England. Die RAF war bereit, wann immer Görings Maschinen angriffen. Ebenso hörten wir Rommels Nachrichtenverkehr mit – und siegten in der Cyrenaika.«

»Warum, zum Teufel, wollten Sie dann . . .« setzte Belvoir entrüstet an.

Bodley hatte mit dieser Frage gerechnet und hob abwehrend die Hand. »Wie ich bereits sagte, ist das unser bestgehütetes Geheimnis in diesem Krieg. Allerdings mußten wir es natürlich mit unseren Verbündeten teilen. Ein gewisser amerikanischer General, dessen Namen ich nicht nennen will, verstieß unglücklicherweise gegen die strengen Sicherheitsvorschriften, für den Gebrauch der Enigma-Informationen gelten. Er führte in Italien eine Reihe aufeinanderfolgender Angriffe gegen die Deutschen, was sie davon überzeugte, daß wir ihr Geheimnis kannten. Sie setzten eine dringende Untersuchung in Gang, befahlen die sofortige Anwendung strenger Sicherheitsmaßnahmen und stellten den Gebrauch der Enigma ein. Bei der deutschen Feldaufklärung hatte man den Verdacht, daß wir uns möglicherweise die Maschine verschafft oder uns eine gebaut hatten und daß es uns gelungen war, ihre Chiffren zu knacken. Wir waren von unserer wichtigsten Nachrichtenquelle abgeschnitten.«

»Und wann war das?«

»Vor ungefähr drei Monaten. Wegen der herannahenden Landung auf dem Kontinent waren wir unbedingt auf die unschätzbar wichtigen Ultra-Informationen angewiesen. Der Einsatz der V-2-Rakete, Hitlers Vergeltungswaffe, überzeugte unsere Regierung davon, daß rasch gehandelt werden mußte. Wir mußten die Deutschen um jeden Preis davon überzeugen, daß wir keine Enigma hatten.« Bodley sah Belvoir scharf an. »Um jeden Preis«, wiederholte er eindringlich.

Belvoir steckte sich einen schwarzen Stumpen an. Seine Hände waren ruhig. »Und dann beschlossen Sie, jemanden nach Frankreich zu schicken, um die Enigma zu stehlen.«

»Und dieser Jemand mußte versagen«, betonte Bodley. »Ihre Mission und Ihr Scheitern war der beste Beweis, den die Deutschen brauchten, um gewiß sein zu können, daß die Enigma sicher war und ohne Bedenken benutzt werden konnte. Sie haben gerade gesehen, daß sie arbeitet. Seit vorgestern ist der Äther wieder voller Funksprüche.«

Mühsam beherrschter Zorn blitzte in Belvoirs Augen auf. »Deshalb haben Sie mich geschickt und keinen Ihrer eigenen Leute.«

Bodley seufzte, aber sein Blick blieb fest. »Sie waren entbehrlich«, erklärte er nüchtern. »Man hätte Sie posthum ausgezeichnet.«

»Als Sie mir durch Ihr Netz in Paris zu verstehen gaben, daß das Unternehmen abgeblasen worden war, beabsichtigten Sie, mich der Gestapo in die Hände zu liefern, nicht wahr?«

»Ja. Wir rechneten damit, daß Sie beim Verhör zusammenbrechen und die Einzelheiten Ihrer Mission preisgeben würden. Wie ich bereits sagte – wir waren lediglich an Ihrem Scheitern interessiert. Sie mußten geopfert werden.«

»Außerdem haben Sie mehrere Résistancezellen geopfert!« rief Belvoir verächtlich aus.

Bodley dachte einen Moment lang nach. »Sehen Sie«, sagte er leise, »während der Luftschlacht um England entschlüsselten wir mit Hilfe der Enigma Görings Befehl an die Luftwaffe, Coventry zu zerstören. Uns blieben noch fünf Stunden Zeit – genug, um die Stadt zu evakuieren. Wir steckten in einer entsetzlichen Klemme. Sollten wir Coventry evakuieren, Hunderten unserer Bürger das Leben retten – und somit dem Feind offenbaren, daß wir die Enigma hatten? Oder sollten wir alle diese Menschenleben opfern und den Krieg gewinnen?«

»Und Sie wählten selbstverständlich die zweite Lösung.«

»Die Entscheidung traf der Premierminister auf meine Empfehlung hin.«

»Um Himmels willen«, explodierte Belvoir, »was für eine unmenschliche Maschine sind Sie eigentlich. Liegt Ihnen denn überhaupt nichts an Menschenleben? Alle diese unschuldigen Menschen mußten sterben, nur Ihrer Geheimdienstspiele zuliebe!«

Bodley wandte sich jäh ab und starrte hinaus in die Nacht. Seine Stimme klang merkwürdig gespannt. »In Coventry kamen fünfhundertvierundfünfzig Menschen ums Leben, darunter meine Frau. Meine einzige Tochter wurde zum Krüppel, für den Rest ihres Lebens auf den Rollstuhl verurteilt. Ich fällte dieses Urteil, als ich meine Entscheidung traf.«

Belvoir blieb für einen langen Augenblick sehr still stehen. Dann drehte er sich um und ging ins Haus.

Bodley folgte ihm und stellte wieder seine gelassene, unerschütterliche Persönlichkeit zur Schau. »Selbstverständlich bekommen Sie den Rest Ihres Honorars«, sagte er munter. »Von unserem Standpunkt aus gesehen, haben Sie Ihren Auftrag auf die bestmögliche Weise erfüllt.«

»Es wäre mir beinahe gelungen, alles zu verpatzen.« Belvoir lächelte bitter. »Für eine kurze Weile hatte ich nämlich die Enigma.«

Bodley sah ihn entsetzt an. »Das müssen Sie mir erzählen«, bat er.

Die Nacht war fast vergangen, als Belvoir mit seiner Geschichte geendet hatte, in dem kleinen Salon, wo

Bodley ihn nach seiner Ankunft in Bletchley Park empfangen hatte. »Unglaublich«, murmelte Bodley und fügte erstaunt hinzu: »Sie sind ein tapferer Mann, Belvoir.«

Belvoir schenkte der Bemerkung keine Beachtung und erhob sich zum Gehen. »Ach ja«, fragte er, »wie haben Sie eigentlich die Deutschen über meine Schritte in Frankreich informiert?«

»Oh, das?« meinte Bodley leichthin. »Ihre Radiogruppe in London erwischten wir schon vor Jahren. Der Hauptfunker wurde umgedreht und arbeitet jetzt für uns. Wir benutzen die Gruppe recht oft, um die Deutschen mit falschen Informationen zu füttern.«

Sie traten aus dem Portal. »Kann ich mein Geld heute haben?« fragte Belvoir.

Bodley warf ihm einen leicht überraschten Blick zu. »Wozu die Eile?«

Belvoir zögerte, traf dann aber schließlich eine Entscheidung. »Das kann ich Ihnen ruhig sagen. Ich gehe zurück.«

»Nach Frankreich? Wozu denn?«

Belvoir zuckte die Achseln. »Privatangelegenheit«, erwiderte er kalt.

Zum erstenmal in dieser Nacht mußte Bodley lächeln. »Es geht um das Mädchen, nicht wahr? Keine Sorge, diesmal verrate ich Sie nicht an die Deutschen.«

Er begleitete ihn zum Wagen.

Fern im Osten erfüllte der heraufdämmernde Tag den Himmel mit blaßgrauem Licht. »Bis heute abend bekommen Sie Ihr Geld«, versprach der Chef der MI 6. »Allerdings bezweifle ich, daß es Ihnen diesmal so leicht fallen wird, dort hinzukommen.«

Er wußte nämlich etwas, das Belvoir nicht wußte. Er wußte, daß in diesem Augenblick die größte Armada aller Zeiten durch die rauhe See des Kanals auf die Strände der Normandie zuhielt. Tausende und Abertausende alliierter Soldaten trafen ihre letzten Vorbereitungen, ehe sie von ihren Schiffen und Flugzeugen auf besetzten französischen Boden sprangen. Heute war der 6. Juni, *D-Day* – der Tag der Landung in Frankreich, der den Anfang vom Ende darstellen konnte.

Belvoir sah ihn aufmerksam an. Ehe der Wagen anfuhr, lehnte er sich aus dem Fenster und sagte in seiner leicht ironischen Stimme zu Bodley: »Keine Sorge, General. Ich komme schon hin.« Bodleys Stimme hatte einen eigenartig respektvollen Unterton, als er langsam sagte: »Ja, ich schätze, daß Sie das schaffen werden!« Und zu seiner eigenen Überraschung fügte er hinzu: »Viel Glück, Baron.«

Baron? Belvoir schaute mißtrauisch aus dem bereits rollenden Wagen, um auch nur einen Anflug von Spott im Gesicht des Generals zu erspähen.

Aber da war nichts auszumachen.

Epilog

Nachdem die Alliierten am 6. Juni 1944 erfolgreich in der Normandie gelandet waren, beschlossen Hitlers Gegner im Oberkommando der Wehrmacht zu handeln.

Admiral Wilhelm Canaris war einer der führenden Köpfe hinter dem Attentat auf Hitler, das am 20. Juli 1944 stattfand. An diesem Tag legte Claus Graf Schenk von Stauffenberg eine hochbrisante Sprengladung in der Wolfsschanze, Hitlers östlichem Hauptquartier. Hitler kam wie durch ein Wunder mit dem Leben davon. Seine Rache war schrecklich. Die meisten Führer der Widerstandskreise der Offiziere, die sich »Die schwarze Kapelle« nannten, wurden hingeschlachtet. Alle drei hohen Offiziere, denen von Beck im Restaurant *La Duchesse* in Paris begegnet war, fanden einen grausigen Tod. Feldmarschall Erwin Rommel wurde zum Selbstmord durch Gift gezwungen. General Karl-Heinrich von Stülpnagel war weniger glücklich; er versuchte sich in seiner Zelle im Berliner Zuchthaus Plötzensee umzubringen, hatte aber keinen Erfolg und wurde kurz darauf auf Befehl des Führers hin erwürgt. Andere führende deutsche Generale wurden gehängt oder mit dem mittelalterlichen Fallbeil enthauptet, einem von Hitlers bevorzugten Hinrichtungsinstrumenten. Canaris selbst wurde nicht sofort getötet, sondern bis kurz vor dem endgültigen Zusammenbruch des Reiches in Haft gehalten. Im Morgengrauen des 9. April 1945 wurde er nackt an einen im Konzentrationslager Flossenbürg errichteten Galgen gehängt. Auf ausdrücklichen Befehl des Führers hin verwandte der Henker eine dünne Klaviersaite, um die letzen Todeszuckungen des Mannes zu verlängern, der gegen den Wahnsinn aufbegehrt hatte.

Rudolf von Beck spielte in der Verschwörung des 20. Juli keine aktive Rolle. Nach seiner Kraftprobe mit dem Baron in Berlin beorderte Canaris ihn zurück nach Paris, um dort die Spuren der zerstörten achtundzwanzigsten Enigma zu verwischen. Im Lauf der folgenden Wochen wurde er im Hotel *Lutetia* mit nebensächlichen Aufgaben betraut. Den Gefängnisflügel im dritten Stock besuchte er nie wieder. Er bemühte sich, Michèles Bild aus seinem Gedächtnis zu tilgen, aber die Erinnerung war zu frisch, zu stark; manchmal war der Schmerz unerträglich. Nach dem Scheitern der Verschwörung vom 20. Juli schöpfte er den Verdacht, daß Canaris ihn absichtlich herausgehalten hatte, nur um ihn zu schützen, falls etwas schiefgehen sollte.

Die dramatische Änderung im Kriegsverlauf war ihm auf merkwürdige Weise gleichgültig. Tief in seinem Innern war an jenem zweiten Juni etwas zerbrochen, und er verfolgte den Vormarsch der Alliierten durch Frankreich nur mit passivem Interesse. Als General Jean-Philippe Leclercs zweite Panzerdivision Paris am 25. August befreite, ergab von Beck sich fügsam den Streitkräften des Nationalkomitees der freien Franzosen und marschierte mit andern Offizieren der Kommandantur Groß-Paris durch die rue de Rivoli in die Gefangenschaft.

Als er mit den Händen auf dem Kopf durch die überfüllten Straßen ging, durch ein Spalier freudetrunkener Pariser, die die Gefangenen beschimpften und anspuckten, fiel ihm der schwerbeschädigte Franzose in Zivil, der sich mühsam einen Weg durch die Menge bahnte, nicht auf. Selbst wenn sein Blick auf ihn gefallen wäre, hätte er ihn nicht erkannt. Der Invalide war Henri, der Kommunistenführer und Leiter des Angriffs auf den deutschen Zug im Wald von Laon. Seit dieser entsetzlichen Nacht, die die Résistance rund dreihundert Tote gekostet hatte, war Henri ein verbitterter, rachebesessener Mann. Er hatte das Massaker wie durch ein Wunder überlebt, und es war ihm nach dem Abzug der deutschen Hauptstreitmacht vom Schlachtfeld gelungen, sich in den Wald zu schleppen, wo er zwei Tage später von einer Frau, die Pilze sammelte, gefunden wurde. Man brachte ihn auf einen abgelegenen Hof am Rand von Laon, wo ein Arzt seine Wunden versorgte. Für die Rettung seines linken Beines aber war es zu spät. Nach seiner Genesung tauchte er wieder bei den geheimen Zusammenkünften des Résistance in Paris auf, stützte sich schwer auf seine Krücken und predigte seinen Genossen den gnadenlosen Kampf gegen die Deutschen.

Einen Tag vor der Befreiung von Paris sah er an den Mauern der Stadt ein Plakat, das Colonel Rol, Führer des kommunistischen Widerstandes, hatte ankleben lassen: »*A chacun son boche* – Jedem seinen (toten) Deutschen!« Heute hielt er seine alte 7.65 Long-Pistole in der rechten Hand gepackt, die auch seine Krücke hielt, und war entschlossen, *seinen boche* zu erwischen.

Die Gesichtszüge des großen, gutaussehenden blonden Obersten, der in der Gefangenenkolonne marschierte, erkannte er nicht. Alles, was er sah, war das Urbild des deutschen Eroberers, des Feindes, der Leiden über seine geliebte Stadt gebracht und seine Genossen hingeschlachtet hatte. Er humpelte durch die Menge, vorbei an dem Mann, der die Gefangenen begleitete, und blieb vor dem Deutschen stehen. Er stemmte seine rechte Krücke gegen den Gehsteig und hob die Waffe. Für einen kurzen Moment traf sein Blick den des deutschen Offiziers. Der leblose Ausdruck, den er dort sah, verblüffte ihn kurz.

Er drückte ab. Die Kugel traf Rudolf von Beck in die Stirn, und der deutsche Offizier brach mit ausgestreckten Armen auf dem Pflaster zusammen, und seine Augen starrten blind in den klaren blauen Himmel über dem freien Paris.

Niemand hielt Henri auf. Er humpelte langsam davon und sollte niemals erfahren, daß er jene, die im Wald von Laon gestorben waren, gerächt hatte.

Otto Brandl, dem Mann, dessen Namen die Organisation Otto trug, gelang es, am 12. August, wenige Tage vor der Einnahme von Paris durch die Alliierten, nach Deutschland zu entkommen. Im Lauf der letzen Monate vor seiner Flucht hatte er es fertiggebracht, gewaltige Teile seines sagenhaften Schatzes in alle Welt zu schmuggeln und zu verbergen. Gold, Diamanten, Schmuck, Gemälde und Devisen verschwanden in Verstecken in Deutschland, Frankreich, Portugal und Argentinien. Teile des Otto-Schatzes wurden bald nach dem Fall des Reiches gefunden; andere tauchten selbst noch 1949 auf. Da gab es Effekten im Wert von sechzig Millionen Francs in Lissabon, einen Gobelin aus dem siebzehnten Jahrhundert in München, eine Kiste mit massiven Silbertellern in Fürstenfeldbruck, fünfzehn Gemälde von Manet, Corot, Sisley und Renoir in einem Pfarrkirchner Bauernhaus. Der Großteil des Schatzes blieb jedoch verschollen.

Otto selbst wurde von der US Army am 6. August 1945 in München verhaftet und ins Zuchthaus Stadelheim gesperrt. Am nächsten Morgen fand man ihn tot auf, von einem Balken in seiner Zelle hängend.

General MacAlister, Victoria Cross, Knight of the British Empire, erlag kurz nach dem Krieg einem Herzanfall.

General Bodley zog sich nach der deutschen Kapitulation vom aktiven Dienst zurück und fungierte bis 1955 als »M«, Chef des Secret Intelligence Service. Er trat am gleichen Tag wie Winston Churchill zurück und verbrachte die letzten fünf Jahre seines Lebens mit seiner invaliden Tochter in einem bescheidenen kleinen Haus, das er in Sussex erworben hatte. Coventry betrat er niemals wieder.

Nach Michèle Lemaires erstaunlicher Flucht aus dem *Hotel Lutetia* am 29. Juni 1944 hörte niemand jemals wieder von ihr oder dem Baron de Belvoir.

Niemand, abgesehen von der alten Louise Lemaire, die regelmäßig Blumen zu Bruno Morels Grab auf dem stillen Friedhof Père Lachaise bringt.

Aber sie würde selbstverständlich nie etwas verraten.

Anmerkung des Verfassers

Die dargestellten Ereignisse sind nicht ganz so fiktiv, wie sie erscheinen mögen. Die Enigma-Chiffriermaschine existierte tatsächlich und war eines der bestgehüteten Geheimnisse des Reiches. Dem polnischen Geheimdienst gelang es jedoch, Anfang 1939 eine Enigma zu erbeuten; eine Woche vor dem deutschen Angriff auf Polen wurde das kostbare Gerät nach England geflogen. Dank der Enigma konnte der britische Nachrichtendienst während der ganzen Dauer des Krieges hochgeheime deutsche Nachrichten entschlüsseln. Die so erlangten Informationen waren als »Ultra« bekannt. Das Ultra-Geheimnis wurde erst 1974 zur Veröffentlichung freigegeben, als F. W. Winterbotham es erstmals enthüllte.

Das Team hocherfahrener Techniker, von dem die Enigma-Nachrichten entschlüsselt wurden, arbeitete, wie ich bereits darlegte, in Bletchley Park, Buckinghamshire. Zur Wahrung des Ultra-Geheimnisses, das Churchill als »meine allergeheimste Quelle« bezeichnete, wurden äußerst strenge Sicherheitsvorkehrungen getroffen. Die mit Sicherheit dramatischste war die Entscheidung, Coventry nicht zu evakuieren. Zahllose Ränke und Methoden wurden auf vielfältige Weise angewandt, um die Quelle der von »Ultra« gelieferten Informationen zu decken. Dennoch wurde zu gewissen Zeitpunkten im Lauf des Krieges der Verdacht des deutschen Oberkommandos geweckt. Es ist denkbar, daß Francis de Belvoir mit seinem Auftrag losgeschickt wurde, um die Abwehr zu einem entscheidenden Zeitpunkt in Sicherheit zu wiegen.

Die Tatsache, daß die Ultra-Nachrichten bei der Schlacht um die Normandie und dem endgültigen Zusammenbruch des Reiches eine entscheidende Rolle spielten, ist unbestritten.

Elba House · Sandy Lane · Barbados 1977 — M. B.